우리 소나무

우리 소나무

초판 1쇄 발행 2004년 10월 15일
초판 2쇄 발행 2004년 11월 5일
개정증보판 1쇄 발행 2020년 1월 15일

지은이 | 전영우
펴낸이 | 조미현

편집주간 | 김현림
디자인 | 장원석

펴낸곳 | (주)현암사
등록 | 1951년 12월 24일 제10-126호
주소 | 04029 서울시 마포구 동교로12안길 35
전화 | 02-365-5051 · 팩스 | 02-313-2729
전자우편 | editor@hyeonamsa.com
홈페이지 | www.hyeonamsa.com

ISBN 978-89-323-2028-1 03900

이 도서의 국립중앙도서관 출판예정도서목록(CIP)은 서지정보유통지원시스템 홈페이지(http://seoji.nl.go.
kr)와 국가자료공동목록시스템(http://www.nl.go.kr/kolisnet)에서 이용하실 수 있습니다.
(CIP제어번호: CIP2019052933)

우리 소나무

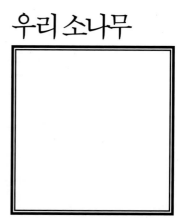

우리 삶과 역사 속에 생생히 숨 쉬고 있는
소나무 이야기

전영우 지음

현암사

※ 이 책은 『우리가 정말 알아야 할 우리 소나무』(2004년 초판 출간)의 개정증보판입니다.

'우리 소나무'를 펴낸 지 15년이 흘렀다. 점차 사라져가는 소나무를 위해 무엇이라도 해야겠다는 염원으로 펴냈던 책이었기에, 독자는 물론이고 언론의 관심도 뜨거웠다. 그사이 우리 소나무의 생존 여건은 나아졌을까? 민망하지만 예나 지금이나 그렇다고 긍정적으로 답변할 상태가 아님은 분명하다.

자연의 복원력에 따라 우리 숲의 중심 수종은 점차 소나무에서 참나무와 같은 활엽수 숲으로 변모 중이며, 아직도 가혹한 소나무재선충병의 확산을 적절하게 통제하지 못하는 실정이다. 하나 분명한 사실은 나라 전역의 모든 소나무숲을 자연의 복원력과 병해충으로부터 온전히 지켜내기 힘들다는 학계의 인식과 지켜야 할 솔숲이라도 옳게 지키기 위해 진력을 다해야 한다는 정책 당국의 자각이다. 지켜야 할 솔숲에는 우리 전통문화 경관을 구성하는 소나무 식생은 물론이고 문화재 복원용 목재 생산림도 포함됨은 당연한 이치다.

소나무 쇠퇴를 피할 수 없는 상황에서 그나마 다행스러운 점은 소나무에 대한 우리 사회의 관심과 애정이 여전히 식지 않고 유지되는 현상이다. 나라 전역의 산림에서 소나무가 점차 줄어드는 것에 반비례해서 우리가 생활하는 거주지나 주변 공원에서 소나무 식재는 늘어나고 있으며, 소나무와 관련된 다양한 국·영문판 서적도 계속 출간되고 있다. 그래서 '우리 소나무' 개정판 출간의 필요성은 더 커졌다.

개정판 출간을 재촉한 또 다른 동기는 학술적 관점에서 소나무와 관련된 다양한 연구의 진전을 들 수 있다. 대표적 연구는 임진왜란 이후 조선과 일본 정부의 산림 정책을 비교한 하버드대학교 대학원 존 리의 박사학위 논문을 언급하지 않을 수 없다. 소나무 중심의 중앙집중식 산림 행정을 전개한 조선과 달리 각 지방 영주 중심으로 촌장과 주민들이 연합해서 지역 특성에 맞는 수종을 육성하여 목재 유통업까지 발달시킨 일본의 사례 비교 연구는 흥미롭다. 조선 후기에 겪게 된 산림 황폐의 근인을 해석할 수 있는 새롭고 신선한 연구 결과이기에 개정판에 그 내용을 소개한다. 충분히 싹트지 못한 목재 산업은 조선 산림 정책의 한계였고, 그런 형편에 소나무 건축재와 조선재의 유통 구조를 조금이나마 헤아려서 개정판에 보완할 수 있었던 것도 역시 역사학계의 연구 성과 덕분이다.

일흔이 되기 전에 마무리하고 싶은 일의 목록 중에는 이 책의 개정판 발간도 우선순위에 포함되어 있었다. 그 밀린 과제를 김현림 주간의 강력한 추진력 덕분에 마침내 해결할 수 있게 되어서 대단히 기쁘다. 특히 이 책이 처음 출판되었을 당시, 여러 분이 따뜻한 시선으로 지적하고 제안했던 부분을 보완하고, 오탈자와 잘못된 사진 도판까지 수정 교체할 수 있어서 행복하다. 앞으로도 이런 기회가 또 있을지 가늠할 수 없지만, 동학과 독자 여러분의 변함없는 질정을 바랄 뿐이다.

"우리 소나무가 다 죽어가는 판인데 이런 실상을 국민들에게 제대로 알려주는 이가 그 많은 산림학 교수 중에 단 한 사람도 없습니까?"

한 산림 공직자가 가까운 사이에 부담 없이 들려준 한담이었지만, 필자에겐 엄청난 충격이자 큰 질책이었다. 그동안 신문과 방송, 잡지에 몇 해째 소나무를 단골 소재로 우려먹던 형편이었기에 그 부끄러움은 말할 수 없이 컸다.

사실 우리 소나무는 지금껏 한 번도 경험해보지 못한 두 가지 위협에 직면해 있다. 하나는 소나무재선충병인데, 이 병은 조금만 방심하면 이 땅의 소나무를 전멸시킬 수 있는 엄청난 파괴력을 지닌다. 일본 전역의 소나무가 이 병으로 전멸된 것이나, 남한의 산림 면적만 한 소나무숲이 이 병으로 인해 사라진 중국의 사례를 통해서 소나무재선충병의 파괴력을 짐작할 수 있다.

다른 하나는 농경 사회에서 산업 사회로 진입하면서 겪게 된 소나무숲의 쇠퇴 현상이다. 이 현상은 속성상 서서히 진행되기에 많은 사람이 심각성을 느끼지 못하지만 전문가들은 소나무재선충병 못지않게 심각한 위협으로 꼽는다.

　지난 천 년 동안 이 땅의 소나무숲은 인간이 적당히 간섭함으로써 안정 상태를 유지해왔다. 소나무는 생태 특성상 맨땅에 씨앗이 떨어져야 싹이 트고 활엽수 속에서는 맥을 못 추는데 인간이 땔감용으로 숲 바닥의 낙엽을 긁어내고 활엽수를 제거함으로써 소나무에게 좋은 생육 공간을 만들어주었던 것이다. 그러나 사회가 도시화·산업화됨에 따라 농촌 인구가 줄어들면서 소나무숲에 대한 인간의 간섭도 차츰 사라지게 되자, 참나무류를 비롯한 활엽수들이 식생천이의 질서에 따라 소나무의 생육 공간을 잠식하고 있다.

　'소나무가 사라진다'는 최초의 문제 제기는 1993년 8월 대관령 자연휴양림에서 개최된 소나무 학술 토론회장에서 있었다. 그 후로 벌써 10년이 흘러가 버렸다. 막연했던 문제 제기는 항공사진 판독으로 더욱 분명해졌다. 한때 우리 산림의 60퍼센트 이상을 차지하던 소나무숲이 지금은 겨우 25퍼센트 정도로 급격하게 감소했다. 소나무가 앞으로 50년 뒤에는 남한에서, 그리고 100년 뒤에는 한반도에서 사라질 것이라는 보고도 있다.

　이런 현실을 안타까워만 하고 있던 차에 2년 전쯤 경상북도 봉화군 춘양초등학교 총동창회에서 해마다 개최하는 '춘양목 문화 축제'의 연사로 필자를 초청했다. 이호신 화백이 춘양 걸음에 멀다 않고 동행해주었고, 함께하는 여정 중에 소나무가 사라지기 전에 이 땅 곳곳의 소나무를 찾아서 글과 그림을 남기자는 계획을 자연스럽게 구체화하였다. 소나무가 안겨준 신묘한 인연의 끈은 녹색자금의 지원으로 이어져 이 땅 곳곳의 솔숲을 함께 찾게 만들었고, 마침내 책으로 펴내게 되었다.

소나무는 예나 지금이나 남녀노소와 빈부를 가리지 않고 누구나 좋아하는 나무다. 30년에 걸쳐 실시한 여론조사 결과는 소나무에 대한 우리의 사랑이 하루아침에 형성된 것이 아님을 말해준다. 지난 수천 년 동안 문학, 예술, 종교, 민속, 풍수 사상에 자리 잡은 소나무는 이 땅의 풍토와 절묘하게 결합하여 우리의 정신과 정서를 살찌우는 상징 노릇을 톡톡히 했다. 조상들은 소나무를 매개체로 적극 활용하여 생명과 장생, 절조와 기개, 탈속과 풍류, 생기와 길지 등의 사상을 시각적으로 형상화했다. 이 땅에서 자라는 1,000여 종류의 나무들 중에 이런 상징성을 부여받은 나무는 소나무 외에는 없다고 해도 과언이 아니다. 농경 문화를 살찌운 소나무의 상징성은 '남산 위에 저 소나무'라는 애국가의 가사로 남아 지식·정보 산업 사회로 진입한 오늘날에도 여전히 우리의 의식 속에 살아 있다.

소나무의 역할은 정신적인 측면 못지않게 물질적인 측면에서도 크다. 궁궐을 비롯한 옛 건축물의 축조는 소나무를 도외시한 채로는 생각할 수 없다. 화물 운송을 주로 물길에 의존했던 지난 세월을 돌이켜 보면 소나무의 공덕은 더욱 크다. 왜적을 무찌른 거북선과 전함은 물론이고, 쌀과 소금을 실어 날랐던 조운선漕運船은 모두 소나무로 만들었다. 세계에 자랑하는 조선백자도 '영사'라 불리는 소나무 장작이 있었기에 가능했고, 소금 생산도 이 땅의 솔숲이 감당했다. 100년 전까지만 해도 가마솥에 바닷물을 붓고 소나무를 베어내 불을 때는 방식으로 소금을 만들었다.

'문화의 창'으로 소나무를 읽고 해석하고자 시도했던 지난 10년 세월은 기쁘고 행복한 시간이었다. 우리 문화에 자리 잡은 소나무의 넓고도 깊은 위상 덕분에 다양한 분야의 문화 예술인과도 교유할 수 있었다. 소나무에 대한 몰입은 자긍심도 함께 안겨주었다. 조선 왕실의 백자 생산을 위해 지정한 분원시장절수처가 임업 선진국인 독일보다 앞서 보속원칙保續原則(산림에서 해마다 균등하게, 그리고 영구히 수확을 도모하고자 한 경영 원칙)을 시험했던 현장이라는 사실과, 조선 시대의 송계松契가 다른 나라에서 찾고자 애쓰는 지속 가능한 사회의 전형적 규범이라는 재해석은 우리 숲에 대해 새로운 자긍심을 느끼게 하는 계기가 되었다. 일본 교토 고류사廣隆寺에 있는 일본 국보 〈미륵보살상〉을 제작한 나무가 양백 지방(소백산과 태백산 인근)의 소나무라는 주장을 남먼저 펼칠 수 있었던 것도 소나무에 몰입한 덕분이었다.

우리 민족이 가장 좋아하는 나무는 예나 지금이나 소나무지만, 소나무가 정작 이 땅에서 점차 사라지는 실상은 잘 모른다. 따라서 이 책에서는 우리가 소나무를 아끼고 사랑하는 정서적 근원을 현장 답사를 통해서 밝히고, 우리 문화의 다양한 영역 속에 자리 잡은 소나무의 위상을 나름대로 정리하는 한편, 우리 곁을 점차 떠나고 있는 소나무를 지키고 가꾸고자 펼치는 여러 활동도 담고자 했다.

이 책은 여러 분의 도움으로 세상에 나올 수 있었다. 먼저 함께한 답사로 탄생한 이호신 화백의 소나무 그림을 이 책에 담게 된 것은 전적으로 이 화백의 후의 덕분이다. 그리고 사진을 제공해주신 강성복 선생, 공우석 교수, 구창덕 교수, 권순구 국장, 권태균 부장, 김용한 사무총장, 김진수 교수, 류근옥 박사, 배상원 박사, 신응수 도편수, 이태원 선생, 임주훈 박사, 전희영 박사, 하연 박사, 홍성천 교수, 홍용표 박사께 감사드린다. 소나무를 살리고자 하는 일념으로 현장 답사의 안내와 관련 자료를 제공해준 산림청과 각 지방 산림 공무원의 노고도 빠트릴 수 없다. 또한 소나무에 대한 남다른 관심으로 이 책의 출판을 적극적

으로 맡아주신 (주)현암사 사장님과 편집진에게도 고마운 마음을 전
한다.

2004년 9월

솔바람 소리를 그리며 전영우

차례

2부 소나무를 알면 삶이 보인다

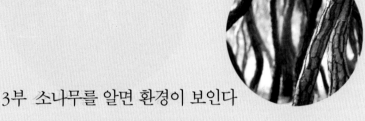

3부 소나무를 알면 환경이 보인다

소나무 관련 정보

금강송과 강송과 금송은 어떻게 다른가? **38** | 우리 소나무를 외국에서는 왜 '일본적송'이라고 부를까? **38** | 소나무의 부피는 어떻게 구하나? **53** | 소나무는 얼마나 크게 자랄까? **53** | 조선 전기의 송정(소나무 정책) **69** | 지방별 특산 소나무는 언제부터 구체적으로 알려졌을까? **79** | 조선 후기의 송정 **79** | 소나무의 열량은 얼마나 될까? **133** | 서산시와 태안군이 소나무 왕국인 까닭 **145** | 소나무 가로수 **156** | 미륵불상에 대한 임남수 박사의 최근 연구 **167** | 옛 그림에 나타난 소나무 **181** | 소나무의 조형미 **182** | 처진 소나무와 반송은 어떻게 다를까? **204** | 소나무 천연기념물 **205** | 풍수적 목적의 소나무 식재에 대한 현대적 해석 **229** | 우리 소나무는 얼마나 강할까? **240** | 소나무의 가치는 얼마나 될까? **241** | 소나무에 막걸리를 주는 까닭 **250** | 의인화한 소나무의 또 다른 사례 – 정이품송 **250** | 민간 생활과 소나무 **260** | 소나무 단순림 **291** | 소나무의 우수성을 판정할 수 있는 산지 시험 **300** | 자연의 복원력으로 쇠퇴 위기에 놓인 소나무숲 **310** | 서울의 소나무숲 **310** | 솔숲의 조성 – 인공 조림 **343** | 솔숲의 조성 – 천연 조림 **367** | 소나무 개량 – 선발 육종 **375** | 소나무의 개화와 결실 **376** | 소나무의 4대 해충 **385**

서론
우리에게 소나무란 무엇인가

가지 하나가 바람에 부러진 일로 나라 안의 온 신문 방송이 호들갑을 떨던 정이품正二品 소나무, 토지를 소유한 부자 나무로 국가로부터 납세번호를 부여받아 올해도 어김없이 재산세를 내야 할 석송령石松靈 소나무, 600년 전 조선이 개성에서 한양으로 수도를 옮길 때 목멱산木覓山에 심은 후 애국가의 한 구절로 남아 오늘도 부르는 '남산 위에 저 소나무', 우리에게는 이런 소나무가 있다.

솔잎을 가르는 장엄한 바람 소리를 태아에게 들려주면서 시기와 증오와 원한을 가라앉히고자 솔밭에 정좌하여 태교를 실천하던 우리의 어머니들, 사철 변치 않는 푸르름과 청청한 기상의 강인한 생명력을 본받아 지조·절조·절개와 같은 소나무의 덕목을 머릿속에 심어 주던 우리의 아버지들. 우리 문화를 속속들이 알지 못하는 이방인들이 기이하게 여길, 이런 소나무를 우리는 어제도 가지고 있었고, 오늘날도 여전히 가지고 있다.

◀ 우리 소나무의 자존심이라 할 대관령 자연휴양림의 소나무들

당산 소나무. 경상북도 울진군 소광리

오늘날까지 우리 가슴에 담겨서 일관된 정서로, 또는 생활 전통의 문화 요소로 이어져 내려오는 소나무를 모르는 한국 사람은 없을 것이다.

산림청에서 10년에 한 번씩 실시하는 우리 국민의 산림에 대한 의식 조사 결과, 지난 30여 년 동안 우리 국민이 가장 좋아하는 나무는 변함없이 소나무였다. 이 땅의 사람들은 주변에 다른 나무도 많은데, 왜 소나무를 가장 먼저 떠올릴까? 소나무가 이 땅에서 가장 흔하게 볼 수 있는 나무이기 때문일까?

그것은 우리 문화에 자리 잡은 소나무의 비중이 다른 무엇과도 비교할 수 없을 만큼 크기 때문일 것이다. 흔히 우리 문화를 나무에 빗대 말할 때는 소나무 문화라고 한다. 소나무 문화라고 하는 이유는, 소나무가 우리 조상의 삶에 지대한 영향을 끼쳤기 때문이라고 생각할 수 있다.

한 생명이 태어나서 생을 마감할 때까지 소나무와 맺는 인연을 살펴보면 그 이유를 쉽게 알 수 있다. 아이가 태어나면 삼칠일 동안 잡인의 출입을 금하려고 솔가지를 끼워 금줄을 쳤으니, 이 땅에 살던 우리 조상은 태어난 순간부터 소나무와 인연을 맺었다고 할 수 있다. 땔감으로 땐 솔가지나 솔가리(땅에 떨어져 쌓인 솔잎)의 연기를 맡으면서 소나무로 만든 집에서 성장하고, 소나무에서 나온 생활 도구나 농기구와 인연을 맺으면서 소나무와 관련 있는 음식(송편, 송화다식, 송기떡, 송엽주)을 먹으며 살다가, 이승을 하직할 때는 송판으로 만든 관에 들어 뒷산 솔밭에 묻혔다. 소나무에서 나고, 소나무 속에서 살다가 소나무 밭에

정이품송. 충청북도 보은군 속리산. 작은 사진은 2004년 3월 폭설에 가지가 꺾인 정이품송

죽는, 소나무에 의존하던 이런 생활 때문에 우리 문화를 소나무 문화라고 하는 것이리라.

그러나 '소나무 문화'로 설명되던 농경 사회는 겨우 한 세대 만에 이 땅에서 사라졌다. 지난 천 년 동안 사람들이 숲 바닥을 훑어서 땔감을 채취하거나 활엽수를 제거하여 안정 상태를 유지하던 이 땅의 소나무숲은 산업화에 따라 농촌 인구가 줄어들면서 하루하루 불안정한 상태로 변하고 있다. 소나무숲에 가해지던 인간의 간섭이 사라지자 참나무류를 비롯한 활엽수들이 자연의 운행 질서에 따라 소나무의 생육 공간을 차츰 잠식하기 때문이다. 설상가상으로 소나무재선충, 솔잎혹파리, 솔껍질깍지벌레 같은 외래 병해충의 창궐은 이 땅의 소나무에 엄청난 재앙이다. 모양 좋고 우람하게 자라던 곳곳의 소나무들이 병해충의 공격으로 사라지고, 산업화로 인한 환경 오염 때문에 도심과 공단 주변의 소나무숲도 몸살을 앓는다.

한때 우리 산림의 60퍼센트 이상을 차지하던 소나무숲은 인간의 간섭이 사라짐과 동시에 병충해와 산불과 수종 갱신으로 급격하게 줄어들어 오늘날은 산림 면적의 25퍼센트에 불과하며, 앞으로 100년 뒤에는 이 땅에서 아예 사라지리라는 보고도 있다.

'눈에서 멀어지면 관심도 사라진다'는 말이 사실이라면, 오늘의 우리에게는 소나무에 대한 관심의 불씨를 지필 책무가 있다. 우리의 정신과 문화 속에 자리 잡은 소나무를 눈앞에서 멀어지게 내버려둘 수 없기 때문이다.

소나무가 사라지고 있음을 아는지 모르는지 오늘의 한국인들이 가장 좋아하는 나무는 단연 소나무다. 한국갤럽이 1997년, 2004년, 2014년에 실시한 분야별 선호도 조사에서 한국인은 소나무를 가장 좋아한다고 대답했다. 세계화의 파도를 넘어야 하는 세태를 반영하듯 가장 좋아하는 꽃과 새는 외래종인 장미와 앵무새인데 왜 나무는 여전히 토종인 소나무를 좋아하는 것일까? 광속의 정보 혁명이 빠르게 진행되는 지식 정보 사회에서, 농경 문화와 농경 사회를 대변하던 소나무가 가장 좋아하는 나무로 꼽히는 이유는 과연 무엇일까? 그 답을 찾는 길을 함께 떠나보자.

소나무의 역사

지구상에는 110여 종의 소나무가 자란다. 우리 소나무도 그중 한 종류다. '소나무류'란 다른 종의 모든 소나무를 일컬으며 분류학적으로 정확한 용어는 소나무속屬(Pinus)이다. 따라서 한국명 '소나무'라는 속명俗名(common name)은 '소나무류'라는 소나무 전체를 일컫는 속명屬名

(서로 가까운 종의 집단)과는 다르게 이해할 필요가 있다. 한편 110여 종의 소나무라고 일컫는 이유는 분류학적 기준이 전문가에 따라 조금씩 다르기 때문이다.

　소나무의 역사는 소나무류의 진화 과정을 통해서 알 수 있다. 소나무류는 중생대Mesozoic era 삼첩기Triassic period 말기인 약 1억 7,000만 년 전에 지구상에 나타났다고 추정한다. 파충류와 공룡들이 서식하던 이 시기는 개화식물이나 활엽수가 존재하지 않던 때로, 거대한 속새과 식물이나 소나무류의 조상 격인 구과식물이 번성하던 때다.

　고생물학자들은 소나무류가 최초로 번성한 장소를 알래스카와 시베리아의 북동부를 연결하던 베링기아Beringia 지역으로 꼽는다. 쥐라기를 거쳐 백악기에 이르러 소나무류는 베링기아 지역에서 서쪽으로는 시베리아로, 동쪽으로는 미 대륙을 거점으로 그린랜드와 아이슬란드를 거쳐 북유럽에 전파되었을 것으로 추정한다.

　우리나라에서는 중생대 백악기(전라북도 진안과 황해도 사리원 지역), 신생대 마이오세(경상북도 포항 장기층, 강원도 통천, 함경북도 회령 탄전 지역), 신생대 플라이스토세(충청북도 단양 점말동굴, 경상북도 영양, 강원도 속초 영랑호 등)에서 소나무류의 화석이 나왔으며, 오늘날의 소나무와 가장 비슷한 화석은 경상북도 포항에서 1926년에 발견된 신생대 제3기 마이오세의 바늘잎이 2개인 소나무 화석이다.

경상북도 포항 장기층에서 발굴된 2,300만 년 전 신생대 마이오세의 소나무 잎 화석

소나무의 어원

소나무란 명칭은 어떻게 나왔을까? 그 어원은 과연 무엇일까?

어떤 이는 솔과 나무가 합성된 형태로 딸+님이 따님, 쌀+전이 싸전으로 변한 것처럼 솔나무에서 ㄹ이 탈락한 말이라고 해석한다. 솔은 나무 중 우두머리라는 의미로 우두머리를 말하는 수리가 수리 → 술 → 솔로 변했다는 주장도 있고 중국에서 유래했다는 주장도 있다. 한자 표기 송松의 중국식 발음이 우리와 같은 송song이기 때문이다.

소나무의 어원에 대한 다른 해석도 있다. 계명대학교 김양동 교수는 태양의 순수 고유어인 살(솔)에서 유래했다고 추정하며 살(솔)은 해, 날, 불과 함께 태양의 고유어에서 유래했다고 본다. 김 교수는 살(솔)은 생명의 근원인 태양의 빛살(햇살), 길고 가늘고 뾰족하고 빠른 물체를 나타내는 창살, 화살, 물살 등에 그대로 남아 있으며, 생生의 뜻으로 삶, 사람 등의 용어에도 남아 있다고 주장한다. 그리고 연年, 세歲의 의미로 한 살, 두 살의 나이를 나타낼 때, 또 솔은 설元旦, 솔+대는 솟대로, 솔+이는 소리, 솔+나무는 한민족을 상징하는 소나무로 바뀌었다는 것이다. 즉 솔을 태양의 고유어이자 한자 신神의 고유어로 재구성하여 고대 문화의 중심축을 형성하는 키워드로 볼 때, 이와 같은 해석이 가능하다고 설명하였다.

한편 경희대 서정범 명예교수도 솔이 '살'에서 유래했을 것으로 추정하지만, 김양동 교수의 접근과는 달리 문살, 떡살의 '살'과 화살의 '살' 등이 모두 나무로 된 것이기에 '살'(목)과 솔松의 어원이 같을 것이라고 해석했다.

소나무의 명칭

소나무의 향명鄕名은 다양하다. 껍질이 붉고, 가지 끝에 붙은 눈도 붉다 하여 적송赤松, 바닷가보다는 내륙 지방에 주로 자라기에 육송陸松, 온난한 해안과 도서 지방에서 자라는 곰솔의 잎보다는 부드러워서 여송女松, 두 잎이 한 다발을 이루어서 이엽송二葉松이란 향명이 있으며, 제주도에서는 소낭이라고도 부른다. 또 강원도 영동 지방에서는 곧게 자라는 특성을 살려 강송이나 금강송이라고도 부른다.

소나무의 한자 표기는 송松인데, 중국의 진시황이 갑자기 만난 소나기를 소나무 아래서 피하고는 고맙다는 뜻으로 나무에 공작 벼슬을 주어 '목공木公'이라 부른 데서 '松'자가 만들어졌다는 이야기도 있다. 또 중국의 위계는 공公, 후侯, 백伯의 순서로 대접받는데 소나무는 그 첫째인 공에 해당하는 것으로 가장 훌륭한 나무를 의미한다는 해석도 있다.

소나무는 중국에서는 적송赤松, 일본적송日本赤松 등으로 부르며, 일본에서는 마쓰松나 아카마쓰赤松로 쓰고, 영어로는 Japanese red pine, 독일어로는 Japanische Rotkiefer라고 통용된다.

소나무의 학명은 피누스 덴시플로라*Pinus densiflora* S. et Z.이다. 속명 피누스Pinus는 '소나무'의 라틴어 표기로 켈트어인 Pin(산)에서 유래했다. 종명 덴시플로라densiflora는 '촘촘히(라틴어 densus) 핀 꽃(라틴어 floris)'이라는 뜻이다. 종 이름 뒤에 붙은 S. et Z.는 명명자 표시로, 독일의 식물학자 지볼트von Siebold, P. F.와 주카리니Zuccarini, J. G.의 이름 첫 글자를 나타낸 것이다.

소나무의 분포

수평적 분포 소나무는 한국, 중국 동북 지방의 압록강 연안, 산둥 반도, 일본의 시코쿠四國, 규슈九州, 혼슈本州에서 자라며, 러시아 연해주의 동해안에도 자란다. 우리나라에서는 제주도 한라산(북위 33°20′)에서 함경북도 증산(북위 43°20′)에 이르는 온대림 지역에 주로 분포한다. 한편 소나무는 전국적으로 분포하지만 부전고원 일대, 평안북도 금강산, 평안남도 백벽산, 철봉산 일대에서는 볼 수 없다.

소나무는 북위 37~38°에 가장 많았는데 북부 지방에서는 신갈나무 때문에, 남부 도서 지방에서는 곰솔에 밀려 그 영역이 차츰 줄어들고 있다.

수직적 분포 소나무는 수직적으로는 최저 해발 1미터에서 최고 1,300미터까지 분포하며, 남쪽 제주도에서는 해발 500~1,500미터의 산록에 주로 분포하고, 위도가 북쪽으로 올라갈수록 분포가 저지대로 한정되어 백두산의 경우 해발 300미터 이하에서 자란다. 한라산의 경우 난대림이 있어 1,800미터의 고지에서도 소나무가 자라지만, 육지에서는 대부분 1,300미터가 수직 분포의 상한선이다. 북쪽으로 가면 강원도 화악산과 함경도 추애산처럼 해발 1,300미터 이하에만 소나무가 분포하는 것으로 조사되었으며 주로 500미터 내외가 수직 분포 영역의 중심지라 할 수 있다.

소나무의 형태

잎 소나무의 성숙한 바늘잎 길이는 3~13센티미터다. 잎은 바늘잎과,

소나무의 수평적 분포
❶울릉도 안평전의 소나무 ❷변산반도의 소나무 ❸울진 해안의 소나무

소나무의 수직적 분포
❶미시령 소나무 ❷진부령 소나무 ❸한라산 영실의 소나무

퇴화되어 떨어질 비늘잎으로 구성된다. 바늘잎은 1~2밀리미터의 짧은 가지에만 달리고, 가느다란 비늘잎은 긴 가지 위에 달린다. 바늘잎이 떨어질 때 짧은 가지도 함께 떨어진다.

바늘잎은 두 개가 한 쌍이 되어 마주 나며, 아랫부분은 2~3밀리미터 길이인 엽초葉鞘 안에 들어 있다. 두 개의 바늘잎이 서로 붙어 한 다발로 되어 있는데, 진화 과정에 한 잎이 두 잎으로 갈라진 것이라고 추측한다. 엽초를 제거하고 한 쌍의 바늘잎을 갈라보면, 그 사이에 미세한 돌기가 있는데, 이것을 사이눈이라고 부른다. 소나무 잎을 다발째 꺾꽂이하면 새순을 얻을 수 있다고 주장하는 이유도 적절하게 처리하면, 이 사이눈에서 새로운 뿌리와 줄기를 발달시킬 수 있기 때문이다.

4월 말이나 5월 초가 되면 지난해 미리 만들어두었던 겨울눈(동아冬芽)에서 새순이 자라기 시작하는데, 맨 윗가지의 순은 몸통이 되고, 그 밖의 순들은 가지로 자란다. 이 순들이 발달하면서 새 잎이 자라기 시작한다. 짧은 가지에만 달리는 바늘잎은 보통 그해에 자란 긴 가지에 붙어 있고, 이태째 가을이 되면 대부분의 잎은 떨어지지만 땅심이 좋은 곳에서는 좀 더 오래 붙어 있다. 반면 공해가 심한 곳에서는 더 빨리 떨어지기도 한다.

소나무는 나이를 먹어가면서 잎이 짧아지는데 윗가지에서 나는 바늘잎은 아랫가지의 바늘잎보다, 그리고 곁가지보다는 원가지의 잎이 수명이 더 길다.

줄기 소나무 줄기는 지역에 따라 제각각으로 생겼다. 대개 동해안과 태백산맥 일대에서 자라는 소나무의 줄기는 통직한(휘지 않고 곧게 자람) 반면 오래전부터 사람들이 모여 살던 남서 해안 지방에서 자라는 소나

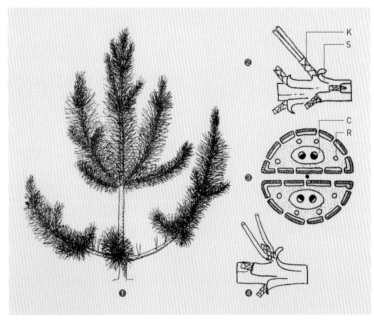

소나무의 잎의 외형적 특징
❶어린 소나무 ❷S−긴 가지에 달리는 비늘잎(퇴화되어 떨어짐), K−짧은 가지
❸소나무 잎 횡단면. C−관다발. R−수지구 ❹짧은 가지에 난 잎 사이로 재생눈이 나옴

소나무의 성숙한 잎과 붉은색을 띤 겨울눈

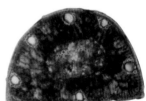

현미경으로 본 소나무 잎의 횡단면
소나무의 수지구는 표피세포 부근에 있고,
곰솔은 관다발 부근에 분포하기 때문에
수지구의 위치는 소나무와 곰솔을
구분하는 표식으로 쓰인다.

소나무의 줄기
❶ 곧은 줄기(대관령) ❷ 굽은 줄기(내연산)

무는 대체로 굽은 형태를 보인다. 따라서 소나무 줄기의 통직성은 지역에 따라 다르다.

소나무의 형태적 특징은 나이를 먹어감에 따라 줄기를 감싼 껍질에서 더욱 분명하게 나타난다. 대체로 아래쪽 줄기의 껍질은 두꺼워지고, 위쪽 껍질은 얇아진다. 따라서 '용의 비늘이나 거북의 등처럼 생긴 줄기'를 우수한 소나무의 형태적 특징으로 들기도 한다. 껍질 색깔을 보면 윗부분은 적갈색을 많이 띠고, 아랫부분의 오래된 껍질은 흑갈색을 띤다. 소나무 껍질의 색과 두께는 한 생육 지역에서도 다르게 나타나기 때문에 일률적으로 껍질의 형태만으로 지역의 소나무를 구분할

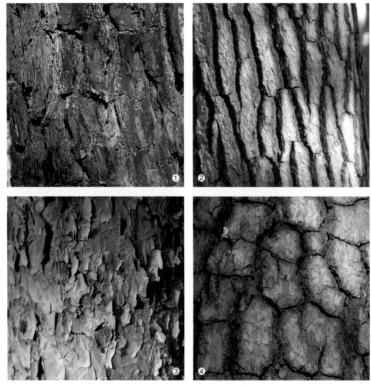

소나무의 수피
❶ 50~60년생 소나무 수피 ❷ 200년생 소나무 수피 ❸ 소나무 수피-수간 상부 ❹ 소나무 수피-수간 하부

수는 없다.

뿌리 소나무의 뿌리에는 땅속 깊숙이 들어가는 심근성深根性이 있다. 어린 묘목의 뿌리는 주근主根이 발달하고, 가는 뿌리는 지표부에서 많이 발달한다. 어린나무가 나이를 먹어감에 따라 뿌리목 부근에 몇 개의 수하근垂下根이 자라고, 지표면을 따라서는 수평근도 자란다. 암반 노출지나 토심이 얇은 지역에서도 흙을 찾아 상당히 깊이 뿌리를 뻗으며

소나무의 꽃과 구과
❶소나무의 암꽃 ❷소나무의 수꽃 ❸수분된 해의 씨방울

토양이 좋은 곳에서는 5~6미터 깊이까지 뻗는다.

꽃과 구과와 종자 소나무는 암꽃과 수꽃이 한 몸에 피는 자웅동주다. 소나무 꽃은 4~5월에 피는데 수꽃은 길이 1센티미터 내외이며 장타원형이다. 꽃은 황색이며, 보통 20~30개로 구성된다. 수술의 끝은 반달 모양으로 퍼지며 두 개의 약포藥胞가 꽃실(화사花絲) 아래에 자리 잡는다. 화분(꽃가루)에는 두 개의 날개가 달린다.

암꽃은 보통 윗가지 끝에 2~3개씩 달리며, 길이는 5밀리미터 내외이고 엷은 보라색을 띠며 흔히 구화毬花(strobile)라 부른다. 수꽃의 화분(꽃가루)이 암꽃 머리에 앉는 것을 수분이라고 하며, 암꽃 머리에 앉은 꽃가루가 암꽃의 난핵세포와 결합하는 것을 수정이라고 한다. 수분은 4~5월에 일어나고, 다음 해 봄에 수정되어 가을에 종자가 익는다. 여러 암꽃으로 구성된 구화는 4~5월에 성숙하여 구과毬果(cone)가 되는데 흔히 솔방울 또는 씨방울이라 부르는 것이다. 솔방울은 여러 개의 인편이 모인 것으로, 인편 1개에는 배주가 2개 붙어 있고, 나중에는 날개가 2개 달린 종자가 된다. 가을이 돼 솔방울이 숙성하면 인편 사이가 벌어지고 끝에 달린 날개 덕분에 종자는 멀리 흩어질 수 있다.

소나무의 생장 특성

솔씨에서 어린 묘까지 소나무의 종자는 파종하고 3~4주 지나면 싹을 틔운다. 종피種皮를 쓴 채 땅 위로 올라오는 자엽(子葉, 떡잎)의 수는 5~13개로 다양하다. 묘포장에서 조사해보면 일반적으로 6~9개의 자엽을 가진 개체가 많고, 4~5개 또는 10개 이상의 자엽을 가진 개체는 드물다.

발아한 지 5~6주가 지나면, 자엽과 함께 줄기 끝부분에 어린 잎(유엽)이 자라기 시작한다. 유엽은 줄기에서 한 잎씩 자란다. 발아한 지 10~14주 지나면 줄기 끝부분에 정상적인 잎(한 묶음에 두 잎)이 나며, 이때의 자엽이나 유엽은 녹색을 띤다.

줄기는 발아 후 2~3주까지는 연한 녹색을 띤다. 발아 후 4주 정도가 되면 뿌리 가까운 부분(흔히 지제부)이 갈색으로 변하며, 발아한 지 10주 정도가 지나면 줄기의 끝부분을 제외하고 대부분의 줄기가 갈색으로 변한다. 줄기색이 녹색에서 갈색으로 변하는 것은 풀처럼 길이로

소나무의 종자
❶소나무의 씨방울 **❷**날개가 달린 소나무 씨 **❸**소나무 씨 **❹**소나무 씨 해부도

9mm

종피
자엽
배유
배축
유근

0mm

만 자라는 1차 생장에서 나무의 특징인 2차 생장(부피 생장 또는 비대 생장)을 시작했다는 증거이기도 하다. 1년이 지난 어린 묘는 보통 5~6센티미터에 이르지만, 토양이 비옥하며 햇볕이 충분한 환경에서는 더 잘 자랄 수도 있다.

어린 묘도 충분히 겨울을 이겨내는데, 영하의 기온은 어린 솔잎의 색깔을 녹색에서 적갈색으로 바꾸지만, 봄철이 되면 적갈색 솔잎들이 차츰 초록색으로 되돌아온다. 이태째의 생장은 주변 환경의 영향을 많이 받는다.

소나무의 발아
❶종피를 쓴 채 발아한 모습 ❷두꺼운 자엽 위에 유엽이 나오고 있다. ❸발아한 지 3개월 정도 지나면 줄기 끝부분에 정상적인 잎이 나온다. ❹솔씨의 발아 후 생장 과정. 발아 후 1일(A), 7일(B), 30일(C)째의 모식도

<u>어린나무에서 아름드리 나무까지</u>　소나무의 어린 묘는 2~3년이 지나면 본격적으로 자란다. 2년 동안 묘포에서 키운 묘목은 길이가 20센티미터 내외에 이르고 지제부의 직경은 5밀리미터 내외에 이른다. 그러나 솔숲에서 떨어진 종자에서 발아한 어린 묘는 그렇지 않다. 따라서 사람이 기른 묘목을 심지 않고, 어미나무에서 떨어진 종자로 솔숲을 만들 경우는 시간이 더 많이 걸린다.

　　소나무의 줄기는 1년에 한 마디씩 자란다. 소나무의 마디 수를 센 후, 4~5년을 더하면 나이를 대략 짐작할 수 있다고 하는 이유도 몸통을 이루는 원 가지가 1년에 한 마디씩 자라는 생육 특성 때문이다. 간혹 다음 해에 자라야 할 새 눈이 여름철에 갑자기 자라서 여름순을 만드는 경우도 있지만 그리 흔하지는 않다.

　　소나무가 한 해 자라는 마디의 길이는 대략 30센티미터에서 50센

소나무의 묘목
❶자연생 어린 발아묘(대관령) ❷3~4년 된 자연생 묘 ❸묘포장에서 발아 후 4개월 된 묘
❹묘포장의 월동 묘 ❺묘포장의 1년생 묘 ❻묘포장의 2년생 묘

티미터다. 우리 조상들이 소나무를 60년에서 80년 키워 목재로 사용한
이유도 이 세월이면 20~30미터에 달하는 재목을 얻을 수 있었기 때문
이다.

소나무가 자랄 수 있는 곳
소나무는 생육이 어려운 암석 지대나 척박한 곳은 물론이고 간헐적으로 범람하는 하천가, 해안가에서도 적응하며 살아간다.

소나무가 자랄 수 있는 곳

소나무는 다양한 환경 조건에 적응할 수 있다. 동서남북 어느 방향에서도 자라지만, 일반적으로 남향이나 서향보다는 북향이나 동향에서 더 잘 자란다. 또 갈색, 적색, 회갈색, 암색 산림 토양군을 가리지 않지만, 특히 갈색 산림 토양군에서 더 잘 자란다. 소나무가 자라기 좋은 토양은 모래가 많이 섞여 배수가 잘 되는 사양토나 양토이며, 토양 산도가 pH 5.0~5.5인 곳에서도 비교적 잘 자란다.

　소나무는 생육 환경 조건(입지 조건)이 좋지 않은 암석 지대나 척박

❶내설악 백담사 하천가의 소나무 ❷울진 월송정 바닷가의 소나무 ❸인제 용대리 암벽지의 소나무
❹남원 인근의 소나무 단순림

한 곳은 물론이고 간헐적으로 범람하는 하천가에도 적응하긴 하지만
다른 활엽수와 경쟁하지 않는 조건이면 양분이나 수분 조건이 좋은 산
기슭이나 계곡에서 훨씬 잘 자라며 극양수極陽樹라서 햇볕은 절대적으
로 필요하다. 따라서 햇빛이 충분하다는 전제하에 소나무 생장에 가장
크게 영향을 끼치는 환경 인자는 생육 장소와 토양이고, 지질이나 표
고 등은 상대적으로 영향이 적다는 보고도 있다. 소나무는 건조하며
척박한 장소(능선 사면부, 침식지)에서도 잘 자란다. 그렇지만 이러한 장
소가 소나무 생육에 적합한 곳이라는 의미는 아니다.

금강송과 강송과 금송은 어떻게 다른가?

금송

금강송金剛松(*Pinus densiflora* Sieb. et Zucc.)은 우리 소나무의 지역형 이름이다. 강원도 금강군에서 경상북도 청송군에 걸쳐 태백산맥과 동해안 일대에서 곧게 자라는 소나무로 강송剛松이라고도 부른다. 금송金松(*Sciadopitys verticillata* Sieb. et Zucc.)은 일본 남부에만 자라는 상록침엽

수로, 조경수로 많이 애용하는 나무다. 금송은 소나무와 달리 잎이 두꺼우며 선형으로 짙은 녹색을 띤다. 또 목재가 잘 썩지 않아 일본에서는 오래전부터 관재棺材나 건축재 등으로 이용되고 있다. 한편 백제의 무령왕릉에서 발견된 관재도 금송임이 밝혀져 고대 백제와 일본의 관계를 간접적으로 증명하는 자료로 학계의 주목을 끌기도 했다. 조선 시대 왕실의 관곽재棺槨材로 사용하던 황장목黃腸木도 질 좋은 금강송이었다. 그런데 한국과 일본 양국에서 관재로 사용되던 금강송이나 금송은 흥미롭게도 전혀 다른 속屬에 속하는 나무다.

우리 소나무를 외국에서는 왜 '일본적송'이라고 부를까?

이 땅의 대표적인 나무는 소나무다. 그러나 외국에서는 소나무를 '한국소나무'가 아니라 '일본적송'[Japanese red pine(영어)이나 Japanische Rotkiefer(독일어)]으로 부른다. 소나무는 한국, 일본, 중국 등지에 분포하는데 서구에서는 '일본적송'으로만 통용되는 것이다. 그 까닭은 무엇일까?

일본적송이라는 향명鄕名이 붙은 것은 독일 과학자 지볼트 때문이다. 지볼트는 극동 아시아에 자생하는 소나무를 서구에 처음 소개한 사람이다. 지볼트는 1796년에 독일 바이에른 주의 뷔르츠부르크에서 태어나 가문의 전통에 따라 뷔르츠부르크 대학에서 약학을 공부하였다. 대학을 졸업한 후, 네덜란드 동인도 회사에 일반외과 의사로 입사하여 1822년부터 인도네시아의 바타비아(자카르타)에서 근무하였다. 지볼트

가 뛰어난 의사이자 과학자임을 안 동인도 회사는 이듬해 그를 교역 확대와 일본에 대한 정보 수집을 위해 일본 나가사키 항구 인근의 작은 섬에 파견하였다.

일본에 파견된 지볼트는 대학에서 습득한 최신 의술과 과학 지식을 배경으로 일본의 관료나 과학자들과 빈번하게 접촉했고, 그 덕에 수많은 정보와 함께 일본에 자생하는 동식물에 대한 다양한 자료를 확보하여 네덜란드로 보낼 수 있었다.

더불어 1842년『일본식물지日本植物誌(Flora Japonica)』 2권 22쪽에 소나무에 대한 학명과 함께 '일본적송Japanese red pine'이란 향명을 소개하면서 소나무의 존재를 서구에 알렸다. '일본적송'이란 향명은 일본명 아카마쓰赤松에서 딴 것으로 이후 영어와 독일어 향명이 되었다.

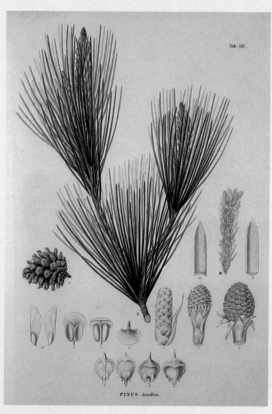

『일본 식물지』에 실린 소나무

1부 소나무를
알면
역사가 보인다

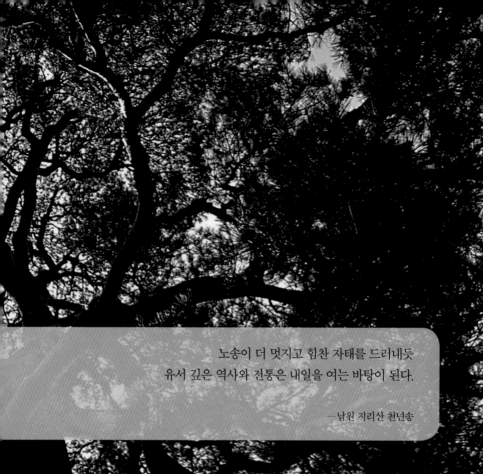

노송이 더 멋지고 힘찬 자태를 드러내듯
유서 깊은 역사와 전통은 내일을 여는 바탕이 된다.

—남원 지리산 천년송

1. 소나무, 조선 바다를 누비다

전라북도 부안군 변산 솔숲 | 조선재造船材

차창으로 보이는 건너편 산의 솔숲이 새롭다. 지난 천 년 세월의 소임 所任을 아직도 기억하는지 쭉쭉 뻗은 소나무들이 예사롭지 않다. 변산 읍을 지나면서 솔숲이 눈앞에 나타날 때마다 한동안 차를 멈추었다.

'쿵! 쿵!'

아름드리 소나무를 베어내던 도끼질 소리와, 선재船材로 만드느라 자르고 다듬던 톱질 소리, 자귀질 소리까지 환청처럼 귓가에 맴돈다.

변산은 안면곶과 함께 고려 시대부터 질 좋은 소나무 산지였다. 『고려사高麗史』에는 원종 15년(1274)과 충렬왕 7년(1281)에 일본 정벌 용 전함을 만드는 데 필요한 소나무를 나주도羅州道의 천관산과 전주도 全州道의 변산에서 충당했다는 기록이 있다. 변산의 소나무는 예로부터 유명해 『동국여지지東國輿地志』「권5 상」 부안현扶安縣 산천山川 조에도 '궁실과 배를 만드는 재목은 고려 때부터 모두 변산에서 얻는다'고 했 다. 오늘날도 해안가에 늘어선 멋진 소나무에서 그 명성을 상상할 수

◀ 부안군 격포 해안가의 솔숲. 변산 소나무는 고려 시대와 조선 시대에 걸쳐 조선재로 이름을 얻었다.

있다.

이런 기록을 접하면 우리 조상이 언제부터 소나무를 땔감이 아닌 재목으로 사용했는지 궁금해진다. 그 답을 찾는 방법의 하나는 발굴된 고대 유물을 살펴보는 일이요, 다른 하나는 문자로 남은 역사적 기록을 살펴보는 일이다.

나무는 오래 보존할 수 없기 때문에 고대 유물 가운데 목재로 된 것은 그다지 많지 않다. 몇몇 칠기漆器가 출토되었지만 그나마 소나무 칠기는 드물다. 경주 천마총에서 나온 각종 목제품에도 소나무로 만든 것은 없었다. 관의 외부는 밤나무, 관은 느티나무, 부장품이 들어 있던 함은 회화나무·느티나무에 뚜껑은 들메나무·왕버들·단풍나무, 장니障泥(말다래)는 피나무·참나무·박달나무·자작나무 등을 사용했다는 보고로 비추어볼 때, 고대에는 소나무보다 주변에서 쉬이 구할 수 있는 활엽수를 더 많이 사용한 듯하다.

대표적인 조선재

소나무를 조선재로 이용한 흔적은 2005년 창녕 비봉리 패총 아래에서 발굴된 8,000년 전의 소나무 통나무배에서 찾을 수 있다.[1] 초기 신석기 시대의 이 배는 소나무 통나무를 불에 태운 다음 돌칼로 깎아내어 만든 것으로 밝혀졌다. 오늘날과 유사한 형태의 배는 1975년 안압지에서 출토한 배에서 엿볼 수 있다. 통일신라 시대 것으로 추정하는 안압지 배는 길이 5.9미터, 뱃머리 너비 1.5미터, 배꼬리 너비 0.6미터, 높

1　국립김해박물관, 〈창녕 비봉리 유적—신석기 시대 배 출토—현장 설명 자료〉, 2005년 9월 5일.

창녕 비봉리 패총 아래에서 발굴된 8,000년 전의 소나무 통나무배

이 0.35미터 크기인데, 세 개의 소나무를 통째로 잇대어 만들었다. 밑바닥이 되는 길쭉한 통나무 양편에 ㄴ과 ㅗ형 바깥판을 붙인 형태가 고려 시대나 조선 시대의 한선韓船 건조 방법과 유사하다. 그 밖에 1984년 전라남도 완도군 어두리 앞바다에서 발견한 배와 1995년 목포 달리도에서 발견한 배, 2003년 군산 십이동파도 근해에서 발견한 고려청자 수송선은 모두 소나무로 만든 고려 시대 배였다. 이로 보아 선조들은 오래전부터 소나무를 선재로 사용했음을 알 수 있다.

한편 조선재로 쓸 소나무를 보호하고 지키려는 노력은 고려 후기에 이미 본격적으로 시작되었다. 고려 현종 원년(1009)에 과선戈船 75척이 건조되었다는 기록을 볼 때, 대량의 소나무가 선박을 만드느라 벌채되었음을 알 수 있다. 현종은 즉위 4년(1013)에 이미 소나무 벌채 금지령을 내려 소나무재 사용을 엄격하게 규제하였다.

고려는 국가가 공적으로 쓸 때 이외에는 소나무 벌채를 엄금했으며 특히 고종 18년(1231)부터 충렬왕 5년(1279)까지 일곱 차례에 걸쳐 고려를 침략해 온 몽골은 소나무를 비롯한 산림 이용을 직접 규제했다. 이는 몽골이 자국 궁실과 사원 건축에 쓸 목재와 1, 2차에 걸친 일본 정벌용 전함 건조에 필요한 조선재를 우리 소나무로 충당하면서 변산과 천관산의 소나무숲이 수탈되었다는 기록으로 알 수 있다. 이런 기록으로 고려 중기부터 조선재 소나무의 확보는 국가의 중요한 현안이었음을 알 수 있다.

우리 조상은 일찍부터 해상 활동의 중요성을 인식했다. 삼면이 바다로 둘러싸인 나라에서 세금으로 거둔 곡물이나 진상품을 운반하는 데는 지세가 험한 육로보다는 강이나 바다를 이용하는 것이 더 쉬웠기 때문이다. 그래서 그들은 독특한 선박을 고안했다. 그것은 조수간만의 차가 심한 서·남해안 바다나 수심이 얕은 강에서 쓸 수 있는, 밑바닥이 평평한 배다.

소나무가 조선재로 이용된 까닭

옛사람들이 조선재로 소나무를 중시했던 이유는 무엇일까? 소나무의 어떤 특성이 조선재에 유용했을까? 소나무는 강하기는 하지만 굴곡탄성계수가 높은 수종이다. 굴곡탄성계수가 높다는 것은 목재를 쉽게 굽힐 수 없다는 의미이며, 따라서 유선형으로 만들어야 할 선박에 소요되는 목재로는 썩 좋은 조건이 아니다. 게다가 곧지 않고 옹이가 많아 얇게 켜서 판재로 만들기도 쉽지 않다.

그러나 소나무는 농경 문화가 발달함에 따라 땅을 개간하느라 산지가 크게 훼손된 우리나라에서 가장 손쉽게 구할 수 있는 데다 해안가에서도 비교적 짧은 기간(80년 내외)에 재목으로 쓸 수 있을 만큼 잘자라는 나무였다. 결국 선재로는 결점이 있지만 조선소造船所 인근에서 가장 손쉽게 구할 수 있고 송진 성분이 많아서 물속에서도 잘 썩지 않아 선박을 만드는 데 꼭 필요한 나무로 자리 잡았다.

변산 소나무의 옛 명성을 엿볼 수 있는 부안 인근의 솔숲

　　우리 조상들은 비록 소나무가 선재로는 최적의 조건을 갖추지 못한 나무일지라도 그것을 십분 활용하는 지혜가 있었다. 한선의 수명은 15년 내외였지만, 외판을 고정시키는 데 나무못을 썼기에 잘 보수(개삭改槊)하면 오래 쓸 수 있었고, 소나무의 굽은 줄기를 그대로 활용하면 나무가 덜 들고 만들기 쉽다는 장점도 있었다.

　　소나무가 가진 이런 특성은 우리 고유의 배인 한선의 특징으로 이어진다. 한선은 서양 배와 달리 배밑판이 평평하고 뱃머리와 배꼬리가 뭉툭한 평저형선平底型船이다. 두꺼운 한 겹의 판(밑판 두께는 35센티미터 내외, 바깥판 두께는 10센티미터 내외)을 사용해, 서양의 날렵한 선박과는 달리 무겁고 느리지만 수심이 깊지 않은 강이나 조수간만의 차가 심한 남·서해안에 물자를 운송하는 데는 편리한 구조였다.

한선에 사용된 소나무의 양

한선은 평평한 밑판 양편에 바깥판을 이어 붙인 구조다. 외형은 평평한 밑판과 좌·우현을 이루는 바깥판(기록에는 삼판杉板으로 명기), 평판인 뱃머리와 각진 배꼬리로 구성된다. 내부는 대들보 구실을 하는 멍에(가목駕木)와 멍에 밑 좌우 양쪽의 바깥판을 잡아주는 가룡목駕龍木으로 되어 있다. 한선은 대개 유사한 구조지만, 갑판이 필요 없는 어염 상선魚鹽商船(생선이나 소금을 운송하던 배)이나 수송선은 구조가 단순하고, 상부에 구조물을 시설해야 하는 거북선이나 전투선은 훨씬 복잡하다.

조선 시대 기록인 『만기요람萬機要覽』 「재용財用」 편의 조선재漕船材·조복미포漕復米布·퇴선退船 조, 양호兩湖의 절목節目란을 보면 새로 배를 만들 때는 중간치 소나무中松 14그루, 애 소나무兒松 45그루, 어린 소나무稚松 43그루가 든다고 밝혔다. 반면 영남嶺南의 절목란에는 배를 새로 만들 때 큰 소나무大松 73그루가 든다고 밝혔으며, 배를 새로 만드는 비용은 쌀 200석, 돈으로는 600냥이라고 했다. 그 밖에 『비변사등록』에는 배를 한 척 만드는 데 소요되는 재목의 양이 소나무 300~400그루이며, 이것을 통나무로 계산하면 700~800그루에 달한다고 나온다.

그러나 『만기요람』에는 큰 소나무와 중간치 소나무, 애 소나무와 어린 소나무에 대한 정확한 구분이 없으며, 『비변사등록』에도 나무의 구체적인 크기를 밝히지 않아 정확한 목재 양을 추정하기는 어렵다.

다행히도 1972년 경상남도 고성읍에서 발견된 『헌성유고軒聖遺稿』의 조선식도造船式圖에 목재가 정확히 얼마나 드는지 밝혀두었다. 이 책은 순조 22년(1822)에 문위사선問慰使船(일본에 보낼 문위 역관을 태울 배)을 만든 기록이다. 1822년 3월 25일부터 윤3월을 지나 4월 26일까지 61일 간에 걸친 선박 건조 내역(선역船役)을 일기체로 적은 그 기록에는 조선재 175그루의 명세, 선박 건조에 관계한 관원과 일꾼 76명에

 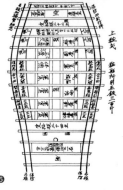

소나무로 만든 한선

❶ 완도에서 발굴된 고려 시대 한선. 국립해양유물전시관 소장
❷ 완도의 복원된 고려 시대 한선. 국립해양유물전시관 소장
❸ 2018년 실물 복원된 조선통신사선
❹ 1975년 경주 안압지에서 나온 소나무로 만든 신라 시대 통나무배
❺ 『한성유고』에 수록된 조선식도(왼쪽)와 상장식도(오른쪽). 이를 통해 조선 시대 한선 건조 과정을 알 수 있다.

관한 것, 쇠못 구입 내역 등이 있어 조선 후기 선박사船舶史 연구에 중요한 자료가 된다.

이 책에서 밝힌 조선재 175그루의 구체적 쓰임은 다음과 같다. 우선 작은 소나무小松는 모두 85그루였는데 밑판에 22그루, 굽은 나무 1

그루, 뱃머리에 3그루, 바깥판에 34그루, 배꼬리에 3그루, 가룡목에 13그루, 기계목에 9그루 등이었고, 어린 소나무와 애 소나무 11그루가 구랑拘郞과 거예擧枘에 사용되었다. 또한 배 위의 뱃집(상장上牆) 설치에 44그루, 필요한 널빤지 제작에 21그루 등 모두 161그루의 소나무와 그 외 참나무를 비롯한 다른 나무 14그루가 소요되었다.

『헌성유고』의 조선식도를 참고하면 소나무 크기도 대략 추정할 수 있다. 배를 만드는 밑판은 모두 11조인데, 한 조는 2~3토막으로 구성되었으며 폭은 배의 중앙이 가장 넓어 4.8미터, 뱃머리와 배꼬리는 좁아져 각각 3.5미터와 3.2미터다. 따라서 배의 가운뎃부분 밑판 하나의 길이는 10.5미터 내외에 너비는 약 43센티미터(4.8미터÷11조), 뱃머리나 배꼬리 부분의 밑판 길이는 4.7미터, 너비는 32~30센티미터, 두께는 35센티미터 정도임을 알 수 있다.

이러한 내용을 참고하면, 밑판에 사용된 소나무는 높이 20미터, 가슴높이직경(지상에서 1.2미터 높이에서 잰 지름) 50센티미터 내외라고 상정할 수 있다. 한편 바깥판은 가장 긴 것이 31.5미터, 가장 짧은 것이 20미터이며, 두께 13센티미터 내외, 폭 30센티미터 정도의 목재가 사용되었다. 정리하면, 바깥판이나 멍에, 가룡에 쓴 소나무는 대략 높이 15미터, 가슴높이직경 40센티미터 정도임을 짐작할 수 있다. 따라서 조선식도에서 언급한 작은 소나무는 높이 20미터 가슴높이직경 50센티미터 내외의 소나무, 즉 수령 60~80년인 소나무임을 알 수 있다. 이 내용은 문화재연구소에서 발굴한 고려 시대(13~14세기) 달리도선의 밑판과 바깥판에 사용된 소나무가 수령 50~70년생으로 밝혀진 결과와 유사하다.[2]

국립해양문화재연구소에서 2012년 복원한 조선 시대의 조운선(길

이 24미터, 폭 8.8미터, 높이 3.3미터, 경하중량 40.7톤)[3]은 1,000석 이상의 곡
물을 실을 수 있는 배로 밝혀졌다. 이 조운선을 복원하는 데 약 66.8세
제곱미터의 목재가 소요되었고, 이만한 양을 원목으로 환산(사용된 조
선재의 부피=벌채 원목의 30~40퍼센트)하면 약 190세제곱미터가 되고, 가
슴높이직경 40센티미터, 높이 20미터의 소나무 147그루가 된다.

한편 『단종실록』에서도 흥미로운 기록도 찾을 수 있다. 선박을 잃
었을 때 대·중·소로 나눠 목재를 각각 235조, 211조, 114조씩 배상하
며 목재 한 조에 면포 한 필을 지급한다는 내용이다. 이는 큰 배일 경
우 밑판과 바깥판, 뱃머리와 배꼬리 또 멍에와 가룡을 만드는 데 모두
235조의 목재가 소요된다는 뜻이니 목재 한 조의 부피를 알면 선박 건
조에 소요된 개략적인 목재 양을 산정할 수 있다.

나라 전역에서 사용한 소나무 조선재의 양

그렇다면 소나무가 차츰 고갈되던 조선 후기에 이르러 한 해에 얼마나
많은 소나무가 선박 건조에 동원됐을까? 먼저 조선 후기 선박의 수를
파악할 필요가 있는데, 『만기요람』에는 각 수영水營과 진鎭에 배치되었
던 배가 776척이며, 조창漕倉에 소속된 수송선도 약 500척으로 1,300
여 척에 이른다고 기록돼 있다. 여기에 왕실 소속 배는 군선이나 수송
선보다 많아 2,000여 척에 달했다고 한다.

18세기 말 지방민이 소유하고 있던 배(사선私船)들의 수가 1만 307
척 이상이라는 기록이나 19세기 말 영남의 사선 수만 8,000척 이상이

---

2   국립해양문화재연구소, 〈달리도선 보전·복원 보고서〉, 2012.
3   국립해양문화재연구소, 〈조운선 복원 보고서〉, 2012.

라는 기록[4]을 참고하면 조선재로 필요한 소나무는 훨씬 더 많을 수밖에 없다.

개삭改槊으로 사용 연한이 몇 년 늘어나는 것과 개삭에 소요되는 소나무의 양을 무시하고, 선박의 평균 수명을 최대 10년으로 산정했을 때, 매년 1,000여 척(10,000척÷10년)을 새로 만들어야 한다. 한 척에 150그루의 작은 소나무가 필요하다고 가정하면, 가슴높이직경 50센티미터 내외, 높이 20미터에 이르는 소나무 15만 그루가 필요하며, 또 1척에 75그루가 필요하다고 가정해도 매년 7만 5,000그루의 소나무를 베어내야 했을 것이다. 조선소 인근의 솔숲에서 이만한 굵기의 소나무를 매년 충당하기는 차츰 어려워졌고 소나무에 대한 금벌 정책은 더욱 가혹해졌다.

지난 천 년 세월, 이 땅의 소나무는 백제의 앞선 문물을 일본으로 전파하는 문화 전파선으로, 동북 아시아의 바닷길을 장악했던 해상왕 장보고의 무역선으로, 창을 싣고 북방 여진족을 무찌르던 과선戈船이나 일본의 침입을 막은 판옥선(널빤지로 지붕을 덮은 배)과 거북선 같은 전함으로, 조선통신사를 일본으로 실어 나르던 사신선으로 묵묵히 제 소임을 다했다.

변산반도 한 모퉁이 해안가의 솔밭을 거닐면서 이 땅의 소나무가 감당했던 그 엄청난 소임의 의미를 되새겨보았다. 소나무의 장단점을 정확히 꿰뚫었던 조상의 안목과 그런 지혜로 태어난 한선에 다시 한번 고마운 마음이 들었다.

---

4   김현구, 「조선 후기 조선업과 조선술에 관한 연구」, 『국사관논총』 81집, 국사편찬위원회, 1998.

소나무의 부피는 어떻게 구하나?

소나무의 부피는 원기둥을 계산하는 방법으로 구한다. 하지만 나무는 원기둥과 달리 높이 올라갈수록 가늘어진다. 따라서 원기둥의 부피를 구하는 공식에 일정한 감소율을 적용해야 한다. 나무의 부피를 결정하는 요소는 나무의 굵기(직경), 높이(수고), 위로 올라갈수록 가늘어지는 감소율(나무의 형태) 3가지다.

나무의 굵기는 긴 자처럼 생긴 기구(윤척)로 가슴높이에서 재는데 이를 가슴높이 직경이라 하고 직경을 재는 사람이 쉽고 편안하게 잴 수 있는 위치인, 지상에서 1.2미터 높이에서 잰다. 나무는 높이 올라갈수록 일정 비율로 가늘어지는데, 보통 침엽수는 0.5~0.55, 활엽수는 0.4~0.45의 감소율을 적용한다. 예를 들어 소나무와 참나무가 똑같이 가슴높이직경이 40센티미터이고 높이가 20미터라면 이들의 부피는 각각 약 1.3세제곱미터와 1.1세제곱미터 정도로 계산된다. 우리나라의 헥타르당 평균 축적이 146세제곱미터(2015년 현재)이므로 사방 100미터 넓이의 우리나라 숲에는 소나무로 치면 112그루, 참나무로 치면 133그루가 서 있다는 계산이 나온다.

소나무는 얼마나 크게 자랄까?

외국에서는 수고 80여 미터에 이르는 소나무도 흔하지만 국내에서는 1995년경 강원도 인제에서 발견된 40여 미터 크기의 소나무가 가장 큰 소나무로 보고되어 있다. 오늘날에는 수고 30여 미터인 소나무를 어렵지 않게 찾을 수 있다. 정이품송의 높이가 15미터인 것을 보면 30여 미터 높이의 소나무도 결코 작은 나무가 아니다.

소나무의 원줄기는 한 해에 한 마디씩 자란다. 이 특성을 이용해서 나무를 베지 않고도 소나무의 나이를 짐작할 수 있다. 줄기의 마디(가지와 가지 사이) 수를 센 후, 4~5년을 더하면 개략적인 나이를 셈할 수 있기 때문이다.

소나무가 한 해 자라는 마디의 길이는 대략 30센티미터에서 50센티미터이다. 우리 조상이 60년에서 80년생 소나무를 목재로 사용한 이유도 그 기간이면 20~30미터에 달하는 재목을 얻을 수 있었기 때문이다. 소나무는 씨를 뿌린 후 처음 3~4년 동안은 천천히 자란다. 특히 솔씨가 싹을 틔운 첫해는 기껏 해야 4~5센티미터 자랄 뿐이다. 그러나 3~4년이 지나 뿌리를 내리면 쑥쑥 자라기 시작한다.

2. 이 숲 소나무를 베지 마라

충청남도 태안군 안면도 솔숲 | 국용재國用材

천 년 소나무 왕국은 오늘도 이어진다. 누구 하나 관심 갖는 이 없어도 씩씩한 기상으로 제자리를 지킨다. 궁궐의 대들보로, 군함의 조선재로 제 몫을 다하던 영광은 사라진 지 오래건만 천 년 왕국을 지키고 선 안면도의 소나무는 변함없이 푸르다.

중부 서해안 지방에서 가장 혈통 좋은 소나무들이 사는 곳, 500여 년 동안 소나무만 지속적으로 보호해온 조선 왕조의 철저한 노력이 숨쉬는 곳. 안면도 솔숲을 설명하려 할 때 가장 먼저 떠오르는 내용이다.

안면도 솔숲의 명성은 천 년 전 고려 시대부터 이어져 온 것이다. 『동국여지지』「권4」 서산군瑞山郡 산천山川 조에는 '고려 때부터 나무를 기르고 저장하였다. 궁실과 배를 만드는 재목은 모두 이곳에서 얻는다'는 기록이 있고, 조선 후기 김정호가 편찬한 지리서 『대동지지大東地志』나 문물 제도를 정리한 『증보문헌비고』에도 '고려조부터 안면곶에서 재목을 길러 궁실 건축용과 선박 제조용 목재를 얻었다'고 밝혔

◀ 안면도를 관통하는 77번 지방도 주변의 소나무들

다. 참고로 안면도는 삼남 지방의 세곡稅穀을 쉽게 운반하려고 1713년 태안군 안면읍 창기리와 남면 신온리 사이를 뚫어 바닷길로 연결하면서 육지가 섬으로 변했다.

안면도 솔숲이 고려왕조에 이어 조선왕조까지 그 진가를 발휘할 수 있었던 이면에는 13세기 몽골의 산림 약탈을 피할 수 있었던 행운도 있다. 기록은 변산반도와 장흥의 천관산, 제주 산림이 일본 징벌 용 선박 제조 때문에 무참히 베어질 때, 안면곶의 솔숲은 도끼날을 피할 수 있었다고 전한다.

안면도 소나무의 명성은 『화성성역의궤』에서 구체적으로 확인할 수 있다. 지금부터 220여 년 전인 1794년에 착공하여 1796년에 완공한 수원 화성의 규모와 축조 경위가 수록된 이 의궤에는 다른 건설 자재와 마찬가지로 목재에 관한 것도 자세히 수록되어 있다. 화성 건설에 사용한 목재는 원목 9,680주, 판재 2,300립, 서까래용 원목 1만 4,212주로 안면도, 장산곶, 강원도 관동, 전라좌·우수영에서 조달했다고 밝혔다.

그 원목 중에서 우리가 주목해야 할 목재는 기둥이나 대들보로 사용된 대부등大不等이다. 대부등은 길이 9미터, 줄기쪽 직경 67센티미터로 매우 굵은 목재를 말한다. 높이 25미터, 가슴높이직경 80센티미터나 되는 거대한 소나무를 잘라야 대부등 하나를 얻을 수 있었다고 하니 얼마나 큰 나무가 사용되었는지 상상할 수 있다.

『화성성역의궤』는 수원성 축조에는 원목 하나의 부피가 4세제곱미터에 달하는 대부등 344주를 사용했으며, 이들은 모두 안면도에서 조달했다고 밝혔다. 200년 전 안면도 솔숲의 위용을 엿볼 수 있는 기록이다. 아름드리 소나무들이 빽빽하게 들어선 당시의 안면도를 상상하면 천 년 소나무 왕국이 어떠했을지 더욱 궁금해진다.

붉은 수피와 곧은 줄기가 특징인 안면도 자연휴양림 소나무숲

안면도 소나무를 선호한 이유

고려와 조선 왕조가 이 땅의 수많은 소나무 중에 유독 안면도 소나무를 선호한 이유는 무엇일까? 국립산림과학원 배재수 박사는 수운水運의 편리함, 벌채하기 좋은 지세, 소나무 생육에 좋은 환경을 꼽는다.

하나의 무게가 1톤이 넘는 대부등 같은 무거운 물자를 수송하는 데는 육로보다는 강이나 바닷길이 훨씬 편했다. 안면도에서 최대 목재 수요처인 개경이나 한양은 물길로 가면 아주 가깝다. 또 섬 전체가 구릉지라 나무를 베고 운반하기가 용이하며, 물길을 이용하면 벌채한 목재를 즉시 운반할 수 있는 이점도 있었다. 게다가 무엇보다도 질 좋은 소나무가 무성하게 자라고 있었다. 그래서 우리 조상은 안면도를 국용재國用材 소나무의 주요 생산 기지로 활용했던 것이다.

안면도 소나무는 강원도 영동 지방 소나무처럼 곧고 쭉쭉 뻗었다.

그에 비해 천수만 건너 홍성 지방 소나무는 대체로 굽고 왜소하다. 지리적으로 가까운데도 왜 이렇게 다를까?

조선왕조는 산림을 결딴낸 고려의 전철을 밟지 않기 위해 개국과 더불어 강력한 산림 보호 시책을 실시한다. 또 국용재인 소나무를 원활하게 충당하고자 무분별한 소나무 벌채를 엄격히 금지한 소나무 벌채 금지(송목금벌松木禁伐, 줄여서 송금松禁) 정책도 폈다.

조선 초기에 소나무 보호에 각별한 관심을 가진 왕은 세종이었다. 세종은 원년(1419)에 연해沿海(바닷가) 한광처閑曠處에 소나무를 심으라고 명하였고, 6년(1424)에는 「송목양성병선수호조건松木養成兵船守護條件」7개 조를 반포하여 선박 건조에 필요한 소나무의 보호와 육성을 위한 구체적 지시를 내리기도 하였다. 이 규정에는 방목장이 아닌 곳에서는 소나무를 지키기 위해 함부로 불을 내지 못하게 했으며, 바닷가 각 고을에서 몇 그루나 심고 어떻게 가꾸는지를 해마다 보고하게 했다. 그리고 이러한 규정을 따르지 않을 때는 만호·천호·수령·감사 등이 법률에 따라 논죄한다고 밝혔다.

조선 초기(1419, 1424)부터 병선 건조용 소나무 양성 정책이 강력하게 시행된 배경에는 나라 전역에 걸쳐 조선재 소나무의 조달이 원활치 못했기 때문으로 추정할 수 있다. 이러한 추정 배경에는 원나라의 일본 정벌용 전함 건조 요구에 따라 고려 원종 15년(1274)에 900척의 전함(대함 300척, 경쾌선 300척, 급수용 소선 300척)이 수년에 걸쳐 건조되었고, 2차 일본 정벌(1281) 때도 고려에서 900척이 동원됨으로 인해 당시에 조선재용 목재가 많지 않았던 상황으로 추정할 수 있다.

세종이 소나무 양성 조례를 반포한 이래 400년 이상 지속된 조선왕조의 송금松禁 정책은 세종 23년(1441)에 시행된 송목금벌지법松木禁

소나무로 축조한 궁궐과 성관

❶ 1854년 중수한 창덕궁 인정전은 주로 안면도 소나무로 축조하였다.

❷ 1796년 완공한 수원 화성은 안면도 소나무로 축조하였다.

伐之法에서 그 뿌리를 찾을 수 있다. 세종은 소나무를 함부로 벨 수 없게 이 법을 시행하는 한편 세종 30년(1448)에는 소나무가 잘 자라는 연해 지방의 도서와 곶 300여 곳을 의송지宜松地로 정하여 인근 수령과 만호에게 배양·관리하라고 명하였다. 의송지는 모두 300여 곳이었다. 함길도에 23곳, 평안도에 28곳, 황해도에 22곳, 경기도에 26곳, 강원도에 6곳, 충청도에 25곳, 전라도에 93곳, 경상도에 76곳 등으로 대부분 해안가나 섬이었다. 해안가나 섬을 선정한 이유는 조선재·궁궐재의 공급, 제철, 제련, 도자기·사기그릇의 제조나 소금가마에 필요한 연료용 목재 조달을 위한 해상 수송에 편리했기 때문이다.

세종이 안면곶을 의송지로 지정하고 수군이 직접 관리하도록 하였던 송금 정책은 1485년 세조가 펴낸 『경국대전』에도 반영되어, 『경국대전』 식재植栽 조에는 "안면곶과 변산반도는 해운판관이, 해도海島는 만호萬戶가 자세히 살피고" "해마다 봄에 어린 소나무, 혹은 종자를 심어서 기르고, 연말에 심은 숫자를 왕에게 보고한다. 어긴 자는 산지기는 장 80, 당해 관원은 장 60에 처한다."라고 명기되어 있다.

안면도의 소나무가 우량한 형질을 간직할 수 있었던 것은 이렇게 지난 수백 년 동안 꾸준히 가꾸고 지켜온 정성 때문이다. 그런 정성이 없었던 인근 서해안 솔숲은 차츰 훼손되어 불량해질 수밖에 없었다.

안면도 소나무가 이웃 충청도 지역에서 자라는 소나무보다 뛰어났음을 증명하는 내용은 또 있다. 숙종 대에 이르러 조선왕조는 전국에 282곳의 봉산封山을 지정했다. 그중 충청도의 봉산 73곳은 모두 안면도에 표시되었음을 『동여도東輿圖』로 알 수 있다. 섬 하나에 전국 봉산의 4분의 1을 두었다는 사실은 국용재 생산 기지로 안면도를 중시했던 조선왕조의 의지와 양질의 소나무를 생산하고자 철저하게 관리하고 보호한 정책을 엿보게 한다.

최근 고려대학교 자연환경보존연구소와 한국수목보호연구회가 밝힌 안면도 소나무의 생육 특징은 흥미롭다. 안면도 소나무는 일정 시점에 이르면 수고 생장(높이 생장)은 더뎌지는 반면, 상층부가 굵어져 전체적으로 수간이 고루 발달한다고 한다. 따라서 수고 생장은 영동이나 영서 지방 소나무에 미치지 못하지만, 수간이 고루 발달하는(부피 생장) 특성은 안면도 소나무가 고려와 조선왕조에 걸쳐 궁궐재와 조선재로 명성을 얻게 된 연유라고 할 수 있다.

고려와 조선 두 왕조에 걸쳐 이 땅 최상의 국용재 생산 기지라는 명예를 누리던 안면도의 솔숲은 조선의 몰락과 함께 사라질 위기에 처한다. 일제는 안면도 솔숲을 일본인에게 불하하여 조선 제일의 국용재 생산 기지를 결딴내는 데 일조하였다. 더 안타까운 사실은 광복 이후에도 안면도 솔숲에 대한 훼손 행위가 계속됐다는 것이다.

자유당 시절 정상배들이 저지른 약탈식 벌채, 목야지 조성을 위한 대부貸付 등은 지난 천 년 동안 안면도 소나무숲을 왜 국가가 관리했는지를 간과한 정부의 근시안적 산림 시책이었다. 특히 1965년에 안면도 전체 면적의 27퍼센트에 달하는 3,200여 헥타르의 소나무숲 소유권이 국가에서 지방 정부로 이관되어 훼손을 부추긴 점은 안면도 소나무숲의 역사적 의미를 간과한, 졸렬한 산림 정책의 한 예라고 할 수 있다.

그나마 다행스러운 일은 1988년 정부가 115헥타르에 달하는 안면도 솔숲을 유전자 보전림으로 지정하여 보호키로 한 것이다. 그리고 승언리와 정당리 일대 130만 평에 자라는 솔숲이 임업 선진국의 숲 못지않게 헥타르당 최고 360세제곱미터의 축적을 간직한 채 울창하게 자라는 현실도 고무적이다. 이 땅에서 헥타르당 300세제곱미터 내외의 축적을 가진 숲을 찾기가 쉽지 않은 현실을 감안하면 안면도 솔숲의 진가를 다시 한번 확인할 수 있다.

흥미로운 사족 하나. '일본 도쿄 대학교의 상징인 아카몽赤門이 안면도 소나무로 만들어졌다'는 사실이 태안군 홈페이지에 실려 있다.

국용재 소나무의 조달 절차와 방법

조선 조정은 국가에서 쓸 임산물을 국용재목國用材木이나 국용목물國用木物이라고 불렀다. 『조선왕조실록』에는 국용재목과 국용목물이 모두 언급되고 있다. 조선 조정에서 사용하는 국용재목과 목물은 다양했다. 서영보가 편찬한 『만기요람』(1808) 「군정軍政」 편1 송정松政 조條에는 전함, 운송선, 강화에서 왕이 타는 정자선亭子船, 석재 운반선, 나룻배, 훈련도감 비상 대기선의 조선재 및 외도고外都庫의 목재, 빙고의 얼음 저장 목재, 사용원의 윤대판輪臺板, 족대판足臺板, 사복시司僕寺의 말구유 널판, 제언堤堰의 수통목水筒木 등이 국용재목으로 등재되어 있다. 비변사에서 이들 재목은 직접 벌채하여 내주었으며, 그 밖의 것은 그루 수의 대소를 불문하고 경연에서 품의하여 벌목하였다.[5]

조선 말기(1867)에 각 관아의 사무 처리에 필요한 행정 법규와 사례를 편집한 『육전조례』(행정법전)에는 토목土木과 영선營繕을 관장하던 선공감의 장목색과 재목색에서 취급하던 목물의 종류가 나열되어 있다. 장목색이 다루는 국용목물은 진장목眞長木, 잡장목雜長木, 누목樓木(벽체에 사용되는 나무), 추판楸板(피나무 널빤지), 추목楸木(피나무), 대소

---

5   황미숙, 『조선 후기 목재 수요의 증대와 國用材木의 조달』, 서울대 대학원 석사학위 논문, 1994.

박달나무, 진연목眞椽木(서까래용 참나무), 파회목破回木, 수청목水靑木(물푸레나무) 등이다. 재목색은 오종판(송판, 후판, 광송판, 후송판, 광후판)이 나열되어 있다. 5종판은 종묘, 사직, 능원묘 및 제 산천 제사의 제기, 제상, 향탁 및 사대교린의 물종 포장궤, 무기고, 중일각, 과녁의 용재, 대소 과거시험장, 궐내의 각 관사의 각종 목기의 제작에 사용된 목재를 말하여 권설도감의 별공작에 공급하였다.

국용재목으로 소나무가 『조선왕조실록』에 언급된 사례는 3건이 있다. 그 첫 번째 사례는 세종 6년(1424)에 경기도 포천 봉소리, 영평 한목동과 청계동, 고비동의 솔숲은 국가가 사용하는 재목(국용재목)이 자라고 있는 곳이니 산지기를 두어 베지 못하게 하고, 소재지의 수령들이 무시로 점검하게 하였다. 두 번째 사례는 성종 6년(1475)에 강원도 양구와 화천과 인제 등지의 국용재목을 보호하고자 내린 벌채 금지 때문에 농지가 적은 그 지역 주민들이 더욱더 가난하게 되었다며, 벌채를 금하지 말도록 청하는 신하에게 관찰사로 하여금 확인하는 대목이다. 세 번째 사례는 중종 2년(1507)에 '강원·황해·충청도 등의 국용國用 목재는 집이 헐린 재상과 조신朝臣 및 서민들에게 나누어주게 하라'는 내용을 담고 있다.

대동법이 실시되기 이전에는 궁궐이나 성곽과 같은 건축물을 짓거나 수리하는 데 필요한 소나무는 대부분 현물 공납으로 충당하였다. 대동법이 정착된 17세기부터는 현물 공납을 쌀로 대신하고, 필요한 자재는 시전市廛이나 공인貢人에게서 구입했으며, 18세기 후반부터는 목재상인 외도고를 통해서 구입했다. 규모가 큰 건축물 공사가 확정되면 먼저 도감을 설치하여 소나무재 소요량을 파악하였다. 그리고 각 읍·진에 그 소요량을 할당하는 방법으로 필요한 국용재를 충당하였다. 벌

어미나무(모수) 밑에서 자연스럽게 재생되고 있는 안면도 자연휴양림의 소나무

채와 육로 또는 해상 운송 과정에는 차사원이라는 관리를 임명하여 조
달 임무를 완수하게 했다. 차사원은 직책에 따라 명칭이 바뀌었는데,
보통 목재를 할당받은 읍·진의 현감이나 수사가 맡았다. 각 단계의 차
사원은 벌채한 목재의 규격, 수량, 담당자, 사공 등을 기록한 문서를 감
영이나 군영에 보내고, 그 문서를 계속 확인했다. 국용 소나무재의 조
달 절차는 다음과 같다.

1. 규모가 큰 공사는 도감都監을 설치하고, 목재 소요량을 파악
   한다.
2. 목재 소요량을 각 읍·진에 할당한다.
3. 비변사에서 벌채 허가증인 관문關文을 발급받는다.
4. 관문을 소지한 목수나 패장牌將을 벌채 현장에 파견한다.
5. 목수가 감작차사원鑑斫差使員(벌채감독관)과 함께 알맞은 목재를
   선정한다.
6. 선정 후에는 벌채감독관이 지휘하여 벌채한다.
7. 벌채목을 독운차사원督運差使員의 지휘하에 강가나 바닷가로 운
   반한다.
8. 영운차사원領運差使員의 책임 아래 벌채목을 실어 물길을 따라
   용산 나루터나 또 다른 장소로 운송한다.
9. 도감은 운반된 목재를 이용하거나 비축한다.

조선 정부의 소나무 조달 방법을 구체적으로 엿볼 수 있는 기록은
정조가 수원성의 공사 경위와 제도, 의식을 알리고자 펴낸 『화성성역
의궤』(1801)다. 의궤의 「재용」 편에는 수원성 공사에 소요된 경비와 자

안면도 자연휴양림의 소나무숲

재의 양을 밝혔다. 소요된 경비로 목재(4,629냥), 석재(17만 9,320냥), 기와(6,183냥), 벽돌(2만 6,576냥) 구입에 대한 구체적인 내용을 담았다.

『화성성역의궤』에는 안면도에서는 1,000주의 큰 재목과 잡목 421주를 절취했으며, 장산곶에서는 서까래 재목 1,700주를 조달했다고 기록되어 있다. 나머지 나무들은 강원도에서 조달했는데 길이 7.5미터 안팎에 굵기가 45센티미터나 되는 중간 크기 나무 약 4,600주를 양구, 금화 등지에서 채취하여 사용하였고, 느티나무나 다른 특수용 목재를 사용했다는 기록도 있다. 한편 나무 값으로 지불한 금액 중 4,000냥 남짓은 한강 주변의 목재상에서 서까래나 송판 등 규모가 작은 목재를 구입하는 데 지불한 것이라고 밝혔다. 그 밖에 필요한 목재는 민간이 소유한 산(사양산私養山 : 개인이 육성한 산림)에서 구입하였으며, 목재상에서 구입한 소나무는 서까래가 1만 3,299주였으며, 길이 3미터, 너비 30

센티미터, 두께 5센티미터짜리 송판 2,300립도 민간에서 구입했다고 밝혔다. 이 밖에도 길이 6미터짜리 재목 1,500주와 길이 2.7미터짜리 소재목 3,200주도 민간에서 구입했다고 기록되어 있다.

『화성성역의궤』를 보면 조선 후기의 국용재 가운데 민간에서 구입하기 어려운 기둥이나 대들보, 추녀 등 대경재大徑材(굵고 긴 목재)만 봉산에서 충당하고, 나머지 건축 가설재나 소부재는 민간 나무 시장에서 구입하여 사용했음을 알 수 있다.

민간의 소나무 조달 방법

한양에는 예로부터 한강을 타고 운송해 온 나무를 사고파는 장목전長木廛(또는 장목점杖木店)이 있었다. 기록을 보면 16세기부터 한강 주변에는 재목을 다듬어 파는 목재상이 생겼다. 또한 17세기의 『광해군일기』에도 재목상이 나온다. 이때부터 조정은 장목전이라는 목재상의 존재를 공인한 셈이다. 이들 목재상인은 북한강이나 남한강 상류에서 뚝섬으로 운송된 목재와 땔감을 주로 취급하는 상인(일부는 시전상인)과 삼남 지역에서 연안과 한강 하구를 통해서 용산이나 마포로 운송된 조선용 목재를 취급하는 상인(경강선상京江船商)도 있었다.[6] 이들은 나라에 사용될 목재를 공물로 조달하던 외선공감공인外繕工監貢人이 여러 가지 폐단으로 혁파된 후에, 1749년 경강의 목재상인으로 구성된 외도고공계外都庫貢契가 성립되고, 1769년부터는 외도고外都庫라 불리는 민간 목재상인이었다.[7] 외도고공인이 취급한 목재의 종류는 연목椽木(서까래), 조리목條

6　이욱, 「18세기 서울의 목재상과 목재 공급」, 『향토서울』 56, 1996.
7　김동철, 「18·19세기 외도고공계의 성립과 그 조직」, 『한국사연구』 55, 1986.

里木(가늘고 긴 막대), 장송목長松木, 판자류, 재목材木 등이었다.

용산이나 마포의 외도고가 취급하던 목재는 주로 연해와 도서 지방에서 벌채된 소나무였다.[8] 18세기 전반에 경강에는 2,000여 척(미곡 운송선, 어선, 소소한 선박 등)의 선박이 있었고, 경강선 한 척을 건조하는 데 최소 160주의 소나무, 배 한 척을 수리(개삭改槊)하는 데도 최소 8주의 소나무가 필요했다고 하니, 얼마나 많은 소나무가 유통되었을 것인지 짐작할 수 있다.

19세기 초의 『만기요람』을 보면 나라에 세금을 내는 내장목점과 세금을 내지 않는 외장목점 6곳이 도성에 있었다. 『경국대전』에는 관곽재棺槨材를 파는 판상板商은 반드시 호조와 귀후서(공용의 관재를 관리하는 관서)의 허가를 받도록 하여 한강의 물목을 지켜서 크고 좋은 목재의 유출을 방지하는 한편 산림 보호에 힘쓰라고 밝혔다.

한편 1920년대 남한강 유역에서 생산된 임산물은 용도별로 재목材木·화목火木·기타로 구분하여 소나무는 건축재·관재·선재용으로 정선·영월 등 강원도 오지에서 실어 왔으며, 1910년대 광나루와 뚝섬 등지에 집산된 목재의 4분의 1이 정선산이었다는 보고도 있다.

또한 1918년 한양에 이입된 한강 상류의 화물 총액 중 임산물이 차지하는 비중은 37.7퍼센트로 할목割木 16.3퍼센트, 잡목雜木 4.4퍼센트, 시목柴木 17.1퍼센트였다. 1917년 한양성민의 연료와 재목 공급지였던 뚝섬에는 장작, 할목, 잡목, 숯 등이 집산되어 총 취급 화물의 30퍼센트가 임산물이었음을 밝히는 보고서도 있다. 이로 미루어 재목용 소나무는 오래전부터 목재상으로부터 구입했음을 유추할 수 있다.

---

8   이욱, 앞의 글, 1996.

조선은 개국과 더불어 산림의 사점私占(사적 점유)을 금하고, 금령禁令으로 산림을 보호
하였다. 특히 고려 구관들이 소유하던 사유지를 몰수하고, 권세가와 왕족들이 소유하
던 땔나무 채취장(시장柴場)의 개인 소유를 금지했다. 이런 정책을 펴는 한편으로 태조
(6년)는 일반 백성이 의식주에 필수적인 산림을 자유롭게 이용할 수 있게 하기 위해
'산림천택여민공지山林川澤與民共之', 즉 '산림과 하천, 못은 온 나라 사람이 그 이익을
나누어 갖는다'는 이념을 정립했다.

그러나 모든 산림을 백성에게 개방했던 것은 아니다. 조선왕조는 특정한 산림을
국가에서 필요한 목재를 생산하는 곳으로 지정하여 일반 백성은 함부로 사용할 수
없도록 했다. 이렇게 국가에서 지정한 산림을 금산禁山이라 불렀고, 바위에 새긴 금표
禁標로 경계를 구분했는데, 그 첫 대상은 도성 안팎의 산림이었다.

조선왕조는 한양 금산의 소나무를 보호하고자 예종 1년(1469)에 모두 8개 조로
구성된 「도성내외송목금벌사목都城內外松木禁伐事目」을 만들어 북악산·남산·인왕산·
낙(타)산을 도성 내의 금산으로, 북한산·관악산·덕양산·용마산을 도성 밖의 금산으
로 지정하였다. 이들 금산은 산림 벌채로 인한 암석과 토양 유실이 유발하는 산사태
와 홍수 같은 자연재해로부터 도성과 궁궐을 보호해주었다. 또 풍수지리 사상에 입각
해 금산에 나무를 심어 도성 안팎의 지맥을 보호함으로써 조선왕조의 번영을 누리려
는 목적도 있었다. 오늘날 대도시 주변의 그린벨트처럼 생활 환경 보존림 구실을 했
던 셈이다.

한편 지방의 금산은 국용재國用材 생산을 위해 보호 관리되던 숲으로 외방금산外
方禁山이라고 불렀다. 건축재, 조선재, 관곽재 등을 생산하고자 전국 300여 곳의 바닷
가에 위치한 소나무숲을 의송지로 지정한 것이 지방 금산의 대표적인 예라고 할 수
있다.

3. 무덤까지 함께한다

경상북도 울진군 소광리 솔숲 | 관곽재棺槨材

소광리 초입에 있는 세 칸짜리 한옥은 숨은 보물이었다. 비록 지붕은 함석으로 이었어도 우리 소나무를 아끼는 이들에게 이 한옥의 의미는 각별하였다. 바로 소광리 소나무의 우수성을 증명이나 하려는 듯 소나무 한 그루로 지었기 때문이다. 그러나 2002년 여름 물난리가 나 한옥은 부서져버렸고, 그 자리에 양옥이 들어섰다. 이 땅 '제일의 소나무숲'이란 수식어에 걸맞던 그 한옥의 파손 현장을 지켜보는 안타까움은 컸다.

그러나 마을에서 느낀 안타까움은 삿갓재 초입을 지키고 선 500년 묵은 노송을 만나자 일순 사라졌다. 온갖 격랑을 이겨내고 오늘도 힘차게 자라는 그 위용에 감복했고 이런 소나무를 길러준 산천이 고마웠다. 소광리를 찾아 곧게 자란 500년생 소나무의 당당함과 어른 세 사람이 팔을 펴도 안을 수 없는 굵은 줄기 앞에 서면 소나무를 대수롭지 않게 여기던 생각이 단견이었음을 저절로 깨닫게 된다.

더구나 황장목黃腸木에 얽힌 이 솔숲의 유래를 알게 되면 우리 소나

◀ 조선 왕실의 관곽재로 사용된 소광리의 황장소나무

무에 대한 자부심까지 느끼게 된다. 이 땅에 자라는 1,000여 종의 나무 중 재목으로 제 몫을 다한 나무가 바로 소나무라는 사실에 대한 자부심 말이다.

송진으로 천연 방부 처리된 황장목

황장목이란 조선 왕실에서 사용하던 소나무 관곽재를 말한다. 조선 왕실은 초기부터 황장목을 확보하는 일에 열성이었다. 생전에 잘 봉양하고 돌아가신 후에도 후회 없이 잘 보내드리는 양생송사養生送死 의식이 뿌리 깊은 유교 사회였으니 관곽재에 관심을 쏟는 것은 당연한 일이었다.

그러면 황장목은 구체적으로 어떤 목재일까? 『세종실록』(1440)에는 '천자의 곽은 황장黃腸으로 속을 하고, 황장은 소나무의 속고갱이라, 흰 갓재목(邊材)은 습한 것을 견디지 못하여 속히 썩기 때문'이라고 황장목의 실체를 밝혔다.

『세종실록』의 기록처럼 황장은 몸통 속(心材)이 누런 소나무의 속고갱이를 말한다. 살아 있는 세포로 구성된 흰 갓재목과 달리 죽은 세포로 구성된 심재는 잘 마르고 뒤틀림이 적으며 송진이 적절히 배어 잘 썩지 않는다. 따라서 송진으로 천연 방부 처리된 황장은 예로부터 임금이 사는 궁궐재나 왕실 가족의 관곽재로 애용되었다. 일반 소나무는 심재율(나무줄기 중심부를 이루는 단단한 부분의 비율)이 52퍼센트인데 소광리에서 생산되는 소나무는 87퍼센트라는 보고도 있다.

그러나 굵은 황장목을 확보하는 일은 쉽지 않았다. 『세종실록』의 또 다른 기록에는 '소나무 벌채가 심하여 심산 궁곡에서도 넓은 판자

소광리 소나무숲의 겨울 풍경

를 만들 만한 재목이 드물기에 예장禮葬에 쓸 관곽은 황장을 이어 붙여서 사용하고, 일반 백성도 이에 따르도록 지시'했다고 나와 있다. 이 지시처럼 황장만으로 된 통판재를 얻을 수 있는 아름드리 소나무를 확보하는 일은 차츰 어려워졌다.

따라서 왕실의 황장목 확보는 조선 시대 산림 정책의 중요한 과업이 되었다. 조선 정부는 개국과 함께 질 좋은 황장목을 원활하게 조달하고, 일반 백성의 도벌을 예방하고자 곳곳에 금산을 지정했다. 이런 금산에는 자연석에 금표를 새겨 나라에서 지정한 산림임을 쉬이 알 수 있게 했다.

소광리 소나무숲이 '살아 있는 문화유산'으로 불리는 이유는 장군 터 자연석에 새겨진 황장봉표黃腸封標 때문이다. 1994년경에 발견한 이 표석에는 "황장봉계지명黃腸封界地命 생달현生達峴, 안일왕산安一王山, 대리大里, 당성堂城, 주회周回 산직명길山直命吉(황장봉산의 경계지는 생달현, 안일왕산, 대리, 당성으로 정하고 산직 길에게 지키도록 하였다.)"이란 글귀가 새겨져 있다. 조선 후기에 세운 이 봉표는 소광리 일대의 소나무숲이 조선 왕실의 황장목을 생산하던 곳임을 증명한다. 특히 이 내용은 김정호의 『대동지지』나 『동여도』의 내용과 일치한다.

소광리 솔숲을 황장봉산으로 지정한 이유

조선 조정에서는 어떻게 오지 중 오지인 소광리의 소나무를 알았을까? 그 실마리는 울진문화원에서 펴낸 『울진군의 설화』에서 엿볼 수 있다. 기록에는 인조 6년(1628)에 울진군 근남면 행곡리 구미동에 살던 만휴 임유후 선생을 중심으로 이 고장 문사들이 수친계壽親契와 상포계喪布契를 결성했으며, 그 계약의 제2항에는 "부모가 상을 당하면 유사가 친히 가서 살펴보고 품질 좋은 소나무 관목을 소광召光에서 구입한다."라고 되어 있다. 이 기록처럼 효성이 지극하던 울진 고을 선비들은 부모상을 당하면, 소광리에서 품질 좋은 관재를 구입하여 단양까지는 인마人馬로 운반하고, 단양에서 한양까지는 남한강을 이용하여 배편으로 운송했다는 내용이 나온다. 소광리 소나무의 명성이 이렇게 한양까지 알려졌던 것이다.

한편 조선 후기에 들어 궁방, 영아문, 권세가들의 산림 사점私占 행위가 더욱 늘어나고, 인구 증가에 따른 농지 개간과 화전火田 증대로 더 이

황장목과 황장봉표
❶속고갱이가 꽉 찬 소광리 소나무. 변재에 비해 심재의 비율이 상대적으로 높은 것이 황장목의 특징이다.
❷소광리 장군터의 길가에서 발견한 황장봉표 ❸치악산 구룡사 입구의 황장금표 ❹영월군 수주면 법흥리의 황장금표

상 산림을 효과적으로 관리할 수 없게 되자 결국 임정을 쇄신하고 관리의 부정을 막는 한편, 세금을 효과적으로 거두기 위해 새로운 산림 제도의 도입이 절실해졌다. 이에 숙종 때(1684) 봉산 제도를 도입하게 된다.

학계에서는 소광리 솔숲을 '우리 소나무숲의 원형'이라며 특히 중시한다. 그 이유는 앞서 언급했듯 원주, 영월, 인제 등에서는 황장금표가 발견된 정도지만 소광리에서는 황장봉표가 발견됐으며, 금표가 발견된 다른 지역 소나무숲은 대부분 옛 모습을 잃은 데 비해 소광리 솔숲은 유전적으로 우량한 수백 년 된 장령목壯齡木들이 여전히 자라는 데다 재질

소광리 소나무숲

또한 우수하여 옛 소나무의 진가를 그대로 간직하고 있기 때문이다.

지난 2000년 동해안에 산불이 났을 때, 일선 산림 공무원들이 소광리 솔숲을 지키려고 사력을 다했던 일화는 이 숲에 거는 임학계의 여망을 단적으로 보여주는 것이다.

금산으로 지정됐던 다른 소나무숲은 오늘날엔 볼품이 없어졌는데 왜 소광리 솔숲은 옛 모습을 간직하고 있을까? 그것은 지리적 여건 때문이라고 할 수 있다. 소광리는 조선 시대는 물론이고 고속도로가 훤히 뚫린 30년 전에도 교통편이 불편한 오지 가운데 오지였다.

그렇다면 조선왕조가 그토록 교통이 불편한 소광리를 황장봉산으로 지정했던 이유는 무엇일까? 그것은 향후 필요한 황장목을 꾸준히 확보하기 위해 몇 안 남은 황장목 자생지를 보호하려던 왕실의 대비책으로 생각할 수 있다.

조선 후기로 갈수록 서·남해안에서 자라던 질 좋은 소나무들은 점점 사라졌다. 특히 임진왜란을 겪은 후 해전의 중요성을 인식한 조선왕실은 전선戰船과 조운선漕運船을 건조하는 데 필요한 소나무 선재를 우선 확보할 필요가 있었다. 그래서 전라도와 경상도와 충청도 연안과 도서 지역에 282개소의 선재봉산船材封山을 지정했다.

황장목도 마찬가지였다. 『만기요람』에 기록된 황장봉산 60곳 중 전라도 강진, 순천, 고흥을 제외한 57곳은 강원도와 경상도에 지정하여 황장목을 확보했다.

이렇게 소광리 솔숲은 질 좋은 소나무재를 확보하려 했던 조선왕조의 염원이 담긴 곳이다. 그런 염원 덕분에 오늘날 우리 소나무의 원형을 보존하고, 소나무가 결코 쓸모없는 나무가 아님을 확인할 수 있게 되었다.

불영계곡의 소나무숲

지방별 특산 소나무는 언제부터 구체적으로 알려졌을까?

조선 초기 『세종실록지리지』나 『동국여지승람』의 각 지방 물산·공물 조에서는 목재에 관한 기록을 찾을 수 없다. 나무에서 얻는 과물果物이나 수지樹脂(진), 또는 약재로 이용되는 특산물(수종명)을 밝힌 예는 있지만 목재 그 자체를 특산물로 인정한 예는 없다.

1660년 현종조에 편찬된 『동국여지지』에는 소나무 황장목이 강원도 강릉·삼척·정선·영월·인제·춘천 등지의 특산물로 기록되어 있어 이 지방의 소나무가 유명했음을 알 수 있다. 그러나 100여 년이 지난 후 각 지방의 물산과 토산 혹은 진공進貢에 대한 내용을 수록한 『여지도서輿地圖書』(1757)에는 황장목에 대한 기록이 없다.

한편 목재 자체를 특산물로 본격적으로 다루기 시작한 것은 19세기부터다. 서유구徐有榘의 『임원십육지林園十六志』 말미에 각 지역의 식물을 수록한 「팔역물산八域物産」에는 강원도 강릉·삼척·영월·춘천·회양·해서·곡산 등지의 주요 특산품으로 황장목이 나오고 조선 8도의 각 시장에서 팔리는 주요 상품을 열거한 「팔역장시八場市」에는 함흥과 강계의 소나무와 가래나무 판재가 나온다. 또 『규합총서』에는 삼척과 안동의 송판과 서산의 문송紋松(해안 구릉의 송림에서 생산되는 결이 고운 송판) 등이 언급되어 있다. 이로 미루어 남한 일대에서는 강릉, 삼척, 정선, 영월, 인제, 안동 등 태백산맥 주변의 소나무와 서산의 문송이 유명했음을 알 수 있다.

또 이익李瀷의 『성호사설星湖僿說』 「인생문人事門」 생재生財 조에도 '영서의 미송재는 영동에 미치지 못한다'는 내용이 나와 조선 시대부터 영동 지방 소나무를 선호했음을 짐작할 수 있다.

조선 후기의 송정松政

조선 초기 송정은 국가에서 필요한 소나무재를 조달하고자 연해 지역을 대상으로 의송지를 지정하여 엄격하게 보호하는 것이었다. 그러나 의송지의 관리와 운영은 조선 후기로 내려올수록 권세가들의 산림 사점과 '연해 30리'라는 모호한 경계 규정 때문에 곤란해졌다. 결국 문란한 임정을 쇄신하고 관리의 부정을 막는 한편, 세금을 효과적으로 거두기 위해서 국가의 산림 정책을 개편할 필요가 생겼다. 그래서 숙종조에 이르러 금산 제도 대신에 봉산封山 제도를 도입했다.

봉산 제도란 기능에 따라 산림을 세분해서 국가에 필요한 특수 용도의 목재(조선재, 관곽재, 신주용 목재)를 조달하고자 만든 제도다. 선재봉산船材封山이나 진목봉산眞木封山은 전선과 조운선 건조에 사용할 소나무와 참나무, 황장봉산黃腸封山은 관곽용이나 궁실 건축용 소나무, 율목봉산栗木封山은 신주神主용 위패 생산에 필요한 밤나무를 생산하려고 지정한 산림이다. 이렇게 지정된 봉산에는 금산의 금표와 마찬가지로 봉표封標를 자연석에 새겨 나라에서 지정한 산림임을 쉽게 알 수 있게 했다. 그러나 1684년에 「제도연해송금사목」으로 시행되어 1788년 「제도송금사목」으로 정착한 봉산 제도는 임진·정유 양란을 거치면서 실시된 대동법에 따라 그 기능이 축소되기 시작하더니 19세기 들어 그러한 추세는 더욱 빨라졌다. 그 이유는 각종 세금을 현물 대신 쌀로 내게 되면서 목재 등 필요한 자재는 시전市廛이나 공인貢人에게서 구입하는 형태로 변했기 때문이다. 이런 변화에 따라 국가에서 필요한 목재도 대경재大徑材만 봉산에서 조달하고 일반 건축용 목재는 시장에서 구입하게 되었다.

이러한 과정을 배재수 박사는 다음과 같이 정리한다.

송정과 국가 직속 용도림의 설정 및 조달 체계

	목재 수요		조달지	조달
국가 수요	건축토목용재 : 궁궐, 관아 신축과 개축		봉산	대동법
	관곽용재		황장봉산	우량 송목 → 국가 직속 용도림
	선박용재 : 전함, 조운선 등 신조와 보수		선재봉산	
	연료용재	난방용(궁궐, 관아, 난방과 취사)	향탄산	국가 직속 용도림 → 구매
		산업용(염업, 도자업, 제련업)	관용시장	
민간 수요	건축토목용재 : 신축과 개축		합법적 공리지 사양산	목상 → 구매
	관곽용재			
	선박용재 : 조운선 등 신조와 보수			
	연료용재	난방용(난방과 취사)	비합법적 국가 직속림	직접 조달
		산업용(염업, 도자업, 제련업)		

(배재수, 2000)

결론적으로 송정은 국가가 필요로 하는 조선용·건축용·관곽용 소나무를 안정적으로 조달하려던 조선 정부의 소나무 정책이라고 정리할 수 있다. 송정의 목적이 국용 목재의 지속적인 공급이었음은 무시할 수 없지만 소나무를 심고 가꾸는 재식栽植보다는 '무엇 무엇을 하지 않으면 처벌한다'는 금제적禁制的 관리에 치중하는 소극적 정책이었음 또한 부정할 수 없다.

4. 금禁한다면 없애버리고 말리라

전라남도 신안군 흑산도 정약전 유배지 | 송정松政

아침 신문에서 '정약전의 사라진 저서『송정사의松政私議』를 찾았다'는 기사를 접했다. 희소식이었다. 나는 이 기사를 몇 번이고 다시 읽었다. 기사 내용 중 특히 '소나무 벌채 금지 정책인 송금松禁이 잘못되었음을 설파했다'는 구절은 가슴 설레게 만드는 부분이었다. 평소 우리 소나무가 차츰 쇠퇴하는 원인의 하나로 조선 시대의 잘못된 소나무 정책을 지목해왔던 나로서는『송정사의』발견만큼 반가운 소식은 없었다. 200년 전에도 나와 같은 생각을 한 사람이 있었다니 놀라운 일이었다. 기사 전문은 다음과 같다.

다산 정약용의 친형이자 어류학 박물지『자산어보玆山魚譜』의 저자인 정약전丁若銓(1758~1816)이 저술한 책으로 지금까지 제목과 내용 중 일부만 전해지는『송정사의』가 한 고등학교 생물 교사에 의해 발굴되었다. 영남대 한문교육학과 안대회安大會 교수는 최근 발

◀ 예나 지금이나 소나무에 관심을 가진 지식인은 많았다. 경상북도 경주 오릉

간된 국학 관련 학술 전문지 『문헌과 해석』 제20호에 기고한 「정약전과 송정사의」라는 논문을 통해 새로 발견된 이 저술을 전면 소개하고 의미를 짚었다. 안 교수에 따르면 오랫동안 사라진 것으로 알려진 이 저술은 평소 정약전에 대한 관심과 열의가 남달랐던 서울 세화고 생물 교사 이태원 씨가 정약전 유배지였던 흑산도에서 문 모 씨가 소장한 『운곡잡저雲谷雜櫧』 문집에서 찾아냈다.

『송정사의』는 1801년(순조 원년)에 일어난 천주교 박해 사건인 신유사옥에 연루된 정약전이 지금의 전라남도 신안군 우이도牛耳島에서 유배 생활을 시작한 지 3년째인 1804년 저술한 것이다. 여기서 정약전은 소나무 벌채 금지 정책인 송금이 잘못되었음을 설파하면서 지방관의 권한을 축소해야 한다고 주장하고 있다. 이어 소나무 식목을 권장해야 한다고 역설하고 있다. (허문명 기자, 「동아일보」 2002년 9월 10일 자)

서둘러 출근하여 『문헌과 해석』에 실린 번역본을 구하는 한편 이태원 선생을 찾았지만 수업 중이었다. 어렵게 통화가 된 후 이 선생에게 『송정사의』 발견 과정을 다시 한번 확인하고 『운곡잡저』에 실린 원본 사진을 부탁했다.

정약전의 유배 생활은 개인적으로는 불행했을지 모르지만 그가 남긴 저술은 금전으로 환산할 수 없을 만큼 귀중한 기록 문화유산이 되었다. 그의 유배 생활 덕분에 오늘의 우리가 200년 전 조선인의 삶에 투영된 산림과 어족 자원의 실상을 엿볼 수 있게 된 사실을 어떻게 받아들여야 할까? 마냥 기뻐할 수도, 무작정 슬퍼할 수도 없는 일이다.

정약전의 『송정사의』

'소나무 정책에 대한 개인적 의견'이라는 뜻을 가진 『송정사의』를 통해서 오늘의 우리는 200년 전 조선 후기 한 지식인(양반)이 가진 산림에 대한 인식의 편린을 엿볼 수 있다. 흥미로운 것은 지리 정보가 옳게 정리되지 않았던 200년 전에 정약전은 이미 국토의 7할이 산지로 구성되었으며, 그 산은 모두 소나무가 자라기 알맞다는 점을 정확하게 파악하였다는 점이다.

정약전이 세운 흑산도 서당

또한 20년 사이에 나무 값이 3~4배 올랐다는 기록이나 400~500냥에 달하는 관곽재는 도회지의 양반 권세가에서나 쓸 뿐 궁벽한 시골 평민들은 태반이 초장草葬으로 장례를 치른다고 밝힌 기록을 보아 소나무에 대한 그의 관심이 유배지에서 생긴 일회적인 것이 아니라 오래전부터 지속된 것이었음을 알 수 있다.

다산 정약용이 『목민심서』에서 "우리나라의 산림 정책은 오직 송금 한 가지만 있을 뿐"이라고 주장했던 것처럼, 조선 시대의 산림 시책은 대부분 소나무 벌채 금지와 관련된 것이었다. 오늘날 접할 수 있는 조선 시대의 산림 시책에 대한 문헌도 「송금사목松禁事目」이나 『만기요람』의 「송정松政」처럼 대부분 소나무와 관련된 것이라고 해도 과언이

소나무 정책(송정)을 다룬 고문헌
❶이태원 씨가 발굴한 정약전의 『송정사의』 시작 면 ❷정조 12년(1788)에 반포한 「제도송금사목」. 서울을 제외한 팔도강산의 소나무를 보호하고자 제정한 규정으로 전문과 28개의 조목으로 구성되었다.
❸순조 31년 제정한 「완도송금절목」은 조선재와 관재를 지속적으로 확보하기 위해 만든 규정이다.

아니다.

　오늘날까지 조선 시대 소나무 정책에 대한 학계의 평가는 대체로 긍정적이었다. 정약전의 『송정사의』보다 14년 앞서 시행된 「송금사목」(1788)에 대한 학계의 인식을 엿보면 그러한 흐름을 더욱 확연히 알 수 있다. 김영진은 「송금사목」을 '소나무를 보호, 육성하고자 제정된 규정집'으로 해석하는 한편, '우리나라 최초의 완전한 산림 보호 규정으로 임정사와 임업 기술사 연구에 좋은 참고 자료'라고 설명한다. 또한 임학계 일각에서는 조선 시대의 송금 정책을 '세계 임업사에도 크게 기록되어야 할 일'이라거나, 「송금사목」을 '200년 전 소나무에 대한 국가 정책의 중요성과 긴박성을 짐작할 수 있는 것'으로 해석한다. 학계는 소나무 벌목 금지(松禁)를 산림 시책의 중심에 둔 송정을 대체로 우호적이며 긍정적인 시각으로 보았다.

　정약전이 쓴 『송정사의』의 숨은 진가는 오늘날 긍정적으로 평가하는 조선 시대 송금 정책에 대한 인식이 잘못되었음을 통렬하게 지적하는 데서 찾을 수 있다. 결론적으로 200년 전 정약전은 잘못된 송금 정책 때문에 이 땅의 소나무가 보호되고 육성되기보다는 오히려 고갈되고 있다고 주장했다.

조선 왕조가 소나무 육성을 중시한 사실은 조선 시대 법전이나 소나무에 관한 정부의 특별 규정을 통해서 확인할 수 있다. 그러나 소나무 보호와 육성을 위한 송금 정책은 조선 후기에 접어들면서 질 좋은 소나무를 육성하는 것이 아니라 이를 빌미로 지방관이 백성을 수탈하는 방편으로 악용되곤 했다. 정약전은 그런 현실을 다음과 같이 구체적으로 서술한다.

소나무에 알맞은 산은 수군水軍 진영의 관할을 받는다. 수영水營은 전토세田土稅나 뇌물을 받을 권한이 없어 본래 빈한한 진영인 데다 영문營門인 까닭에 장교가 많은데도 부모를 모시고 자식을 키우는 살림살이를 달리 의지할 데가 없이 오로지 소나무가 잘 자라는 산이 있을 뿐이다. 그래서 산 아래에 집을 짓기라도 하면 "이것은 공산公山의 소나무다."라고 주장하고, 관을 짜기라도 하면 "이것은 공산의 소나무다."라고 떼를 써서 크게는 관에다 고발도 하고 작게는 사사로이 구속도 한다. 강제로 빼앗고, 토색질하고, 능멸하고, 포박하고, 형틀에 묶고, 고문하여 그 혹독하고 매서움이 사나운 불길보다 심하다.

이런 상황에 백성은 탐관오리의 탐학을 피하고자 소나무를 심고 가꾸기보다는 제거할 수밖에 없었다. 정약전은 그런 실정도 다음과 같이 생생하게 전한다.

정약전의 글씨

봉산의 백성이 상의하기를 "오로지 소나무 때문에 우리가 이 지경
에 이르렀다. 소나무만 없다면 아무 일이 없으리라."라고 한다. 그
래서 몰래 없애고 비밀리에 베며 온갖 꾀를 내 제거하고자 한다.
심지어 천 명이 힘을 합쳐 수많은 도끼가 소리를 함께 내며 나무를
베어 몇 리에 걸친 푸른 산을 하룻밤 사이에 벌거숭이로 만들고,
돈을 모아 뇌물을 후하게 주어 후환을 없애는 일도 발생한다. 그리
하여 작고 작은 공산에조차 소나무가 한 그루도 없게 되었다.

정약전은 이런 악순환을 막고 소나무숲을 지키려면 지방관의 권한
을 축소하고 나무를 심어야 한다고 주장했다. 또한 국가 소유와 개인
소유를 가릴 것 없이 바닷가로부터 30리 이내의 산(연해 금산)에 대하
여 소나무 벌목을 금한 국법도 자라는 소나무가 있을 경우에나 유용하

정약전 · 약용 형제의 생가. 경기도 남양주시 능내리

지 나무가 없을 경우에는 아무 도움이 되지 못한다며 아무 쓸모 없는 연해 금산의 실상을 자세하게 전한다.

정약전은 송금 정책이 실패한 원인으로, 첫째 나무를 심지 않는 것, 둘째 저절로 자라는 나무를 꺾어 뗄감으로 쓰는 것, 셋째 화전민이 산림을 불태우는 것을 들었다. 또한 이 세 가지 환난이 발생하는 것은 완비되지 못한 국법 탓이라고 주장한다. 다시 말하면 송금이 실현 불가능하므로 소나무 벌채 금지 정책을 포기해야 한다며 다음과 같이 역설한다.

오늘날 소나무 벌채를 금지하는 법은 비록 공자孔子나 안연顔淵이라 해도 범하지 않을 수가 없다. 어째서 그러한가? 공자나 안연이 오늘날 세상에 살아 부모상을 당하였다고 하자. 그분들이 소나무 벌목 금지의 법 때문에 관을 만드는 예법을 폐하겠는가? 그분들은 절대로 그렇게 하지 않으리라는 사실을 나는 잘 안다. 대저 공자나 안연조차 범하지 않을 수 없는 법을 보통 사람들에게 지키라고 하니 그 법이 시행되지 않으리라는 사실을 나는 잘 안다. 소나무 벌목은 금지해서는 안 되는 것이다.

대신에 정약전은 "사람마다 제각각 소나무를 기를 수 있다면 준엄한 법과 무거운 형벌이 기다리는 국가의 소나무를 무엇 때문에 힘들여 훔치려고 하겠는가?" 하면서 "백성이 소나무를 미워하는 것은 소나무 자체를 미워하는 것이 아니라 그에 관한 법을 미워하는 것이다."라고 해석한다.

정약전은 이런 현실을 타개할 수 있는 대안으로 소나무 식목을 제안한다. 소나무 식목을 위한 구체적인 방법으로 개인 소유의 산뿐 아니라 국가 지정 봉산까지도 개인이 나무를 심어 스스로 사용하게 허락하며, 오히려 나무가 없는 산의 경우 산주에게 벌을 내려야 한다고 주장한다. 한편 1,000그루의 소나무를 심어 기둥이나 들보감으로 사용할 수 있을 만큼 기른 개인에게는 품계를 올려 포상을 하며, 주인 없는 산을 찾아서 한 마을에서 힘을 합쳐 1년이나 2년 동안 소나무를 길러 울창하게 숲을 이루면, 나무의 크기에 따라 그 마을에 1년이나 2년 동안 세금을 면제해주는 방안도 제안한다. 200년 전에 정약전이 제안한 이 제도는 놀랍게도 오늘날 조심스럽게 모색하는 그린 오너 제도와 다르지 않다.

"이런 정책을 수십 년만 시행하면 온 나라 산은 숲을 이루게 될 것이며, 공산의 나무를 백성이 범하는 일은 저절로 사라질 것"이라는 정

강진 만덕산의 소나무 봉산 숲은 백성들에게 원성의 대상이었다.

약전의 꿈은 끝내 실현되지 못했고, 조선 소나무의 명맥도 서서히 사라져갔다.

　존 리John Lee는 임진왜란이 조선과 일본의 산림 정책에 끼친 영향을 분석하면서 송정에 대한 심화 과정을 최근 발표했다. 그의 연구에 따르면, 조선 조정이 17세기 이후 송정을 더욱 심화시킨 배경은 임진왜란을 치르면서 소나무 조선재의 원활한 조달이 전쟁의 승패를 좌우한다는 것을 자각하게 된 것에서 찾고 있다.[9] 임진왜란 이후 조선 조정은 왜군을 무찌를 수 있는 해군력의 유지는 판옥선과 거북선 같은 전함의 건조에 필요한 소나무숲이고, 솔숲 확보를 위해 충청도와 전라도의 연해 지방을 봉산으로 획정하는 한편 도서 지방의 목장牧場들까지

9　　John S, Lee, "Postwar Pines: The Military and the Expansion of State Forests in Post-Imjin Korea, 1598－1684", *The Journal of Asian Studies*, 2018, 1-14.

도 솔숲으로 전환시켰다. 또한 연해 지방의 솔숲 관리 책임도 수영水營의 군인들에게 맡겼다. 조선 조정이 소나무숲 보호와 육성을 위해 시행한 금벌적 보호 정책과 군사력의 동원과 같은 중앙집권적 산림 관리는 오히려 관리 주체의 부정부패, 책임 소재의 불분명, 지역민의 참여 동기 부족 등에 의해 긍정적인 효과보다는 부정적인 영향이 더 컸다고 결론 내리고 있다. 정약전은 이런 부정적 영향을 『송정사의』에서 이미 구체적으로 피력한 바 있다.

일본 역시 임진왜란 이후 목재의 부족으로 정부 주도로 산림 보호와 육성의 중요성을 재인식하게 되었다. 조선과 다른 방향은 중앙집권적 산림 정책보다는 각 지역의 영주·촌장들과 주민들의 협력 체계를 이용하여 산림을 보호 육성하고, 벌기에 도달한 목재의 상업적 유통까지도 가능하도록 산림 정책을 시행한 점이다.[10] 조선은 임진왜란 이후에 해안과 도서 지역에 소나무 중심의 산림을 육성한 반면, 일본은 각 지역의 영주들이 그 지방에 적합한 다수의 수종을 자치적으로 육성한 것도 생태적 관점에서 큰 차이라 할 수 있다.

소나무가 중심인 조선의 산림 정책

조선 시대 산림 시책의 중심에는 소나무가 있었다. 그것은 "우리나라의 산림 정책은 오직 송금 한 가지 조목만 있을 뿐 전나무, 잣나무, 단풍나무, 비자나무에 대해서는 전혀 문제 삼지 않았다."라고 밝힌 다산 정약용의 『목민심서』「공전육조工典六條」 제1조 산림山林 편을 통해서

---

10 Conrad Totman, *The Green Archipelago: Forestry in Pre-Industrial Japan*, Ohio Univ. Press, 1989, p. 297.

도 알 수 있다.

다산의 주장을 증명이라도 하듯 조선 시대의 산림 시책 대부분은 소나무와 관련한 것이다. 이와 같은 내용을 뒷받침할 수 있는 기록으로 조선 시대의 법전이나 왕실에서 특별히 제정한 소나무와 관련한 다양한 규정(사목과 절목)이 있다.

조선 시대에는 『경국대전』(1492), 『대전속록』(1493), 『대전후속록』(1543), 『수교집록』(1698), 『전록통고』(1706), 『속대전』(1746), 『전율통보』(1786), 『대전통편』(1786), 『대전회통』(1865)과 같은 9개의 법전이 편찬되었고, 이들 법전 재식栽植 조에는 대부분 소나무 보호에 필요한 처벌 규정이 수록되어 있다.

소나무와 관련한 왕실의 특별 규정에는 「송목양성병선수호조건松木養成兵船守護條件」(1424)을 필두로 「도성내외송목금벌사목都城內外松木禁伐事目」(1469), 「제도송금사목諸島松禁事目」(1684), 「황해도연해금송사목黃海道沿海禁松事目」(1684), 「변산금송사목邊山禁松事目」(1691), 「파주금산수호절목坡州禁山守護節目」(1731), 「사산송금분속군문절목四山松禁分屬軍門節目」(1754), 「전주건지산금양절목全州乾止山禁養節目」(1782), 「제도송금사목諸道松禁事目」(1788), 「완도송전봉표절목莞島松田封標節目」(1831)이 있다.

이 규정 중 조선 용재 공급에 필요한 연해 지역을 의송지로 지정한 「송목양성병선수호조건」과 한양 안팎에 있는 금산의 소나무 벌채를 금지한 「도성내외송목금벌사목」은 조선 전기에 제정한 것이다. 나머지 규정은 임진왜란 이후에 제정한 것으로 대부분 국가에서 지정한 연해 지역의 솔숲을 입장入葬(몰래 무덤을 쓰는 행위), 도벌, 화전, 산불, 개간으로부터 지키고자 만든 규정들이다.

『만기요람』의 송정

『만기요람』은 조선왕조의 재정과 군정에 관한 내용을 집약하여 찬진한 책으로 「재용財用」 편과 「군정軍政」 편으로 구성된다. 송정란은 「재용」 편에 있는데 각 지역의 봉산封山과 유명한 송산松山에 대해 수록하였다. 「재용」 편에는 송정란 외에 조선재漕船材 조의 양호兩湖 절목節目과 영남嶺南 절목節目이 실려 있다.

『만기요람』은 다음과 같은 총례로 송정을 제정한 목적을 밝혔다.

> 송정의 일은 그 쓰임이 매우 크므로 엄하게 금한다. 위로는 궁전의 재목으로부터 아래로는 전함, 조선漕船(물건을 실어 나르는 배)에 이르기까지 그 수요가 다양해 반드시 길러야 되는 것이다. 이러므로 봉산을 확정하여 식목을 권장하고 벌채를 금지하며, 대전大典(『대전통편』을 말함)에 명확히 기재하고 사목을 만든 것이다.
>
> 삼남과 동·북·해서 등 6도(경기·관서는 봉산이나 송전이 없음)는 봉산, 황장봉산(황장목을 금양하는 산림), 송전松田을 막론하고 대개 소나무를 심는 데 적당한 곳은 다 그 수요가 있고, 금양禁養(작벌을 금하고 나무를 기른다)하는 절목도 또한 그 법이 있으니, 숙종 갑자년(1684)에 절목을 특별히 찬정하여 제도諸道에 반시頒示하고, 정조 12년(1788)에 고쳐 찬정하여 반행하였다.

각 도의 봉산은 "공충청 봉산 73처, 전라도 봉산 142처·황장 3처, 경상도 봉산 65처·황장 14처·송전 264처, 황해도 봉산 2처, 강원도 봉산 43처, 함경도 송전 29처, 이상 육도 봉산 282처·황장 600처·송전 293처"로 서술되어 있다.

유명한 송산에는 "호서의 안면도·순위·장산, 호남의 변산·완도·고돌산·팔영산·금오도·절이도, 영남의 남해·거제, 관동의 태백산(그 남쪽은 안동·봉화에 속함)·오대산·설악산, 관북의 칠보산은 다 소나무가 많은 곳으로 나라에서 유명하나 점점 전과 같지 못하고, 각처의 소나무가 잘되는 산으로 일컫는 곳까지도 나무가 한 그루도 없으며, 장흥의 천관산은 원元 세조가 왜를 칠 때 배를 만들던 곳인데 지금은 민숭민숭하여 한 그루의 재목도 없다. 대저 소나무는 100년을 기른 것이 아니면 동량棟樑이 될 수 없는데 도벌하는 자가 자귀로 다 없애서 한번 도벌한 뒤에는 다시 계속할 수 없게 되니, 그 기르기 어려움이 이와 같고 취하기 쉬움은 저와 같아서, 재목의 쓰임이 날로 궤갈櫃竭하여 수십 년을 지나면 궁실, 전선, 조선의 재목을 다시 취할 곳이 없으므로 식자는 이것을 근심한다."라고 서술되어 있다.

한편 『만기요람』「재용」 편의 조선재漕船材·조복미포漕復米布·퇴선退船란에 수록된 양호兩湖의 절목에는 "호남에서 조선에 쓰는 재목은 봉산에서 작벌하는 것을 허하되, 호조에서 비변사에 보고하면 해도의 감영에 관문(상관이 하관에게 또는 상급 관청이 하급 관청에 보내는 공문서 또는 허가서)을 내 수영(수군절도사의 군영)에 지위(명령을 내려서 알려주는 것)해서 부근에 있는 봉산에서 취해 쓰게 한다. 호서에서 조선에 쓰는 재목은 안면도 소나무를 작벌하는 것을 허하되, 아산현감이 순영에 보고하면 순영에서 장문하여 호조에 계하한 뒤에 호조에서 비변사에 보고하고 비변사에서 해도의 수영에 관문을 내 취해 쓰게 한다."라고 서술되어 있으며, 영남嶺南의 절목에는 "조선에 쓰는 재목은 봉산에서 작벌하는 것을 허하고, 선체가 썩어서 사용할 수 없게 된 것은 조곡의 상납을 마친 뒤에 차사원이 선혜청에 보고하면 낭청이 부정의 유무를 조사하여 비국에 일일이 보고해서 순영에 관무를 내고 순영에서는 통영에 이관하여 부근에 있는 봉산에서 취해 쓰게 한다."라고 기록되어 있다.

『만기요람』의 송정을 통해서 조선조의 산림 시책이 소나무 벌채 엄금 제도를 통한 소극적인 보호 관리에 중점을 두었음을 다시 한번 확인할 수 있다.

조선 시대 소나무 금벌禁伐의 형벌

조선 시대에 편찬 간행된 9개의 법전에 산림에 관한 조항은 「공전工典」 식재 조植栽條·시장 조柴場條·잡령 조雜令條, 「형전刑典」 금제 조禁制條 등이다. 식재 조는 나무를 심고 가꾸기에 관한 조항이며, 시장 조는 땔 나무의 이용에 관한 조항이며, 잡령 조는 나무의 남벌을 막기 위한 조항이다. 그리고 이러한 조항을 지키지 못했을 경우 형벌 내용을 명시한 조항이 「형전」 금제 조다.

송금 정책을 위반한 사람을 벌주고자 제정된 「형전」 금제 조를 살펴보면 조선 초기보다 조선 후기로 갈수록 형벌이 점점 가혹해짐을 알 수 있다. 15세기 초에는 소나무를 함부로 벨 경우에는 장 80, 유배 2년에 처해지고 실화失火로 소나무를 소실했을 경우에는 장 100과 2,000리 외지 유배를 명했다. 그러나 15세기 후반에 들어서면서 작벌한 개인에 대해서도 강한 형벌을 부과하였는데, 1~2그루만 작벌해도 장 100에 처하고 관리한 산지기도 장 100의 중형에 처했다. 조선 초기에는 송금 조항을 위반한 사람에게 내리는 벌은 장 100이 가장 무거웠다. 그러나 조선 후기에 이르면 송금을 위반한 사람에게 내리는 형벌이 점점 더 무거워져서 17세기 후반에는 조선재를 키우는 솔숲에 불을 지르면 참형, 솔밭에 불을 지르면 사형, 금산에서 목재를 벌채하면 효시에 처한다는 조항이 나타난다.

이렇게 금송禁松과 관련하여 중벌이 내려졌다는 것은 17세기 후반부터 이미 나라에서 사용할 큰 소나무가 고갈되었음을 나타내며, 권세가나 일반 백성의 소나무 작벌도 끊임없이 지속되었음을 보여주는 증거라고 할 수 있다.

송금 위반에 중형을 가하는 추세는 18세기 초에도 지속되어,『속대전』에는 봉산의 큰 소나무 10주를 벤 사람은 효시하도록 하였다. 이러한 추세는 영조 때까지 계속되지만, 몇 가지 조항은 영조 대에 이르러 약간 완화하였다.

5. 우리 나무는 우리가 지킨다

전라남도 보성군 이리 | 송계松契

1803년에 시작한 소나무계(송계松契)가 오늘도 계속되고 있다. 처음에는 쉽게 믿을 수 없었다. 기록으로만 존재하던 송계가 아직도 살아서 운영 중이라는 이야기는 충격적이었다. 마치 바위틈에 화석으로 존재하던 공룡을 직접 두 눈으로 확인한 것만큼이나 가슴 설레는 일이었다. 200여 년 전으로 떠나는 시간 여행은 전라남도 보성군 복내면에서 시작되었다.

최근 학계에 보고된 복내면 이리二里 송계는 현존하는 유일한 송계다. 이리 송계는 200년에 걸쳐 집적된 송계 규약을 모두 보존하고 있어 조선 시대 기층민의 소나무숲 이용 실태는 물론 향촌 사회의 제반 생활상까지 엿볼 수 있는 귀중한 문화유산이다.

송계(또는 금송계)는 마을 인근의 산림(시장柴場)에 의존하던 백성이 양반 권세가들의 산림 사점에 대항하여 결성한 자치 조직이다. 지금까지 학계에 보고된 각 지방의 송계는 파주 송계(1665)를 필두로 전국에

◀ 송계에서 관리한 마을 주변의 솔숲은 송계원 모두의 자산이었다. 전라남도 강진 다산초당 주변

258개소였다. 그러나 일제 강점기에도 충청남도 금산군에만 156개의 송계가 있었다는 최근의 보고처럼 송계는 광복 이전까지 우리 주변에 일상적으로 존재했다. 농경 사회의 삶은 소나무에 의존할 수밖에 없었다. 산이 있으면 소나무가 있고, 소나무가 있으면 소나무를 지키는 송계가 있었다.

조선왕조는 국가에서 쓸 궁궐재나 조선재를 확보하고자 금산이나 봉산 제도를 정립하여 공용지公用地로 지정하는 한편, 일반인의 산림 벌채를 엄격하게 금지했다. 반면에 국용재國用材를 생산하는 공용지가 아닌 나머지 산림은 공리지共利地(모든 백성이 이익을 취하는 공한지, 진황지陳荒地를 대상으로 한 공용지)로 인정하여 누구나 이용할 수 있게 했다.

그러나 16세기 후반부터 왕실은 국가 소요의 목재를 충당하고자 공용지를 더 넓히는 한편, 권세가들은 공리지인 산림을 사사로이 점유하였다. 그 결과, 백성의 일용 물자를 공급하던 공리지가 축소되었다. 공리지의 축소는 생활권의 축소를 가져왔고, 농경에 필수적이던 땔감이나 퇴비 확보에 제약을 가져왔다. 물적·인적 여유가 없는 백성은 송계를 결성했고, 송계산을 운영해 땔나무와 바닥 풀(퇴비) 확보는 물론, 묘 터나 그 밖에 생존에 필요한 임산 부산물을 확보하려 했다. 따라서 송계는 마을 주민들이 결성한 촌계의 일종이며, 소나무 보호라는 기능적 측면이 특히 강조된 자치 조직이라고 정리할 수 있다.

이리 송계의 기원과 규약

이리 송계의 기원은 최근에 건립된 송계 사력비事歷碑에 자세히 기록되어 있다. 송계는 채경윤, 손석호, 소성동, 염상철이 주축이 되어 복

송계 사력비
2000년 8월에 보성군 복내면 제2리 송계 계원들이 건립한 송계 사력비. 사력비 뒷면에는 이리 송계의 기원과 발전 과정을 기록했다.

내·반·용동·진봉 마을 사람들을 계원으로 하여 순조 3년(1803) 10월에 만들었다. 처음에는 네 성씨가 중심이었지만 그 후 풍치·진척·서봉·입석·내동·화령·반곡·원봉 등 8개 마을에서도 계원을 받아들였다고 한다. 송계산은 마을 주변의 방동산, 가야산, 계당산, 압곡산이었다. 그중 방동산과 가야산에는 풍치·진척·서봉 마을이 각 두 사람씩 산지기를 내 금송하였고, 계당산과 압곡산은 입석·내동·화령 마을에서 역시 두 사람씩 산지기를 내 지켰다. 그리고 반곡과 원봉 마을에서도 두 사람씩 산지기를 냈으나, 이 두 마을의 산지기는 네 산 모두를 관할하며 꼴꾼들을 감독하여 남벌을 막았다.

초기의 송계 문서에는 송계의 결성 목적이 국가에서 부과한 잡공물 납부에 공동으로 대응하고, 계원 상호 간에 친목을 도모하며, 길흉사 때 상부상조하며, 송계산을 보호 관리하는 것이라고 밝혔다. 이 문서를 통해 19세기 초 이리 송계의 주요 활동은 향촌 사회의 전형적 촌계村契로 존재하며 동시에 솔숲을 보호하는 것이었음을 알 수 있다.

흥미로운 점은 "송계산 모두가 솔숲으로 구성되었고, 특히 소나무는 건축재·가구재·관곽재·임산 연료로 수요가 막중하기 때문에 잘 관리하고 수호하여, 적절하게 채취하고 균등하게 배분하여 고르게 이익을 나누고자 이름을 송계라 부르게 되었다."라고 송계 명칭의 배경을 서문에 담았다는 사실이다.

환경 오염과 자원 고갈이 전 지구적 관심사로 대두한 오늘의 관점에서 이리 송계의 설립 취지를 새롭게 해석하면, 우리 조상은 지속 가능한 발전 개념을 이미 오래전에 창안하여 생활화하였음을 발견할 수 있다.

마을 주민들이 주변 산림을 지속적으로 이용하고자 자율적으로 규정을 정하여 노동력과 기금을 갹출하고, 그 규약에 따라 적정 벌채량과 산림 조성 범위를 매년 할당하여 산림 자원을 고갈시키지 않는 한도 내에서 산림을 이용하던 제도가 바로 송계이기 때문이다.

이리 송계의 규약은 창설 이래 모두 16차례 개정되었고, 개정된 내용이 모두 전해진다. 20세기 초에 작성된 송계 문서는 모두 8항목에 달하는 송계 조례를 담았는데 그 내용에 계의 임원 선정, 계원 입회, 토지 대여, 전곡 출입, 모임 경비, 문학 교훈, 부기 전수에 대한 것과 함께 산림 보호 규정을 상세히 밝혔다.

산림 보호 규정을 보면 산림 순찰은 봄·가을에 부근 마을 사람이

송계안
❶1803년에 시작한 이리 송계안은 모두 16차례 고쳤는데, 을유년(1812)의 이리 송계안은 두 번째로 고친 것이다. ❷열여섯 번째 고친 1993년의 이리 송계안 ❸송계의 기원과 배경을 밝히고 있는 을유년(1812) 송계안의 서문

임원들과 함께 하고, 마을별로 산지기의 수와 업무를 부과한다. 또 산불은 모든 마을이 힘을 모아 방제하며, 특히 봄·가을에는 입산을 금지하여 산불 예방과 방제에 총력을 기울인다.

흥미로운 점은 송계산의 소나무를 사고자 할 경우 계원은 소나무의 크기에 따라 5냥·4냥·3냥씩 지불하고, 타 지역 사람은 시가에 따라 받는다고 밝힌 것이다. 꼴은 '한 평에 소나무 2주가 자라도록 베고, 규정을 어기거나 혹 경계를 넘어서면 값을 쳐서 받는다'고 정했다. 특히 화전을 개간할 때는 남벌과 실화를 엄격하게 금하고, 만약 위반할 때는 소나무 가격의 2배를 배상한다고 규정하였다. 송계산에 묘를 쓸 경우 계원은 10냥을, 외지인은 20냥을 지불하고, 묘 터를 넓게 잡거나 주변 소나무를 벨 수 없으며, 각 마을의 송금원과 산지기는 초부의 수를 확인하여 외지인이 송계산에서 풀을 베는 것을 막고 만일 외지인이 풀을 벨 경우 축출한다고 규정하였다.

일본 도쿄 대학교 임학과 쓰즈이 미치오通井迪夫 명예교수는 한국이 제2차 세계대전 이후 국토를 녹화한 유일한 나라가 될 수 있었던 근원도 마을마다 송계의 문화적 전통을 이어받은 산림계가 있었기 때문이라고 주장했다. 소나무 관련 문화유산인 송계가 이처럼 오늘날도 지속 가능한 사례나 국토 녹화의 견인차로 새롭게 조명되지만 정작 우리 대부분은 관심이 없이 다른 곳에서 답을 찾으려고 노심초사한다.

열여섯 차례나 고쳐 쓴 송계 문서를 직접 보고 현황을 듣고자 보성군 복내면 선돌마을에 사는 채병기 전임 계장을 찾았다. 산림학도인 나의 질문은 역사학자와 달리 당연히 송계산에 모아졌다. 그러나 기대했던 설명을 듣지 못했다. 지난 40년 동안 진행된 압축 고도 성장의 파도를 송계라고 비켜 갈 수 없었다. 200년 전통의 한 모서리에는 금송의 흔적이 조금이라도 남아 있으려니 하던 실낱 같은 기대 역시 부질없는 것이었다.

송계산은 등기부에 등재된 부동산일 뿐 공동체의 생존과 결속을 위한 구심체가 아니었다. 비록 처음보다 86헥타르가 줄어든 250헥타르의 송계산이 송계 재산의 큰 몫을 담당하고, 100여 명의 계원이 참여하고 있지만 옛날처럼 솔숲을 가꾸고 지키기 위한 공동 노력은 찾을 수 없었다.

송계산 이용 계획을 묻는 질문에, 산림청의 지원을 받아 7헥타르의 고로쇠나무 숲이 이미 조성되었으며 앞으로 5헥타르 더 조성할 계획이라는 설명이 이어졌다. 반가운 마음에 계원들이 직접 나무를 심고 가꾸는지 물었지만 대답은 관에서 다 해준다는 것이었다. 그 설명은 소나무와 관련한 귀중한 문화유산이 이 땅에서 사라졌음을 확인해주는 증언처럼 들렸다.

인간과 자연의 상생을 꾀하던 자연 조화 문화의 망실 현장을 새삼 확인한 산림학도의 상념은 컸다. 자연 자원을 현명하게 이용하고 옳게 지키고자 수천 년 동안 쌓아온 조상의 지혜는 안타깝지만 오늘도 사라지고 있었다.

송계의 발생 배경

송계는 조선 후기 산림 이용의 급격한 변화가 유발한 역사적 산물이라 할 수 있다. 조선은 개국과 더불어 산림의 사점을 금지하고, 금령으로 보호하였다. 태조는 온 나라 백성에게 산림 이용을 보장하는 한편 왕족과 권세가의 산림 사점을 금지했다. 그러나 조선 후기에 들어 왕실과 권세가들이 공공연히 공리지共利地를 분할하고 사점하면서 조선 초기에 비교적 철저하게 지키던 산림 사점 금지 제도는 차츰 문란해졌다. 이러한 현상은 16세기에 이르러 급속히 확산되었으며, 임진왜란과 병자호란 이후에는 내수사內需司, 궁가宮家, 사대부士大夫 등 권세가와 아문衙門, 군문軍門이 산림 사점의 선두에 섰다.

국가가 개입한 공리지 분할은 금산·봉산·송전·관용시장官用柴場의 확보, 궁가의 절수折受(나라로부터 자기 몫의 땅을 떼어 받는 행위)와 사점 등의 형태로 나타났는데 특히 왕실과 지방 관청(영아문營衙門)이 그 선두에 섰다. 한편 촌락 단위에서도 개간과 분묘지를 거점으로 하는 산림 사점이 광범위하게 일어났다.

특히 인력과 물적 여유가 있는 재지사족在地士族(토지를 가진 사족)들은 주인이 없는 임야를 선점하여 오랫동안 다른 사람이 이용하지 않았다는 이유로 사유私有를 주장할 수 있게 되었고, 산직山直과 묘직墓直을 두어 독점적으로 보호하고 관리하는 수호금양권守護禁養權까지 확보하

오늘날에도 송계의 전통은 이어지고 있다. 이리 송계의 채병기 전임 계장

더니 종국에는 사양산私養山(국가가 입장入葬이나 개간을 바라는 일반인이나 소나무 보호를 목적으로 하는 송계에 소유권을 허락한 산)을 소유하게 되었다. 사양산을 확보한 지방의 사족들은 관아에서 사양산 소유를 인증(입안立案)받아 독점적 사용권을 내세우며 근동 주민들의 입산을 금하였다. 조선 후기 왕실과 영아문, 권세가와 사족들이 저지른 공리지의 사점 확대는 마을 인근의 산림에 의존하던 백성으로 하여금 자구책을 강구하게 만들었고 이를 극복하기 위해 결성된 민간 혹은 관 주도의 자치 조직이 바로 송계라 정리할 수 있다.

다른 한편으로 임진왜란이 끝난 후, 조선 조정이 전함과 건축에 필요한 소나무재를 확보하고자 송전과 봉산 같은 국용재 생산림을 확대해가는 과정에서 지역민들이 자구책으로 송계를 결성하게 되었다는 시각[11]도 있다. 국가의 봉산과 송전 제도는 19세기에 이르러 산림 소유와 이용에 관한 법적·제도적 장치가 불분명하고 불합리한 까닭에 퇴보한 반면 민간에 의해서 운영되던 송계는 20세기 초에도 유지되었다. 한일병탄 이후, 조선총독부가 송계를 국가 산림 체계에 편입하고자 시도했던 이유도 송계와 같은 지역 자치 조직이 산림 보호에 보다 효과적이었기 때문이다. 결국 송계는 조선 후기에 국가 산림 경영의 한 축이었다고 할 수 있다.

송계의 형태

송계의 형태는 관 주도의 송계와 재지사족 주도의 송계, 기층민 주도의 송계 3가지로 나눌 수 있다. 관 주도로 시행된 송계의 흔적은 하동과 익산과 김제 등에서 찾을 수 있다. 그중 하동의 송계는 관 주도로 시행된 대표적 송계로 정조 24년(1800) 하동부사 허집이 하동부 전체 고을에서 금송을 주목적으로 시행한 송계를 말한다. 하동 지역에서 실시한 송계는 봉산이건 사양산이건 관계없이 하동 지역의 모든 산을 대상으로 했다. 따라서 하동 지역의 121개 마을 전체에 감관과 산지기를 두어 관리하였고, 각 동리의 송계에 경계를 정하여 입안을 해줌으로써 점유권을 인정했다.

재지사족 주도의 송계는 조선 후기 사회의 특징인 문중 강화를 반영하며, 송계산으로 묘산(선산先山)을 금양 대상으로 삼았다. 이는 1성姓 중심의 족계族契 형태, 여러 성씨가 참여하지만 1성 내지 2성이 주도하는 형태, 그리고 마을 전체가 1성에 예속되어 금송을 실시하던 형태로 세분할 수 있다.

11 John Lee, *Pine Policies and Pine Associations: The Two Courses of Institutionalized Forestry in Late Choson Korea, 1598-1876*, AKSE 2017 Agenda, Harvard University, 2017.

기층민이 주도한 송계는 보역補役(또는 보용補用)을 목적으로 결성한
경우와 연료 확보를 목적으로 결성한 경우로 나눌 수 있다. 보역을 위
한 송계는 국가의 부역에 대응하는 차원에서 운영되었고, 계원들이 일
정한 조組를 수합하여 원곡元穀을 만든 후, 그 원곡을 계원들에게 빌려
주고 이자를 받아 원곡을 확충할 수 있었다. 계원들은 확충된 원곡을
바탕으로 국가의 부역에 대응하였을 뿐만 아니라 마을에서 발생하는
다양한 잡사의 경비로 충당하였다.

송계의 목적

송계의 목적은 크게 국가 수요의 공용 산림에서 금송을 목적으로 하는
송계, 묘산 금양을 위한 송계, 보역을 위한 송계, 연료 확보를 위한 송
계 4가지로 분류할 수 있다. 국가 수요의 공용 산림을 금송하기 위한
송계는 철저하게 관 주도였고, 씨족 중심인 묘실 금양을 위한 송계나
연료 확보를 위한 송계는 국가의 부역에 대응하는 차원에서 자연촌 중
심으로 시행되었다.

대부분의 송계는 한 가지 목적보다는 두세 가지 목적을 동시에 이
루기 위해 결성되었다. 관 주도의 송계는 공용 산림의 금송을 주된 목
적으로 하는 한편, 산 관리를 책임진 각 동리의 송계에 점유권을 인정
하여 필요한 시초柴草(땔감용 풀)를 충당하였다. 재지사족 주도의 송계
는 묘산 금양을 주목적으로 하는 한편, 상하합계(지역에 있는 사족과 기
층민이 계원으로 참여) 형태로 운영하여 하계의 구성원인 기층민들이 목
재와 땔감과 꿀을 확보하거나 국가의 보역에 공동으로 대응할 수 있게
하였다.

송계의 주된 활동 역시 시행 주체, 결성 시기와 지역에 따라 각기 달랐다. 관 주도의 송계는 금송에 초점을 맞추며 17세기 후반부터 19세기 초까지 계속 나타난다. 사양산私養山 확보의 일환으로 진행된 재지사족의 송계는 18세기 초에 나타나 묘산을 금양하는 동시에 상하합계의 형태로 운영하여 시초 확보를 도모하였다. 보역을 목적으로 결성한 송계는 19세기 초·중반에 주로 결성되었으며, 연

「금산의 송계」
강성복 선생이 충청남도 금산군 일대의 송계 연구를 집대성하였다.

료 확보를 위한 송계는 대부분 19세기 말과 일제강점기 조사 보고서에 등장했다. 이들 송계는 시기와 지역, 시행 주체, 시행 목적은 비록 다르지만 금송 영역을 관으로부터 인허받고, 인허받은 산림에 대하여 각기 그 실정에 맞는 형벌권 등을 확보하여 자율적으로 운영했다는 공통점이 있다.

송계산 확보 방법과 면적

송계산 확보는 송계 성립의 전제 조건이자 가장 중요한 경제적 토대라 할 수 있다. 송계산을 확보하는 방법은 3가지로 볼 수 있다. 첫째, 관에서 주도하는 경우다. 하동군 전체 11개 면 121개 마을이 하동 지역의 봉산과 사양산 등 군내의 모든 산림을 송계산으로 관리하던 예처럼 관

충청남도 금산군 남이면 용동리의 비보 숲과 송계산 전경

에서 금송을 위하여 지정한 산림을 송계산으로 활용하는 방법이다. 둘째, 사양산을 입안하는 경우다. 사족이나 기층민이 결성한 송계가 관으로부터 입안받은 사양산을 송계산으로 활용하는 방법이다. 셋째 방법은 송계에서 송계산을 공동으로 구입하거나, 관으로부터 대여받은 산을 송계산으로 활용하는 것이다.

충청남도 금산군 일원에 산재하던 130여 개의 송계를 조사한 결과를 보면 송계산의 면적은 송계의 형태에 따라 1~500헥타르로 다양했다. 조사된 송계산 130개소 중 10헥타르 미만이 34개소, 10~20

헥타르가 24개소, 20~40헥타르가 17개소, 50~100헥타르가 18개소, 100~200헥타르가 16개소, 200헥타르 이상이 13개소에 달했다. 단일 송계와 마을 송계가 소유한 송계산은 주로 50헥타르 미만이었고, 다섯 마을 이상이 가입한 연합 송계는 대체로 100헥타르를 상회하는 것으로 나타났다. 그리고 규모가 큰 연합 송계는 500헥타르 내외의 송계산을 소유했던 것으로 조사되었다.

6. 하나뿐인 산림 감시 신분증

경상남도 통영시 안정사 솔숲 | 금송패 禁松牌

안정사 安靜寺 주변은 10년 사이에 너무나 변해서 몰라볼 정도였다. 마을 사람들이 해마다 동제를 지내던 느티나무는 고속도로 건설로 사라졌고, 절로 들어가는 초입조차 찾기가 쉽지 않았다. 되돌아가기를 수차례 한 끝에 벽발산 솔숲 속에 자리 잡은 안정사에 닿으니 늦은 오후였다. 찾아온 용건을 총무 스님께 말씀드렸지만, 주지 스님의 출타로 금고 속의 금송패는 끝내 볼 수 없었다.

10여 년 전에도 그랬다. 고종 임금이 하사한 금송패에 대한 이야기를 풍문으로 듣고, 그 구체적 사연을 듣고자 절집을 찾아 나섰지만 첫걸음에 목적을 이룰 수는 없었다. 다리품을 적잖게 판 끝에 당시 주지 송설호 스님께 들은 이야기는 다음과 같다.

'안정사는 법화종단에 속하는 사찰로 신라의 원효대사가 창건한, 역사가 오래된 고찰이다. 한때 많은 승려가 수행하던 곳이었기에 옛날부터 이 절의 주지는 안정리 동회 洞會에 참석했다. 지금부터 100여 년

◀ 고종은 안정사 솔숲을 지킬 수 있는 금송패를 하사했다.

전, 안정리의 한 세도가가 동회에서 당시의 주지 한송 스님에게 솔숲 일부를 양도하라고 압력을 넣었다. 주지는 거절 의사를 밝히고, 이후 더 이상 동회에 참석하지 않았다. 안정사는 당시 인근 5개 면에 걸쳐 100만 평의 솔숲을 소유하였다.

주지 한송 스님은 승적을 갖기 전 과거에 급제하였지만 당쟁을 피해 안정사로 피신했다가 승려가 된 분이었다. 한송 스님이 주지가 되었을 때, 동문수학을 하던 이한종 거사가 고성 군수로 부임하게 되었다. 고성 군수는 마을의 세도가가 안정사의 솔숲을 넘본다는 이야기를 전해 듣고, 이장을 벌했다. 마을 이장이 장독杖毒으로 죽게 되었고, 이를 빌미로 세도가는 이장의 부친을 부추겨 소나무에 대한 송사를 시작했다.

송사를 위해서 주지는 다시 상경하였고, 8년에 걸친 소나무 송사는 마침내 안정사의 승소로 끝났다. 고종이 안정사의 새 주지에게 인수 印綬, 궤 등과 함께 금송패 3개를 하사하였다. 반면에 안정리 세도가의 1,000석 자산은 송사로 거덜났다. 왕실이 내린 금송패와 인수를 호송 하는 역졸들과 주지의 행차는 신기한 구경거리였다.

그 후 안정사의 소나무숲을 도벌하는 사람은 절에서 직접 벌할 수 있게 되었다. 안정사는 사찰 내 수명장수신壽命長壽神을 봉안한 칠성각 에 고종 임금의 사진과 함께 나라에서 하사한 인수와 금송패를 전시하 고 도벌꾼을 직접 벌하는 외에 소나무와 관련된 모든 송사를 관장하 였다.'

안정사의 금송패

주지 스님은 이야기를 들려준 후 조심스럽게 열쇠를 챙겨서 인수, 궤,

안정사 금송패

❶ 안정사 금송패의 앞면. 가장 큰 지름 11센티
미터 패에는 안정사安靜寺 국내局內 금송패禁松
牌, 지름 10센티미터의 중간 크기 패에는 안정
사 봉산封山 도금송패都禁松牌, 지름 8센티미터
의 가장 작은 패에는 안정사 봉산 금송패禁松牌
라고 음각되어 있다.

❷ 안정사 금송패의 뒷면. 국내 금송패 뒷면에는
관리국管理局, 봉산 금송패 뒷면에는 선희궁宣禧
宮이란 글자가 음각되어 있다.

❸ 금송패가 들어 있던 궤

❹ 고종 임금의 사진과 함께 나라에서 하사받은
금송패를 싣고 온 가마

금송패를 보여주셨다. 나무를 깎아 만든 3개의 금송패는 원판으로 중심의 상부에 구멍을 뚫어 끈을 꿸 수 있게 만들었다. 3개의 금송패 중 직경 11센티미터인 가장 큰 패에는 안정사 국내局內 금송패禁松牌, 중간 크기의 패는 직경 10센티미터로 안정사 봉산封山 도금송패都禁松牌, 그리고 가장 작은 것은 직경 8센티미터로 안정사 봉산封山 금송패禁松牌라고 음각되어 있다. 국내 금송패 뒷면에는 관리국管理局이, 봉산 금송패 뒷면에는 선희궁宣禧宮이란 글자가 역시 음각되어 있다.

금송패의 출처와 하사 시기에 대한 의문을 풀 욕심으로 다시 안정사를 찾았다. 이번에는 미리 약속을 해서 신임 주지 스님이 기다리고 계셨다. 먼저 지난번 방문했을 때, 총무 스님이 '금송패는 고종이 아니라 영조가 하사하신 것'이라던 이야기의 진위부터 확인했다. 신임 주지도 그렇게 알고 계셨다. 주지 스님에 따라 금송패의 하사 시기가 150년이나 달라지는 것이 혼란스러웠다. 지난 7년 동안 절집 소유권에 대한 송사가 이어졌다는 저간의 사정을 감안하더라도 당혹스러웠다.

다행스럽게도 이런 당혹감은 조선사를 전공한 동료 교수의 도움으로 풀렸다. '금송패는 소나무 벌목을 단속하고 감시하는 권한을 부여한 조선 왕실의 신분증이며, 가장 큰 국내 금송패는 뒷면에 관리국이라 적혀 있는 것으로 보아 황실 재산관리국에서 발행한 금송패이며, 봉산 금송패는 선희궁에서 보낸 것'이라는 동료 교수의 설명으로 고종 연간의 일임이 명쾌해졌다. 그리고 한국정신문화연구원(현 한국학중앙연구원)에서 발간한『민족문화대백과사전』에 이런 내용이 수록되어 있음을 알려주었다.

……원래 이 여輦는 1900년에 선희궁에서 안정사의 금송패 등을

안정사 경내의 소나무숲

실어 하사한 채여彩輿로서 홍여紅輿라고도 불렸다. 선희궁에서 하
사한 점으로 보아 안정사는 당시 선희궁과 특별한 관계를 가졌다
고 추정된다. …… 현재 안정사 지암智庵 스님이 소장한 고문서를
보면 1900년 선희궁에서 안정사 승려 원명圓明(속명 宋仁燁)에게 선
희궁 송화봉산松花封山의 수호 및 향탄봉산香炭封山의 금송도감禁松
都監으로 임명하는 차첩이 내려졌다. 금송패는 당시 이 차첩 등과
함께 내려진 것이라고 생각된다.

이 기록을 접하면서 새롭게 관심을 갖게 된 것은 송화봉산이라는
봉산 명칭이었다. 왕실의 신주목神主木으로 쓰이는 밤나무를 내는 율목
栗木봉산이나 조선재로 쓰이는 참나무를 내는 진목眞木봉산, 또는 왕실
의 제향祭香 자재를 생산하던 향탄봉산은 산림과 관련된 여러 문헌에
서 찾을 수 있지만, 송화봉산은 안정사의 금송패와 함께 나타난 새로

경상남도 통영시 벽발산 안정사의 소나무

운 단어다. 왕실에서 안정사의 주지에게 지키라고 명했던 송화봉산은 왕실에 송홧가루를 봉납하던 솔숲이었음을 추측할 수 있다.

신임 주지께 다시 한번 금송패를 보여달라고 청했다. 솔숲을 지키고자 염원한 승려들의 굳은 의지가 배어 있는 나무 신분증은 다리품을 연거푸 팔 만한 가치가 충분했다. 오직 하나뿐인 조선 시대 산림 감시인 신분증, 송화봉산의 내력을 간직한 신분증, 그리고 솔숲 보호에 얽힌 사연을 간직한 신분증을 손에 쥐니 감회가 새로웠다.

안정사의 금송패를 보면 사찰에서 왕실의 솔숲은 물론이고, 국가의 봉산 보호도 관장했음을 알 수 있다. 20세기 초까지도 조선의 봉산 제도는 명맥을 유지했고, 조선의 '소나무 행정(松政)'은 소나무 한 수종을 지키고자 500년 동안 지속되었음을 확인할 수 있다.

10여 년 사이에 주변 풍광이 바뀐 만큼이나 쇠락한 절집이 마음에 걸린다. 그러나 벽발산을 둘러싼 솔숲은 변함없이 푸르다. 성속聖俗을 가르는 정화 공간을 자임하듯, 수호신장인 양 서 있는 아름드리 소나무들도 당당하다. 지방 토호들의 산림 사점이나 지방관의 탐학 때문에 방방곡곡의 솔숲이 유린될 때, 안정사의 솔숲은 스님들이 공력으로 온전할 수 있었다. 격랑의 현대사 100년을 생각하면 100만 평의 솔숲을 고스란히 지켜낸 그 숭고한 공덕이 그저 고마울 뿐이다.

산송山訟(산림 소유권 다툼)

조선 시대 산림의 사적 점유(사점私占)는 그 특징에 따라 전기, 중기, 후기로 나눌 수 있다. 조선 전기(개국~16세기 중반)는 산림 공유 원칙을 천명하고 산림 사점 금지를 법제화한 시기였다. 그러나 왕실과 권세가의 사점 행위가 한양과 가까운 경기도 수변水邊 지역의 시장柴場(땔나무를 얻는 숲)에서 은밀하게 진행되었고 이 시기에도 예외적으로 묏자리(墳墓地)와 농사農舍를 명목으로 개인이 사사로이 차지할 수 있는 산림 범위를 정해주었다(보수 규정步數規定). 구체적으로 『경국대전』에는 "종친 1품은 4면 각 100보로 한정하고 2품은 90보, 3품은 80보, 4품은 70보, 5품은 60보, 6품은 50보이다. 문무관은 거기서 10보씩 줄이되, 7품 이하와 진사와 유음有蔭(과거를 거치지 않고 조상의 덕으로 벼슬을 얻음) 자제는 6품과 같다. 부녀자는 부직夫職(남편의 벼슬)을 따른다."라고 기록되어 있다. 오늘날의 면적으로 계산해보면 종실 1품은 약 1만 5,630제곱미터(4,730평), 생원진사는 약 2,500제곱미터(760평)를 가질 수 있었다.

분묘墳墓와 마찬가지로 농사農舍 주변의 산림 점유 범위도 『조선왕조실록』(태종 13년)에 규정하고 있다. 1품의 점유 범위는 "농사의 울타리 둘레를 사방 100보로 하고 매 품品마다 10보를 내려서 서인庶人에 이르러 사방 10보"로 정하였다. 조선 전기에 묏자리나 농사용 산림 점거에 관한 조항은 어떻게 보면 산림 사점을 적극적으로 허용한 것이라기보다는 분묘지의 권리를 제한적으로 인정하는 것이라고 할 수 있다.

조선 중기(16세기 후반~18세기 중반)는 개간을 통한 지배층의 농경지 확대 욕구, 임산물의 상품화 확대, 풍수 사상에 입각한 조상 묘지 주변의 산지 점유 욕구 때문에 산림 사점이 급격하게 진행된 시기다. 그 주역은 궁방, 영아문, 권세가, 양반가 등 지배층이었다. 이들 지배층은 나라로부터 자기 몫의 땅을 떼어 받는 절수折受, 지방 수령이 소유권을 입증하는 공문서 발급 제도인 입안立案을 통해서 산림 사점을 확대하는 한편, 풍수 사상에 따라 문중 선산을 확대해 해당 산지에 관한 금양禁養(독점적으로 보호하고 관리하는) 권한까지 확보(분산수호墳山守護)하기에 이른다. 절수와 입안과 금양권은 산림의 독점적 이용권과 산지의 매매로 발전하게 되고, 그에 따라 산림의 이용과 소유에 따른 분쟁이 사회 전체로 확산되었다.

조선 후기(18세기 후반~19세기 말)는 산림의 소유권이 일정하게 형성되어 산림 매매가 적극적으로 전개된 시기이자, 사점으로 산림을 소유한 계층과 그 권리를 침해하면서 산림을 이용할 수밖에 없던, 산림을 소유하지 못한 계층이 첨예하게 대립하던 시기였다. 조선 후기에 이르러서는 실질적으로 산림 사점이 만연했지만 국가는 산림의 소유·매매에 관한 어떤 법조문도 마련하지 않았으며, 원칙적으로는 여전히 산림의 사점을 금지하였다.

7. 소나무 없이는 백자도 없다

경기도 광주시 솔숲 | 백자가마 땔감

솔숲의 흔적을 찾는 일은 조선백자 가마터가 있던 분원초등학교에서 시작되었다. 경기도 광주시 남종면 분원리에 있는 분원초등학교는 1752년부터 1883년까지 왕실이 쓸 백자를 구워내던 광주분원 터에 자리 잡았다. 그러나 솔숲은 쉬이 찾을 수 없었고, 눈에 들어오는 것은 온통 잣나무와 낙엽송 숲이었다. 간혹 솔숲도 보이긴 했지만 대부분 소나무와 참나무로 구성된 혼효림이었다. 솔숲을 찾아 퇴촌, 광주, 실촌을 헤매도 지난 수십 년 동안 급작스럽게 바뀐 산천에서 그 흔적을 찾기는 쉽지 않았다.

최근에 읽은 일본 사방기술연구소 이케야 히로시池谷浩 소장의 글은 문명 발달에 끼친 소나무의 영향을 다시 한번 생각하게 만들어주었다. 이케야 소장은 『사방과 치수砂防と治水』 35권 2호에 기고한 「소나무 이야기」란 글에서 '일본의 소나무는 한국에서 들어왔으며, 그 시기는 5세기 후반에 백제 도래인들이 철기와 토기 제작 기술을 전파했을 때'

◀ 왕실용 도자기는 번천樊川 주변의 광주분원에서 생산했다. 경기도 광주시 상번천 2리

「백자 끈무늬 병」, 높이 31.4센티미터, 입지름 7센티미터,
밑지름 10.6센티미터, 15~16세기, 보물 1060호, 국립중
앙박물관 소장

라고 밝혔다. 그 근거로 히로
시 소장은 일본의 초기 토기
는 섭씨 500~600도에서 가
마 없이 구운 것이나, 한국식
경질 토기인 수에키須惠器는
섭씨 1,100~1,200도의 고온
가마에서 구운 것이며, 5세
기 후반부터 이런 경질 토기
를 생산할 수 있었던 것은 도
래인에게 소나무 연료 사용
법을 배웠기 때문이라고 결
론짓는다. 그리고 9세기에 이
르면 수에키 생산이 급격히
감소하는데 그 이유가 연료
로 사용하던 소나무를 구하기 어려웠기 때문이라고 추정한다. 덧붙여
히로시 소장은 기후현 도노 지방의 농업 생산성이 급격히 높아진 것도
고온을 내는 소나무를 땔감으로 사용하는 기술을 도래인에게 배워 철
을 제련했기 때문이라고 밝힌다.

이 글을 읽고 광주 일대의 가마터를 다시 찾지 않을 수 없었다. 오
늘날 우리가 세계에 자랑하는 조선백자도 경기도 광주 일대에 소나무
숲이 무성했기에 가능했던 일 아니었는가. 그리고 IMF 경제 위기가 한
창이던 때 '17세기 초 조선 시대 백자 철용문 항아리가 뉴욕 크리스티
경매에서 예상가를 훨씬 웃도는 765만 달러(약 100억 원)에 팔렸다'는
신문 기사가 떠올랐다.

조선백자 도요지
❶ 경기도 광주시 상번천 2리의 '조선백자 도요지' 전시관과 주변의 활엽수림
❷ 사적 314호 표석은 상번천 2리 일대가 조선백자 도요지임을 알린다.

백자 굽는 최상의 연료

광주 일대에서 솔숲의 흔적을 쉬이 찾을 수 없는 현실처럼 오늘날 세계적인 대접을 받는 조선백자도 사실 이 땅에 솔숲이 있었기에 가능했음을 이해하는 사람은 많지 않다. 예로부터 백자가마에서는 숯이나 재가 남지 않고 충분한 열량을 낼 수 있는 소나무를 연료로 사용했다. 불티가 남지 않는 소나무는 백자 표면에 입힌 유약을 매끄럽게 해 질 좋은 백자를 굽는 데 최상의 연료였다. 철분이 많은 떡갈나무 같은 참나무류는 불티가 많이 생겨서 백자 표면에 붙고, 그 불티가 산화철로 변하여 유약을 바른 표면에 원하지 않는 자국을 내기 때문에 예열을 할 때 외에는 땔감으로 사용하지 않았다고 한다.

소나무와 조선백자의 밀접한 관계는 분원시장절수처分院柴場折受處에 대한 기록으로도 알 수 있다. 분원이란 왕실에 필요한 도자기를 구워내고자 당시 경기도 광주군에 설치한 관요官窯를 말한다. 분원시장절수처란 관요에 필요한 연료를 공급하고자 광주군 6개 면의 소나무

'조선백자 도요지' 전시관 부근의 활엽수림 속에서 자라는 소나무

숲을 다른 관청에서는 전혀 사용하지 못하게끔 절수처로 지정해 도자기 가마용 땔감으로만 사용하게 했던 것이다.

『승정원일기』(인조 3년 8월 3일)에는 왕실에서 사용할 도자기를 생산하던 광주분원에 6~7개소의 분원시장절수처를 두었고, 10년에 한 번 꼴로 장소를 옮겼다는 기록이 있다. 즉 광주군의 퇴촌·초월·도척·광안·완촌·오포면과 양근군 남종면의 산림이 분원시장절수처로 지정되었다는 내용이다. 수백 년이 흘렀지만 오늘날도 퇴촌·초월·도척·오포와 같은 이름으로 존재한다. 광안면과 완촌면은 오늘날의 광주시 남한산성면, 곤지암읍으로 여겨진다. 한편 양근군 남종면은 오늘날의 광주시 남종면이다.

선조들은 도자기를 생산하느라 다량의 땔감을 채취하여 솔숲이 결딴난 것을 경험으로 알았다.
고려와 조선의 도자기 가마
는 전국 각처에 있었다. 이 분
야 학자들의 연구에 의하면
고려 후기에 79개소, 조선 전
기에 298개소, 조선 후기에
286개소가 있었다. 특히 『세
종실록지리지』에는 도기소가
185개소, 자기소가 140여 개
소로 기록되어 있다. 이렇게
역사가 길고 폭이 넓었던 도
자기 산업의 경험으로 선조
들은 도자기 생산에 한 곳의

광주분원 도자기 땔감 공급처

시기	장소
인조기 I (1623~1639)	도척면 상림리(1630년대)
인조기 II (1640~1649)	초월면 선동리(1640년대)
효종기(1649~1659)	광주면 송정리(1650년대)
현종기(1659~1674)	실촌면 유사리(1660년대)
숙종 초(1674~)	실촌면 탑선동(1670년대)
숙종기 I (1680~1690)	초월면 지월리(1680년대)
숙종기 II (1690~1700)	도척면 궁평리(1690년대)
숙종기 III (1700~1710)	퇴촌면 관음리(1700년대)
숙종 43년 IV(1717)	실촌면 오양동(1710년대)
경종 원년(1721)	남종면 금사리(1721~1752년 30년 간), 땔감 구입
영조 1년~ 고종 후반(1752~1883)	남종면 분원리 우천강목물수 세를 받아 땔감 확보

(윤용이, 1996)

연료림을 10년 정도 사용하면 솔숲이 황폐해진다는 것을 알았다. 그래
서 땔감용으로 지정한 솔숲을 10년에 한 번씩 옮겨 60~70년 주기로
순환하여 도자기 생산 때문에 숲이 황폐해지는 것을 막으려 했다.

경기도 광주시는 조선 초기부터 왕실에서 쓸 자기를 굽던 곳이다.
『세종실록지리지』「광주목」 토산 조를 보면 모두 7개소의 도기소와 자
기소가 있었다. 그러나 왕실 수라간을 관장하는 사옹원의 감관이 광주
분원을 본격적으로 경영해 도자기를 생산하기 시작한 것은 임진왜란
(1592) 이후의 일이다.

광주분원에 관한 기록은 『승정원일기』에 처음으로 등장한다. 광주
분원이 땔감을 확보하기 위해 10년 주기로 관요를 옮긴 내용을 요약하
면 위의 표와 같이 정리할 수 있다.

한편 숙종 대의 『승정원일기』(숙종 23년 윤3월 12일)를 보면 분원을 한 곳에 고정하자는 논의가 있었으나 '번조소의 산지는 화전으로 변해 새로 나무를 기를 수도 없다. 지금 다른 곳으로 옮긴다 하더라도 수목이 우거진 곳이 거의 없으니 걱정이 태산 같다'며 절수처를 한 번 거친 솔숲이 황폐해지는 것을 걱정한다. 그러니 분원을 고정하자는 주장은 설득력이 없어 1700년 이후에도 절수처는 계속 순환될 수밖에 없었다.

앞의 기록을 보면 1630년대부터 1721년까지 약 90년 동안 분원의 도자기 생산에 필요한 땔감을 확보하고자 절수처를 아홉 번 옮겼음을 알 수 있다. 그러나 결국 1721년 이후에는 솔숲이 황폐해져 순환적인 절수처 확보도 더 이상 계속하지 못하고 땔감을 사서 사용해야 했다.

소나무를 찾아 나선 나의 여정은 경기도 이천시 신둔면 수광리 항산도예연구소에서 끝났다. 몇 해 전과 다름없이 항산도예연구소 앞마당에는 장작더미가 수북했다. 항산恒山 임항택林恒澤 선생은 오늘도 여전히 재래식 장작 가마를 고집한다.

기름 가마나 가스 가마는 쳐다보지도 않고 조선 시대 관요 그대로 백자 굽기를 고집하는 항산 선생의 고집 덕분에 우리 소나무는 오늘도 그 가치를 자랑한다.

세계에 자랑하는 조선백자도 기실 따져보면 솔숲 덕분임을 아는 이가 몇이나 될까?

도자기 가마에 필요한 연료량

광주분원에 필요한 연료는 얼마나 되었을까? 기록은 장작 8,000거車가 분원의 관요에 필요했다고 밝히고 있다. 장작 1거는 5~6태駄를 말하며, 1태는 2짐에 해당하는 분량이고, 장작 1짐의 무게는 약 50킬로그램이다. 즉 백자 1,500입(개)을 생산하는 한 단위 요에는 약 50짐의 장작이 필요했고, 2,000가마에서 연간 약 300만 입의 각급 백자를 구워내는 데 소요되는 양이 바로 장작 약 8,000거라고 할 수 있다. 다시 말하면 전성기 광주분원의 관요에서는 1년에 대략 5,000톤(10만 짐=5만 태=8,000거×6태)의 땔감이 필요했다는 것이다.

그러면 1년에 5,000톤의 장작을 생산하려면 얼마만 한 산림이 필요할까? 소나무의 비중을 약 0.5로 잡을 경우, 매년 1만 세제곱미터의 장작이 벌채되었을 것이고, 매년 약 4퍼센트씩 생장한다고 가정하면 25만 세제곱미터의 산림 축적이 있으면, 재생 가능한 자원으로 계속 사용할 수 있다.

산림 황폐가 심했던 조선 후기의 헥타르당 산림 축적을 50세제곱미터로 가정하여 대입하면, 약 5,000헥타르의 산림이면 충족시킬 수 있는 양이다. 6곳의 절수처에 각각 5,000헥타르씩 있었다면 모두 3만 헥타르에 달한다. 오늘날 경기도 광주시의 전체 산림 면적이 3만 헥타르인데 조선 중기에 그곳 산림의 절반 이상을 분원시장절수처로 지정했을 리는 없다.

오히려 1년에 1만 세제곱미터씩 10년 동안 계속 벌목하려면 10만 세제곱미터의 축적을 가진 산림을 생각할 수 있다. 연생장량이 4퍼센트니 오늘날 헥타르당 70세제곱미터의 산림 축적을 그대로 대입하면 1,400헥타르에 달한다. 그러므로 분원시장절수처로 지정된 산림은 6개 면에 각각 2,000헥타르씩 모두 1만 2,000헥타르였다고 추정할 수 있다.

그러나 전체 산림의 5분의 2에 달하는 산림을 시장절수처로 지정

백자가마용 땔감 영사(소나무 장작)를 만들고자 쌓아둔 소나무 원목

했다고 보기도 어렵다. 만일 산림이 울창해 산림 축적이 약 100세제곱미터에 달했으면 1,000헥타르 넓이의 산림 여섯 군데 6,000헥타르가 분원시장절수처로 지정되었다고 상상할 수 있다.

비록 400여 년 전에 6개 면으로 나눈 절수처의 위치나 정확한 면적은 알 수 없지만 분명한 사실은 당시 경기도 광주군에 소재한 모든 산림을 절수처로 지정하지는 않았으리라는 것이다. 이는『세종실록지리지』를 참고하면 더 분명해진다.『세종실록지리지』에는 광주를 "호수는 1,436호 인구는 3,110명이며 군정軍丁은 시위군侍衛軍이 122명이요 선군船軍이 263명이다. 땅은 기름지고 메마른 곳이 서로 반반이며, 개간한 밭이 1만 6,269결結이다."라고 서술한다.

즉 1,400여 호에 달하는 농업 인구를 지탱하기 위한 산림을 생각하면, 오직 넓지 않은 면적의 산림을 절수처로 지정해 공사의 사용을 제

소나무 장작으로만 불을 지피는 7칸 계단식 전통 가마를 갖춘 항산도예연구소. 경기도 이천시 수광리

한하고, 나머지 대부분의 산림은 조선왕조가 내세운 산림 이념처럼 자유롭게 이용하게 했으리라 짐작할 수 있다. 지방 관청은 물론이고 거

주민의 의식주에 필요한 땔감이나 목재는 모두 인근 산에서 해결했을 테니 말이다. 그러나 안타깝게도 분원시장절수처로 지정한 정확한 산림 면적이나 당시의 산림 축적을 알 길이 없다.

지구상에 수천 종류의 나무가 자라고 있지만 그 주된 용도는 여전히 땔감이다. 전 세계적으로 매년 생산되는 37억 3,700만 세제곱미터의 원목(2016년 기준) 중 절반(18억 6,300만 세제곱미터)은 연료로 사용되며, 나머지 절반(18억 7,400만 세제곱미터)은 건축, 합판, 종이 등의 생산에 사용되고 있다.[12] 오늘도 나무는 아프리카를 비롯한 세계 전역의 30억 명에 달하는 개발도상국민들의 취사나 난방 또는 조명에 없으면 안 될 귀중한 천연자원이다.

우리 조상은 나무를 용도에 맞게 사용했다. 공비들이 군·경의 눈을 피해 밥을 지어 먹던 예처럼 싸리나무를 태우면 연기가 나지 않음을 알았고, 비에 젖은 나무에 불을 피울 때는 기름 성분이 많은 자작나무나 거제수나무의 껍질을 불쏘시개로 사용할 줄도 알았다. 뿐만 아니라 쇳물을 녹이는 쇠독부리에서 풀무질을 하여 철광석에서 쇳물을 제련할 수 있는 충분한 열량을 참나무로 만든 참숯에서 얻기도 했다.

대개 건조한 나무가 내는 열량은 같은 무게 석탄의 60퍼센트다. 수종별로 본 개략적인 열량은 다음과 같다. 침엽수나 활엽수 구분 없이 대체적으로 1킬로그램에 4,000~5,000킬로칼로리의 열량을 내며, 소나무는 특히 목재와 껍질 모두에서 가장 높은 열량을 낸다.

건조된 목재의 열량

(단위 : kcal/kg)

수종	목재	껍질	수종	목재	껍질
미송(더글러스 퍼)	4,580~5,030	5,610	전나무류	4,440~4,650	5,060
낙엽송류	4,050		소나무류	4,780~6,790	5,040~5,980
가문비나무류	4,500~4,700	4,900	오리나무류	4,300~4,440	4,670
물푸레나무류	4,250~5,350		너도밤나무류	4,500~4,870	5,340
자작나무류	4,650~5,190	5,310~5,480	아까시나무류	4,500	
단풍나무류	4,180~4,670	4,300	참나무류	4,390~5,280	4,140~4,660
포플러류	4,120~5,350	4,140~4,660	버드나무류	4,190~4,260	

(차재경, 2000 / 심종섭, 1988)

8. 자염으로 되살아나다

충청남도 태안군 마금리 솔숲 | 소금가마 땔감

소나무와 소금. 산과 바다를 연상시키는 두 가지 이질적인 사물을 하나의 대상으로 생각하게 된 것은 순전히 텔레비전 뉴스 덕분이었다. 그 뉴스는 태안문화원에서 우리의 전통 소금인 자염煮鹽을 50년 만에 재현했다는 내용이었다.

그 순간 산림이 우리 문화사에 어떤 이바지를 했는지 연구하던 내 호기심의 촉수가 시공을 초월하여 수백 년 전으로 뻗쳤다. 축제는 이미 끝난 지 오래지만 그냥 있을 수 없었다. 대한 추위가 기승을 부릴 때 소금 전시관이 설치된 충청남도 태안군 마금리 낭금 갯벌로 향했다.

1907년 주안에 처음으로 천일염전이 만들어진 사실, 따라서 오늘날 우리가 사용하는 천일염의 역사가 110여 년밖에 안 된다는 사실, 그 전에는 모두 바닷물을 가마솥에 끓여 소금을 만들었다는 사실은 관심을 끌기에 부족함이 없었다. 더구나 끓일 자煮와 소금 염鹽에서 유래

◀ 충청남도 태안군 마금리 일대의 소나무숲과 염전

한 자염이라는 명칭은 숲(땔감)이 없었으면 문명 발달(소금 생산)도 없었을 것이라는 외눈박이 직업관을 발동시키기에 충분했다. 그리고 선재船材로 쓸 금산禁山의 소나무들이 소금가마의 장작으로 엄청나게 사라졌다는 옛 기록도 기억났다.

소금가마 땔감으로 쓰인 소나무

자염 생산은 크게 3단계로 나뉜다. 먼저 조금 때 4~5일 동안 바닷물이 들어오지 않는 갯벌에서 하루에 몇 차례씩 써레질을 하는 과정이다. 이 과정은 바닷물을 증발시켜 갯벌흙(함토鹹土)에 소금기를 더 많이 농축시키는 단계라 할 수 있다. 그다음 단계는 소금기가 농축된 갯벌흙에 바닷물을 다시 침투시켜 염분 농도가 더 높은 바닷물(함수鹹水)을 준비하는 과정이다. 그리고 이 함수를 흙가마(토부土釜)나 철가마(철부鐵釜)에 붓고 끓여 증발시키는 것이 소금을 생산하는 마지막 단계다.

　마금리 낭금 갯벌 주변에는 옛 방식 그대로의 자염 생산 시설이 고스란히 전시되었다. 갯벌에는 함수를 준비하고자 만든 통자락과 함수를 모으는 간통이 설치되었고 전시관 마당의 염벗(염분鹽盆, 소금을 구워내던 장소)에는 1,200리터의 함수를 끓여내는 엄청나게 큰 철가마솥이 걸렸다.

　이 땅에서 본격적으로 소금을 생산하기 시작한 시기는 수렵·채취의 떠돌이 생활에서 농경 위주의 정착 생활을 시작한 때부터라고 할 수 있다. 암염巖鹽이나 정염井鹽이 없는 우리나라에서 소금을 만드는 방법은 크게 보면 바닷물을 끓이는 것이었지만 세부적인 것은 지방에 따라 달랐다. 땔감이 흔한 강원도나 함경도의 동해안 지방에서는 바닷

갯벌흙(함토)에 소금기를 더 많이 농축시키기 위해 소를 이용하여 써레질한 흔적

물을 가마솥에 끓여서 소금을 만들었고, 간석지가 크게 발달한 남·서해안 지방에서는 갯벌을 써레로 갈아 말린 함토에 바닷물을 다시 침투시켜 만들어진 함수를 끓여 소금을 만들었다.

1908년의 한 보고서는 충청남도에서 전국 소금의 12퍼센트를 생산해, 전라남도와 경기도에 이어 세 번째로 많이 만들었으며 충청남도 생산량의 58퍼센트를 태안에서 담당하였다고 한다. 인조 16년에 간행된 『비변사등록』「어염魚鹽 서태절목」편에도 충청도 소금의 절반 이상을 태안에서 생산했다는 기록이나 '서산과 태안의 소금에서 걷는 세금으로 나라의 경비를 충당한다'는 기록이 있을 정도로 태안 지방의 자염 생산은 활발했다.

이렇듯 태안에서 자염 생산이 활발했던 배경은 무엇일까? 무엇보

태안의 소금가마 땔감으로 사용된 안면도 소나무

다 땔감 조달이 쉬웠던 지리적 여건을 들 수 있다. 태안 일대는 바닷가에 솔숲이 울창하여 땔감을 쉽게 얻을 수 있었다. 그다음으로 조석간만의 차가 심해서 염분 농도가 높은 바닷물을 쉽게 얻을 수 있다는 점, 대표적 물산 집산지인 강경 포구와 가깝다는 점이 한몫을 했다.

이런 이유로 태안은 예로부터 전라도 부안, 영광과 함께 자염 생산지로 이름을 얻었다. 그런 흔적은 17세기 중반 호조에서 거두어들인 태안 지방의 염세鹽稅만도 8,500냥이었고, 자염을 생산하던 염분이 453좌에 달했다는 기록으로도 확인된다. 조선의 3대 기간 산업이 염업, 광업, 면업이라는 주장처럼 소금 생산으로 얻는 재원은 국가의 중요한 수입원이었다.

염업의 기반이 된 서해안과 남해안 지역은 동시에 조선업의 기반이기도 했다. 따라서 나라의 소나무 정책은 조운선이나 전선 건조에 필요한 선재船材를 우선할 것인가, 아니면 자염 생산에 필요한 땔감을 우선할 것인가를 두고 항상 마찰을 빚었다. 그러한 마찰은 임진왜란 이후 왕족과 권세가들이 입안立案과 절수折受로 나라의 산림을 손에 넣기 시작하면서 더욱 심해졌다. 『인조실록』(인조 4년 1월)에는 "전라도 부안 연해의 땅과 변산 근처에는 소금 굽기에 좋은 곳이 많다. 위도, 군산도는 모두 바다의 요지여서 염분을 설치하고 소금을 생산하는데 일대의 염분들을 지배 계급이 절수, 독점하여 국가 세입이 차츰 줄어들었으며, 그런 관계로 군량이 넉넉지 못하다."라고 당시 사정을 밝혔다.

권세가의 이재 수단으로 오용된 소나무

재력과 권력을 겸비한 궁방宮房을 비롯한 권세가들은 수익성이 뛰어난 염장까지 나라에서 받아 부를 축적하였다. 이들은 더 많은 수익을 올리고자 잡목뿐 아니라 선박용 소나무까지 소금가마의 땔감으로 이용했다. 결국 궁방의 염장이 늘어날수록 금산 소나무의 무단 작벌도 더심해졌다. 그러한 흔적은 『비변사등록』에서 찾을 수 있다. 숙종 8년 5월 17일의 기록에는 서산과 태안의 소금가마에 필요한 장작이 안면도에서 조달되었음을 밝혔다.

> 근래 각처의 배 재목이 더욱 궁핍해진 것은 소나무 보호가 엄중하지 못한 소치입니다. 장산곶 같은 곳은 황해도의 쇠 만드는 곳이 멀지 않은 경내에 있어서 숯 굽는 자가 사철로 끊어지지 않습니다. 또 안면곶도 서산·태안의 소금가마가 모인 곳으로 배로 토목吐木(장작)을 운반하여 밤낮으로 소금을 구워도 수영의 변장이 금지하지 못합니다. 이번에 변산의 소나무 재목 손상도 과반수에 이른다고 하니 참으로 염려스럽습니다.

흥미로운 점은 조정에서도 염세 확보를 위해 서산과 태안에 소금가마를 직접 운영하면서 솔숲의 훼손에 일조한 점이다. 역시 숙종 8년 같은 날의 『비변사등록』에는 "일찍이 인조 때 변산과 안면곶에 호조의 염분 50여 좌가 있었는데, 보호하는 소나무를 손상시켰다 하여 그 염분을 혁파하라고 명한 일이 있습니다. 이번에도 일절 금지하려 한다면 반드시 이렇게 엄중하게 하여야 할 것입니다."라고 밝혔다.

태안의 소금가마와 관련된 기록은 숙종 45년 1월 17일 자 『비변사등록』에 또 보인다.

태안의 묵송리 근처에 있던 호조의 염분 7좌는 이미 헐었으나, 그
곁에도 염분 1좌가 있는데 이는 호조의 문서에 올린 것이라 하여
헐어낸 7좌에 포함되지 않았습니다. 묵송리에 있는 염분 1좌도 헐
어내야 하며, 섬 안 묵은 밭에 소나무를 심는 일도 수영으로 하여
금 착실히 파종토록 해야 할 것입니다.

이런 기록을 참조할 때 나라에서는 송금을 더 중시하여 호조 소속
의 염분을 철파하였지만 소금까지 포기할 수는 없었던 모양이다. 이는
소금 자체가 대용품을 구할 수 없는 생활필수품이었기 때문이다. 따라
서 송금 정책에 대한 국가의 의지는 현실과 타협할 수밖에 없었다. 영
조 대에 이르러 목재로서 효용 가치가 떨어지는 바람에 쓰러지거나 말
라 죽은 봉산의 소나무를 사용해도 좋다고 허락을 내린 기록을 볼 때,
규정은 두었겠지만 차츰 봉산의 소나무가 연료로 사용되었으리라 짐
작할 수 있다. 결국 이런 궁여지책은 궁방과 아문衙門을 비롯한 권세가
들이 송금을 무시하고 봉산의 소나무까지 거침없이 연료로 사용케 하
는 요인이 되었다.

마금리 낭금 갯벌을 거닐면서 소나무에 의존했던 우리의 농경 문
화를 다시 한번 생각했다. 기근을 면하는 구황 식품으로, 또 생명 유지
에 필수 요소인 소금을 생산하는 에너지원으로 제 소임을 다했던 소나
무. 척박한 토양에도 잘 자라는 소나무가 없었다면 우리 산하는 과연
어떻게 변했을까?

자염 생산 시설
❶염분 농도가 높은 바닷물(함수)을 모으는 간통 ❷함수를 철가마에 끓여내던 염벗(또는 염분이라고도 불렀다.) ❸❹소나무 연료로 바닷물을 끓이는 철가마

소금 생산에 쓰인 소나무의 양

예나 지금이나 소금은 공기나 물처럼 사람이 살아가는 데 없으면 안될 소중한 물질이다. 얼마나 소중했으면 농경에 필수적인 가축 '소'와 귀한 재화 '금'을 붙여 이름 지었을까? 오늘날 그 용처가 1만 4,000가지나 된다는 소금은 옛날에도 사람에게 꼭 필요한 물질이었다. 인체는 소금을 자체 생산하지 못한다. 소화와 호흡에 절대적으로 필요한 소금을 섭취하지 못하면, 인체는 영양분을 흡수할 수 없고 산소를 몸 구석구석으로 운반할 수도 없어 결국 죽게 된다.

더운 지방 사람이 추운 지방 사람보다, 채식을 많이 하는 사람이 육식을 많이 하는 사람보다 소금을 더 많이 섭취한다고 한다. 그것은 더운 지방에 사는 사람이 땀으로 염분을 더 많이 배출하고, 육식을 하는 사람은 고기 속에 포함된 염분을 섭취할 수 있지만, 채식을 하는 사람은 곡물이나 채소 속에 염분이 거의 없기 때문에 따로 염분을 섭취해야 하는 것이다. 야생 육식동물은 인간처럼 다른 동물의 고기를 섭취함으로써 필요한 염분을 충족하지만 야생 채식동물은 따로 염분을 섭취해야 했기에 소금을 찾아다녔다. 따라서 채식 중심의 문화권에서는 소금을 구하는 일이 식량 생산만큼이나 필수적인 과업이었다.

성인이 1년에 섭취해야 할 소금의 양이 얼마나 되는지에 대해 학자들은 저마다 다른 값을 댄다. 국내의 경우 1915년부터 1923년까지 국내 소금 생산량을 기준으로 1인당 소금 사용량을 추정한 결과 1년에 11킬로그램이었다는 보고가 있다. 이것은 개인별 섭취와 함께 염장 식품의 원료로, 소나 말 같은 가축의 소모량을 모두 합친 양이라고 추정할 수 있다. 성인 한 사람에게 필요한 소금의 양은 한 해에 300그램에서 7킬로그램 안팎이고, 말은 인간의 5배, 소는 인간의 10배나 되는 염분을 섭취한다는 외국의 보고도 있다.

태안문화원에서 자염 생산을 재연하면서 발표한 자료는 1,200리터의 함수를 8시간 정도 끓여서 4섬(240킬로그램)의 소금을 생산하려면 모두 8짐의 마른 솔가지(8짐×60킬로그램=480킬로그램)가 필요하다고 했다. 즉 마른 솔가지 2킬로그램으로 1킬로그램의 소금을 생산하는 셈이다.

조선 시대의 인구를 1,000만 명이라고 추정할 때, 1년에 한 사람(가축까지 포함)이 10킬로그램의 소금을 소비한다면 1억 킬로그램의 소금이 필요하고, 그에 필요한 땔감은 1억 킬로그램×2=20만 톤에 달한다. 소나무의 비중을 약 0.5로 잡을 경우 매년 40만 세제곱미터의 나무가 벌채되었을 것이고, 약 4퍼센트의 연생장량을 대입하면 1,000만 세제곱미터의 산림 축적이 있어야 한다는 결론이 나온다. 따라서 여기에 산림 축적을 50세제곱미터로 대입하면 20만 헥타르의 산림이 필요한 실정이다. 땔감 절반은 활엽수로 충당하고 나머지 절반은 소나무로 충당했다고 가정하면 매년 10만 톤의 소나무가 필요했던 셈이다.

서해안 고속도로를 타고 가다 서산 인터체인지로 진입하면 이 땅 어느 곳에서도 쉽게 볼 수 없는 독특한 풍광을 만난다. 그것은 바로 눈에 들어오는 산하가 푸른 소나무로 뒤덮인 진귀한 광경이다. 옛날에는 흔한 풍광이었을지 모르지만 오늘날 이 땅에서 군 단위의 넓은 산지가 소나무 한 수종만으로 숲을 이룬 곳을 찾기는 쉽지 않다. 서울이나 경기도의 산지에는 이미 참나무류가 솔숲을 잠식하여 소나무보다는 활엽수가 많은 실정이다. 강원도나 남부 지방의 산들도 정도 차이는 있을지언정 소나무만으로 이루어진 순림을 찾기는 결코 쉽지 않다. 그러나 서산과 태안 지방은 유독 푸른 솔숲이 산야를 지킨다. 이 고장의 경관이 소나무 일색인 까닭은 소나무를 가꾸고 지킨 이 지방의 역사와 관련이 있다.

충청수영이 작성한 한 보고서는 서산과 태안을 관할하던 충청수영이 1872년 한 해 동안 16개 읍·진 230처에 소나무를 파종하거나 심었다며 식재 장소와 식재 면적을 구체적으로 기록하였다. 식재 장소로는 헐벗은 자리 52처, 선재용 목재를 벌채하고 남은 자리 10처, 토끼가 어린나무를 훼손한 자리 7처, 바람 피해로 나무가 말라 죽은 자리 8처, 나무가 드문 자리 153처로 전체 면적은 대략 2만 헥타르였다고 한다.

안면도가 궁궐재와 조선재를 공급하던 나라 제일의 국용재 생산 기지였던 사실이나 '서산과 태안의 소금에서 걷는 세금으로 나라의 경비를 충당한다'는 『비변사등록』(인조 16년)의 기록은 이 고장의 전통과 문화가 소나무와 얼마나 밀접한지 말해준다. 그런 전통 때문인지는 몰라도 나라 전역의 솔숲이 차츰 사라져가는 이때, 서산과 태안의 소나무숲은 진정 지키고 가꾸어야 할 소중한 자원으로 우리 앞에 새롭게 다가온다.

9. '생명의 나무'로 나라를 다스린다

경기도 수원시 노송 지대 | 상징

노송 지대란 서울~수원 간 국도 변에 낙락장송이 울창한, 지지대遲遲臺 고개 정상으로부터 5킬로미터 구간을 일컫는다. 노송 지대의 낙락장 송은 조선 시대 정조(1790)가 아버지 사도세자의 능인 현륭원顯隆園 식 목관植木官(나무를 심는 관리)에게 1,000냥을 하사하여 국도 변에 소나무 500그루를 심으라 했던 데서 유래한다. 지지대라는 지명 역시 정조의 화성 행차 덕분에 생긴 지명이다. 오늘날 수원시와 의왕시의 경계가 되는 이 고개는 현륭원을 볼 수 있는 마지막 장소였고, 효성이 지극한 정조는 이 지점에서 현륭원이 있는 남쪽을 자주 돌아보며 행차를 지체 시켰다고 전해진다.

　10차선으로 뚫린 경수산업도로를 벗어나 옛 정취를 간직한 노송 지대를 아침 일찍 거닌다. 220여 년 전 수행원 1,700명과 800필의 말 을 거느리고 창덕궁에서 화성에 이르는 45킬로미터를 이틀에 걸쳐 위 풍당당하게 행차하던 정조를 생각한다. 11줄로 열을 지어 정조를 수행

◀ 경기도 수원시 노송 지대의 소나무

노송 지대의 옛 경관을 짐작할 수 있는 1930년대 장안문 바깥 경성가도의 소나무

하던 수많은 군사와 수행원을 눈앞에 그려보면서 당시로는 넓은 길이었을, 새로 낸 10미터 너비의 시흥대로를 상상한다. 그리고 지지대 고개에서부터 길 양옆에 소나무를 심으라 명령한 정조의 의중을 헤아려 본다.

옛길을 거닐면서 머릿속에 펼쳐보던 화성 행차의 정취는 부슬비가 내리는 이른 아침인데도 일각을 다투는 승용차들의 질주 때문에 어느새 사라졌다. 그러나 나는 짧은 그 길을 긴 거리인 양 천천히 거닐면서 정조의 소나무들을 만났다. 200여 년의 풍상을 이겨내고 길 옆에 버티고 선 소나무는 각양각색이었다. 정조의 화성 행차는 물론이고, 일제의 지배와 6·25전쟁과 압축 고도 성장기에 이 길을 이용했던 수많은 군상을 지켜봤을 소나무는…… 말이 없었다.

1973년도에 실시한 한 조사 보고서에는 살아남은 137그루의 소나무를 '경기도 기념물 19호'로 지정했다는 기록이 있다. 그러나 제대로 보호하지 못해 오늘날은 39그루만 명맥을 유지할 뿐이다. 수원시는 1990년대 후반부터 노송 지대에 500여 그루의 후계목을 심고 집중 관리하지만 근본적인 보호 대책인 차량 통행을 통제하지 못하고 있다.

문득 한 가지 의문이 떠올랐다. 세종에 이어 300년 만에 다시 왕조의 르네상스를 꽃피운 정조는 어떤 생각으로 길 옆에 소나무를 심게 했을까? 하고많은 나무 중에 하필 소나무를 심은 이유는 과연 무엇일까? 소나무 식목을 명한 정조의 생각을 엿보려고 『조선왕조실록』을 뒤적였지만 식목관에게 왕실 내탕금 1,000냥을 하사한 내용과 나무 심기에 애쓴 사람에게 공로를 치하하고 감독 수령에게 상을 주었다는 기록만 있을 뿐 찾는 내용은 없었다.

조선 왕조의 생명수

『조선왕조실록』에는 소나무와 관련한 기록이 700여 회 수록되어 있다. 그중 많은 부분은 황장목, 조선재, 궁궐재의 확보와 소나무 보호를 위한 송충이 구제에 관한 것이다. 그리고 자세히 보면 왕릉과 궁궐 주변에 소나무를 심고 가꾸었던 흔적을 적지 않게 발견할 수 있다. 왕릉과 궁궐 주변에 특히 소나무를 심고 가꾼 이유는 무엇일까? 소나무가 바로 조선왕조의 '생명의 나무(生命樹)'여서 아닐까?

소나무가 조선왕조의 생명수라는 주장을 뒷받침할 수 있는 흔적은 경복궁 근정전, 창덕궁 인정전, 창경궁 명정전에 있는 〈일월곤륜도日月崑崙圖〉에서도 엿볼 수 있다. 국사에 임하는 임금의 용상龍床 뒤편에 자리 잡은 〈일월곤륜도〉는 '해와 달과 곤륜산을 주제로 그린 그림'이다. 그림에 나타난 해와 달은 왕과 왕비를 상징하고 천하 제일의 성산聖山

❶임금의 용상 뒤편에 자리 잡은 〈일월곤륜도〉는 왕실의 존엄을 상징한다. 〈일월곤륜도〉의 소나무는 생물계
를 대표하는 생명수의 상징이다. ❷경복궁 자경전 뒤 십장생 굴뚝에 새겨진 소나무. 보물 810호
❸경복궁 교태전 뒤 아미산 굴뚝에 새겨진 소나무

이라는 곤륜산은 왕실의 존엄을 상징한다는데, 흥미로운 것은 왕실의
존엄을 나타내는 이 그림에 수많은 생명체 중에서 살아 있는 생명체로
는 소나무만 그렸다는 점이다. '천계天界(해와 달), 지계地界(산과 바다),
생물계生物界(소나무)에 존재하는 모든 신의 보호를 받아 왕실과 나라
가 번창하라는 바람'을 나타낸 이 그림 속의 소나무는 왕조의 무궁한

번영을 상징하는 생명수임을 어렵지 않게 상상할 수 있다.

소나무에 대한 이런 인식은 다른 곳에서도 감지할 수 있다. 왕릉과 궁궐 주변을 항상 좋은 기운이 에워싸도록 소나무를 특히 많이 심게 했던 『조선왕조실록』의 기록들도 바로 소나무가 왕조의 생명수임을 보여주는 것이라 할 수 있다. 소나무를 비보裨補(모자라는 지세地勢를 인공적으로 채워준다는 뜻의 풍수 용어) 목적으로 활용한 이 사례는 풍수 사상이나 음양오행설에 뿌리를 둔 조상들의 자연관을 반영한 것이라고 해석할 수 있다.

이렇게 소나무는 왕조의 무궁한 번영을 꾀하는 데 없어서는 안 될 생명의 나무였다. 이런 생각을 정조의 소나무 식재에 대입하면 어떤 답을 얻을 수 있을까? 왕권을 강화하고, 백성을 중핵에 둔 사민국가士民國家를 확립하며, 농업과 상공업이 함께 발달하는 근대 국가를 추구하던 정조가 그 꿈을 이루고자 화성 가도에 왕조의 생명수인 소나무를 심게 했던 것은 아닐까? 특히 화성은 정조 자신이 건설한 황제의 직할 도시이자 자급자족하는 낙원 도시 아니던가.

그러나 여전히 의문은 남는다. 왜 조선왕조는 소나무를 생명수로 상정했을까? 조선왕조는 법치보다는 덕치를 우선하는 왕도 정치를 지향했다. 왕도 정치는 명분과 의리를 밝혀 국민을 설득하고 포용하는 정치로, 그 뿌리를 유학(성리학)에 둔다. 소나무는 명분과 의리를 상징하는 지조와 절개와 충절과 기상을 나타내는 나무로 국민의 가슴속에 각인되었으니, 그런 상징성을 유학과 더불어 시대정신으로 삼고자 소나무를 이용했던 것은 아닐까?

소나무는 백성의 생명수이기도 했다. 그래서 우리 어머니들은 솔잎을 가르는 장엄한 바람 소리를 태아에게 들려주면서 시기와 증오,

원한을 가라앉히려고 솔밭에 정좌하여 태교를 실천했다. 그리고 우리의 아버지들은 사철 변치 않는 푸르름과 청정한 기상의 강인한 생명력을 본받아 지조·절조·절개와 같은 소나무의 덕목을 머릿속에 심어주었다. 그러니 소나무는 왕실뿐 아니라 한민족 모두의 생명수였던 셈이다.

생명수는 동양과 서양에 모두 보인다. 성경에 나오는 생명수는 에덴동산에서 자라는 '지혜수'와 더불어, 신으로부터 인간이 어떻게 분리되어 인간의 원죄가 시작되었는지 상징적으로 말해준다. 이와 달리 동양의 생명수가 상징하는 주제는 불로장생不老長生에 대한 강렬한 열망, 즉 영생이다. 늙지도 죽지도 않는, 영원한 생을 가진 신과 같아지게 하는 것이 바로 동양의 생명수다.

중국, 인도, 한국, 일본이 영생과 관련한 생명수를 가진 것은 동양 문화의 큰 줄기가 중국과 인도에서 유래했음을 상기하면 새삼스러운 일이 아니다. 영생을 염원하던 우리 조상은 해, 구름, 바다, 거북, 학 등과 더불어 소나무를 십장생十長生이라 하여 곁에 두고 아꼈다. 우리나라에서 소나무는 영생이라는 상징적 의미 외에 성주신의 근본으로, 또는 동신목洞神木, 신성수, 집안의 수호신으로 우리 민속에 전해 내려오는 생명의 나무다.

궁궐의 소나무는 어디로 사라졌을까?

소나무를 중시하던 시대 배경이나 소나무의 상징성 때문인지 『조선왕조실록』에는 궁궐의 소나무를 가꾸고 지키기 위한 다양한 노력이 기록되어 있다. 구체적으로 창덕궁과 건원릉에 소나무를 심으라는 내용

궁궐의 소나무들
❶ 1820년대 후반에 제작한 〈동궐도〉에는 낙락장송이 사실적으로 담겨 있다. 고려대학교 박물관 소장
❷ 소나무가 울창한 창덕궁 후원 옥류천의 1883년 경관 ❸ 2003년 11월의 옥류천

(『태종실록』)이나, 후원에 우거진 송림이 다치지 않게 담장 이전을 금지하고(『성종실록』), 소나무 씨를 뿌려 솔숲을 조성하라는 명령(『연산군일기』) 등은 왕실에서 궁궐의 소나무를 보호하고자 각별한 관심을 가졌던 흔적들이라고 할 수 있다.

이런 기록과 함께 1824~1827년에 제작된 〈동궐도東闕圖〉를 통해서 창덕궁과 창경궁에서 자라는 소나무를 구체적으로 엿볼 수 있다. 〈동궐도〉를 보면 오늘날의 궁궐과 달리 곳곳에 아름드리 낙락장송이 홀로 서 있거나 노송 몇 그루가 작은 솔숲 형태로 자리 잡았음을 알 수 있다.

〈동궐도〉에 나타난 수종 가운데 창덕궁과 창경궁에서 자라는 나무의 수와 종류를 조사 분석한 문화재청의 최근 연구 보고는 더욱 구체적인 내용을 밝힌다. 창덕궁과 창경궁 두 궁궐에 자라는 소나무는 모두 559그루, 느티나무·참나무·음나무·버드나무 등의 활엽교목은 1,144그루, 꽃이 피는 교목과 관목류는 546그루, 기타 관목류가 230그루, 소나무가 아닌 다른 종류의 침엽수가 36그루 등으로 모두 2,815그루가 〈동궐도〉에 그려졌다는 것이다.

한편 〈동궐도〉에 그려진 소나무는 활엽수의 절반 정도고, 전체의 20퍼센트에 불과하지만 한 가지 수종으로는 가장 많고, 특히 키가 큰 낙락장송 등 기품 있는 교목으로 형상화한 것이 많아 궁궐에서 소나무가 중요한 수종이었음을 알 수 있다.

오늘날엔 그 흔적조차 사라졌지만, 19세기 말이나 20세기 초까지도 소나무가 창덕궁 곳곳에서 아름드리로 자랐음을 사진으로 확인할 수 있다. 미국의 천문학자 퍼시벌 로웰Percival Lowel의 1883년 사진은 창덕궁 옥류천 소요정 주변이 멋진 노송들로 울창했음을 확인케 한다. 그리고 1902년부터 1903년까지 서울 주재 이탈리아 총영사였던 카를로 로제티Carlo Rosetti가 쓴 『꼬레아 꼬레아니』에도 옥류천이나 인정전, 대조전 주변의 낙락장송에 관한 이야기가 있다. 이런 기록을 통해 궁궐의 소나무는 건물 주변을 장식하는 중요한 요소였음을 알 수 있다.

한편 1930년에 나온 『조선고적도보』에는 인정전 후면에 노송이 있다는 기록이 있으나 오늘날엔 소나무들이 사라지고 참나무류가 우점한다. 영화당과 부용정 주변에도 울창했던 송림 대신 참나무류나 산벚나무 등이 우점할 뿐이다. 1950년 간행된 『왕궁사』에서는 더 이상 소나무가 나타나지 않아 창덕궁 소나무는 1930년대 이후 사라졌음을 알 수 있다.

　소나무가 창덕궁에서 사라진 원인으로는 우선 1929년 4월 후원에서 발생한 솔잎혹파리를 들 수 있다. 1985년 산림청 임업시험장에서 발행한 「솔잎혹파리연구백서」에는 '후원에 자라던, 가슴높이직경이 30~50센티미터인 소나무 300여 주가 솔잎혹파리 때문에 벌채되었다'는 내용이 나온다. 소나무 중심의 창덕궁 식생 경관이 솔잎혹파리 피해로 그 수가 차츰 줄어들었음을 암시한다. 그 결과, 창덕궁 후원의 식생은 갈참나무, 졸참나무, 신갈나무 등의 참나무류가 우점하게 되었다.

　한편 문화재청이 2002년도에 조사한 결과에 의하면, 창덕궁 후원에서 자라는 소나무는 1,436그루로 1989년의 조사에서 밝혀진 282그루보다 훨씬 많다. 그 사이에 후원에 지속적으로 소나무를 심었음을 알 수 있다.

소나무 가로수

옛 서울 거리의 소나무 가로수

서울 거리의 소나무
❶ 1930년대 서울 동대소문외도로의 소나무 가로수
❷ 감사원에서 헌법재판소에 이르는 서울 종로구 가회동의
　소나무 길

임수林藪는 예로부터 산록이나 수변 또는 평야 지대에 설치된 임야 구역이다. 일종의 문화 시설이라 볼 수 있는 숲이다. 임수는 설치 목적에 따라 종교적 임수, 교육적 임수, 풍치적 임수, 보안적 임수, 농리적 임수로 나뉜다. 그 밖에 임상과 입지 조건 또는 설치 의식에 따라 구분되기도 한다. 오늘의 관점에서 임수를 해석하면, 주민의 생활 환경이나 농경지를 보호하는 생활 환경림이라고 말할 수 있다.

『조선의 임수』는 1938년 조선총독부 임업시험장에서 발간한 책이다. 이 책에 소개된 임수 사례 중 〈동대소문외도로東大小門外道路〉란 제목의 사진은 아름드리 낙락장송이 가로수로 서 있는 풍경을 담았다. 특히 〈장안문외경성도로長安門外京城道路〉라는 제목의 사진은 노송 지대의 옛 경관을 사실적으로 전해준다. 이런 기록을 통해 한성 주변 옛 도로에 소나무가 가로수로 사용되었음을 확인할 수 있다. 이런 전통이 오늘도 이어졌으면, 우리도 로마의 우산소나무 길 못지않게 멋진 길을 간직할 수 있었을 텐데 아쉽기 짝이 없다. 모든 길이 로마로 통하던 그 옛날, 로마제국에서는 군인들에게 그늘을 만들어주려고 소나무를 심어 오늘날까지도 그 우산소나무 길이 많은 이의 사랑을 받고 있지 않은가.

다행히 요즘 들어 우리나라에도 곳곳에 소나무 길이 조성된다. 마산에서 통영으로 가는 국도가 멋진 소나무 길이고, 감사원에서 헌법재판소로 향하는 가회동 길도 아름다운 소나무들이 옛길의 정취를 살린다.

이탈리아 로마의 우산소나무

이탈리아 여행을 마치고 귀국하기 위해 공항으로 떠나기 두 시간 전, 소나무 사진 한 장을 찍으려고 호텔을 나섰다. 무더위가 한창인 7월이었다. 지중해성 기후답지 않게 갑자기 닥친 혹서에 대한 채비를 단단히 한 후, 카메라를 챙기고 호텔 방을 나서기까 지는 용기가 필요했다. 관광버스를 타고 시내에서 호텔로 왔던 길을 되돌아 빠른 걸 음으로 40여 분 걸었을까, 마침내 멋진 우산소나무의 자태가 일목요연하게 눈에 들 어왔다. 크리스토포로 콜롬보 가로변에 자라는 아름드리 소나무들을 본 순간 발품과 흘린 땀이 아깝지 않다는 생각이 들었다. 얼마나 담고 싶던 정경인가. 안도의 숨을 내 쉬고는 계속 셔터를 눌렀다. 우산소나무는 마치 우산이 펼쳐진 것처럼 멋지게 나무의 수관樹冠(나무의 가지와 잎이 달려 있는 원몸통 부분)을 사방으로 펼쳤다. 사실 이 소나무는 다른 소나무와 마찬가지로 원추형으로 자라는데 정원사가 적절한 시기에 맨 윗가지 를 잘라내고, 곁가지들이 더 잘 자라게 끊임없이 손보았기 때문에 이런 모양이 된 것 이라고 한다.

우산소나무는 지중해 연안에 자라는 피누스 피네아*Pinus pinea*이며, 이탈리안 스 톤 파인Italian stone pine이나 우산소나무Umbrella pine로도 불린다. 로마의 명물인 우산소 나무를 자세히 살펴보면, 같은 시기에 심은 것이 아님을 알 수 있다. 곳곳에 어린 나 무들이 있는데, 그것은 수명이 다한 늙은 나무를 대신해서 심은 것이다.

로마의 크리스토포로 콜롬보 가로변에 자라는 아름드리 우산소나무, 이탈리안 스톤 파인으로도 불린다.

10. 현해탄 건너 보물이 된 신라송

일본 교토의 고류사 | 교토의 미륵보살상

전화기 속의 음성은 낮고도 정중했다. 그는 내게 작은 나뭇조각으로 나무가 자란 지역을 알아내는 방법이 있는지 먼저 물었다. 그리고 일본 교토京都 고류사廣隆寺의 〈미륵보살상彌勒菩薩像〉을 만든 소나무 산지가 경상북도 울진이라고 주장하는 근거를 알고 싶다고 했다.

몇몇 지면에 '일본 국보인 교토 고류사의 〈미륵보살상〉은 재질이 좋은 춘양목(예를 들어 소광리 소나무)으로 제작되었을 것'이라는 주장을 편 산림학도의 국수주의적 태도가 마침내 옳은 비판자를 만났다는 생각이 일순 스쳤다. 쏟아질 비난을 감수하리라 각오를 굳게 다졌다.

그러나 대화를 계속하면서 질문자가 질책보다는 오히려 나의 추정에 힘을 보태주려는 의도임을 깨달았다. 그 순간 나의 기쁨은 컸다. 한 산림학도의 주장을 풍문으로 듣고, 타당한 과학적 근거를 확인해주려고 전화를 건 이는 동국대학교 문명대 교수였다. 뒤늦게 안 사실이지만, 문 교수 역시 1980년에 열화당에서 펴낸 『한국조각사』에 고류사의

◀ 일본 국보인 〈미륵보살상〉은 양백 지방의 춘양목으로 만들어졌다. 줄기 아래쪽에 서 있는 사람을 보면 이 소나무의 크기를 가늠할 수 있다.

〈미륵보살상〉이 우리 춘양목으로 제작되었을 것이라는 주장을 밝힌 바 있었다.

'사람의 머리카락 한 가닥으로 고향을 짐작할 수 없는 이치처럼 나뭇조각 일부로 그 나무의 산지를 밝히는 것은 불가능하다'는 답변을 우선 드렸다. 그리고 재질 특성상 다른 고장 소나무보다는 양백兩白(소백산과 태백산 인근) 지방의 춘양목이 조각재로 더 적합해 불상을 제작한 소나무가 춘양목일 것이라 추정했으며, 양백 지방 소나무의 특성을 고스란히 간직한 곳이 울진 소광리이기 때문에 울진을 거명했던 것이라고 말씀드렸다.

이런 설명에 이어 나 자신이 평소 가졌던 궁금증인 국내외 미술사학자들은 어떤 근거로 〈미륵보살상〉을 신라에서 제작한 것이라고 주장하는지, 그리고 오늘날 일본 학자들의 대체적인 견해는 무엇인지 여쭈었다. 그의 답변은 막힘이 없었고, 어설프게 알았던 나의 지식을 정정해주기까지 했다. 그 인연으로 나는 문 교수 연구실에서 신라 제작설을 뒷받침해주는 꽤 많은 일본 학자의 자료를 확보했고, 감히 이런 문화 국수주의적 시각의 글을 다시 쓸 수 있는 용기도 얻었다.

〈금동미륵반가사유상〉, 높이 93.5센티미터, 7세기, 국보 83호, 국립중앙박물관 소장

소나무로 만든 〈미륵보살상〉

고류사의 〈미륵보살상〉은 소나무로 만든 목조미륵반가사유상이다. 우리 국보 83호인 〈금동미륵반가사유상〉을 빼닮은 이 불상을 일러 독일의 실존주의 철학자 카를 야스퍼스Karl Jaspers는 '인간 존재의 가장 청정한, 가장 원만한, 가장 영원한 모습의 표징'이라고 상찬했다. 그리고 최순우 전 국립박물관장은 '너그럽고 고요한 아름다움'을 지닌 성자가 사색하는 모습이라고 했다.

이 〈미륵보살상〉을 고류사 영보관靈寶館에서 처음 뵈었을 때의 감동을 나는 잊을 수 없다. 청동 불상에서 느낄 수 있는 탄력감이나 석불이 간직한 화강암의 질감과는 달리 나뭇결(목리木理)이 내뿜는 아름다움은 각별했다. 보관에서 뺨으로, 그리고 몸통과 옷자락으로 흐르는 나뭇결은 최고의 안목을 지닌 장인의 솜씨로 법열法悅이 충만했다. 그때의 감동은 지금도 가슴속에 그대로 살아 있다. 그리고 그 감동은 우리 소나무에 대한 자존심으로 변했다.

일본 제1의 보물이니만치 이 불상을 어디서 제작했는지를 두고 오래전부터 한·일 양국 간에 논란이 이어졌다. 이는 특히 일본의 자존심이 걸린

일본 국보인 〈미륵보살상〉. 일본 교토 고류사 소장

존 카터 코벨의 『한국문화의 뿌리를 찾아』
미륵보살상이 신라에서 유래한 것임을 밝혔다.

문제였다. 한 나라가 제일로 치는 보물이 제 나라가 아닌 남의 나라에서 제작한 것임을 받아들이기는 분명 쉬운 일이 아니다.

일본인 산림학자 고하라 지로小原二郎 박사가 1951년 『불교예술』 13호에 발표한 논문 「상대 조각의 재료사적 고찰上代彫刻の材料史的考察」을 통해 이 〈미륵보살상〉을 만든 재료가 '소나무나 곰솔의 특성을 지닌 것'임을 보고하면서 그 제작 장소에 대한 논란이 시작되었다.

일본설과 한국설을 간단히 정리하면 다음과 같다.

먼저 일본 제작설의 경우, 〈미륵보살상〉과 함께 고류사에 보관된 또 다른 불상이 녹나무로 만들어진 일본 고유 양식의 불상이기에 비록 소나무로 제작되었을지언정 〈반가사유상〉 역시 일본에서 제작한 것이라는 주장이다.

몇몇 한국 학자도 재질과 제작 방법이 일본의 양식과 다르다는 사실만으로 신라의 것으로 볼 수는 없고, 오히려 '백제의 영향을 받은 일본 작품'이라고 추정하며 그 근거로 소나무는 한·일 양국에서 모두 자생함을 든다.

이에 반해 다수의 일본 학자나 한국 학자는 불상의 양식이나 옛 기록에 근거하여 신라에서 제작한 것이라는 한반도 제작설을 주장한다.

이런 추정의 근거는 고류사 〈미륵보살상〉이 일본 고유 양식과 다른 제작 방식과 재료로 만들어졌으며 우리 국보 83호인 〈금동미륵반가사유상〉과 아주 비슷하다는 점에 특히 무게를 둔다.

한·일 양국의 학자들이 고류사 〈미륵보살상〉의 제작처를 각기 달리 추정하는 배경에는 우리 국보 83호의 출처에 대한 국내 학계의 논란도 한몫을 한다.

경상북도 봉화에서 발굴된 〈석조여래좌상〉 하반신 부분

국보 83호인 〈금동미륵반가사유상〉의 출처가 백제라고 주장하는 측과 신라라고 주장하는 측의 논쟁은 1966년 경상북도 봉화에서 〈석조여래좌상〉 하반신 부분이 발견된 이후 신라에서 제작했다는 주장이 힘을 얻는다. 그 근거는 쉽게 옮길 수 없는 〈석조여래좌상〉의 형태나 옷주름 처리가 국보 83호와 유사하기 때문이다. 그러나 오늘도 신라 제작설에 이의를 제기하는 사람이 없는 것은 아니다.

다시 정리하면 고류사의 〈미륵보살상〉만 특이하게 소나무로 제작된 점, 소나무는 한·일 양국에서 모두 자생하는 점, 고류사의 〈미륵보살상〉이 한국의 국보 83호와 빼닮은 점 따위가 이 불상 제작 장소에 대한 추정의 실마리이자 논쟁의 중심에 있음을 알 수 있다.

외국인으로서 국내에서 가장 먼저 '고류사의 〈미륵보살상〉은 한국의 불교 예술품'이라고 주장했던 존 카터 코벨의 이야기는 설득력이 있다. 1960년대 초 이 〈미륵보살상〉을 고류사에서 처음 본 코벨 박사는 『한국 문화의 뿌리를 찾아』(학고재)에서 "쇼토쿠 태자의 측근이던 하타노 가와카쓰 가문이 당시 교토의 한국인 거주민을 위해 고류사를 세웠다는 기록으로 미루어 (이 불상이) 한국 것임을 확신한다."라고 서술한다.

서구인으로는 처음으로 1941년에 미국 컬럼비아 대학교에서 일본미술사 박사학위를 받고 20여 년 동안 캘리포니아 주립대학교와 하와이 주립대학교에서 동양미술사 교수로 재직했던 존 카터 코벨의 견해를 정리하면 다음과 같다.

'목조미륵반가사유상이 안치된 고류사는 603년 한국에서 이주해 온 직물 기술자 진하승秦何勝(일본명 하타노 가와카쓰)이 건립한 절이다. 그는 한국계인 쇼토쿠 태자와 절친했다. 쇼토쿠 태자가 48세에 홍역으로 급사하자 하타노는 쇼토쿠 태자를 기려 자신이 세운 절 고류사에 모실 미륵보살상을 신라에 주문했으며, 신라의 장인은 시일이 촉박해 청동 대신 적송 통나무 하나에 걸작 미륵보살상을 깎고 그 위에 금을 입혔다. 그 불상이 목조미륵반가사유상이다. 봄에 서거한 태자를 기린 금부처가 7월(623)에 도착했다는 『일본서기』의 기록을 통해서 불상의 일본 도착 시기도 알 수 있다.'

흥미로운 사실은 코벨 박사가 1981년도부터 이화여자대학교에서 한국미술사를 강의하면서 이 목조미륵반가사유상을 7세기 불상 조각을 대표하는 '한국 불교 예술품'이라고 주장했지만, "한국의 어느 학자나 학술 단체도 이 사실을 감히 긍정하지 못한다."라고 그의 책에 토로했다는 점이다.

특히 주목할 점은 국내 전문가들이 코벨 박사의 주장에 귀를 기울

〈미륵보살상〉이 일본 국보 1호라고 밝힌 고류사 입구의 안내판

이기는커녕 오히려 틀렸다고 공박했다는 사실이다. 오죽하면 코벨 박사가 "한국의 미술사학자들은 세계에서 가장 훌륭한 예술품 중 하나인 한국의 문화유산을 스스로 부정하려고 기를 쓴다."라고까지 서술했을까?

그녀의 지적은 날카롭다. "한국의 미술사학자들은 몇십 년 전 일본에서 공부해 일본에 압도되어버렸거나 적어도 일본 사학자의 논리에 순종한다."

산림학도로서 고고학자나 미술사학자들의 전문 영역에 감히 머리를 내밀 형편은 아니다. 그러나 국내는 물론이고 일본과 미국에서도 신라에서 만들어진 불상이라는 추정이 더 신뢰를 얻는 상황에 이 땅의 소나무로 만든 것이라는 논리를 배제할 적당한 근거를 찾기는 쉽지 않다.

그래서 이 불상에 사용된 우리 소나무의 산지에 관심을 갖게 되었고, 그런 관심은 질 좋은 양백 지방의 춘양목으로 목조미륵반가사유상을 만들었을 것이라는 추정을 이끌어내게 되었다. 여기에는 〈반가사유상〉과 유사한 미륵상들이 양백 지방에서 출토된 사실도 참고가 되었음은 물론이다.

산림학자 중에는 이에 반박하는 사람도 없지 않다. 한반도 제작설에는 귀를 닫고 일본 쪽 논리에만 귀를 여는 듯해서 서운하지만 그 역시 학자적 소신이라 본다. 그러나 추정은 추정일 뿐, 춘양목이 아니면 어떠랴. 고류사의 〈미륵보살상〉이 이 땅에서 제작되었다면 그것은 바로 우리 소나무가 누릴 자존심이거늘. 참고로 교토 고류사의 안내판에는 〈미륵보살상〉을 국보 1호라고 안내하지만, 일본에서는 국보에 번호를 붙이지 않는다.

임남수 박사의 「고류사사의 연구」
일본 고류사의 〈미륵보살상〉이 신라에서
유래하였음을 밝혔다.

2003년에 출간된 『고류사사廣隆寺史의 연구』는 고류사의 〈미륵보살상〉이 신라에서 제작되었음을 밝힌다. 이 책의 저자는 일본 와세다 대학교에서 미술사학으로 박사학위를 취득한 임남수林南壽 선생이다.

임 박사는 고류사의 〈미륵보살상〉과 한국의 국보 83호인 〈금동미륵반가사유상〉을 비교 검토한 결과, '크라운 형식의 보관을 쓴 점, 왼쪽 무릎 부분에 옷주름이 나타나지 않은 점 등은 백제 반가상과는 형태를 달리하는 것'으로 '신라 반가상의 계보에 속하는 것'이라며, 제작 연대도 '오른 발목의 부자유스러운 표현 등으로 보아 7세기 초'라고 추정하였다. 그의 지도 교수인 와세다 대학교 오하시 가쓰아키大橋一章 교수 역시 임 박사의 연구대로 『일본서기』의 기록이 맞다는 점을 임 박사의 책 서언에서 밝힌다.

고류사의 〈미륵보살상〉이 신라에서 제작된 것이라는 임남수 박사와 존 카터 코벨 박사의 연구는 놀랍게도 유사하다. 그러나 임 박사는 코벨 박사의 초기 연구보다 훨씬 진전하여 고류사가 그 전부터 존재하던 하치오카데라峰岡寺와 하테데라秦寺 두 절이 합친 사찰임을 밝혔다. 또한 『일본서기』 스이코推古 11년 조(603)에 나타난 기록대로 진하승이 쇼토쿠 태자로부터 받은 작은 금동불상은 하치오카데라에 본존本尊으로 모셨다고 추정하였다. 그 후 하치오카데라는 주택식이던 불당을 본격적인 가람으로 정비하면서, 새 가람에 어울리는 새 본존을 제작하였는데 그 본존이 바로 『일본서기』 스이코 31년 조(623)에 기록된 〈미륵보살상〉이라고 추정하였다. 바로 코벨 박사의 주장과 같은 내용이다.

2부 소나무를
알면
삶이 보인다

소나무는 마을 숲 되어 액을 막아주고
닉락장송 되어 지친 삶을 이겨내고 향유하는 힘이 된다.

—장흥 관산읍 효자송

1. 겸재는 연산폭포에서 소나무를 보았는가

경상북도 포항시 내연산 겸재 소나무 | 그림

겸재謙齋의 소나무를 두 눈으로 직접 확인하고자 내연산 현장으로 나
섰다. 280여 년 전 겸재 정선鄭敾이 그린 그림 속의 소나무는 과연 남
아 있을까? 그사이 소나무의 자태는 어떻게 변했을까? 만일 사실이라
면 소나무의 실제 나이는 얼마나 될까? 이런 궁금증은 안동, 영해, 보
경사에 이르는 긴 여정도 지루하지 않게 만들었다. 보경사에서는 인근
청하淸河의 기청산 식물원 이삼우 원장이 기다리고 계셨다.

　사진으로나마 겸재의 소나무를 볼 수 있었던 인연은 1997년으로
거슬러 올라간다. 포항의 노거수회老巨樹會가 개최한 창립 기념 심포지
엄에 초청받아 주제 발표를 한 것이 그 끈이다. 심포지엄과 함께 개최
된 사진전 '향토의 대자연전'의 사진 중에 겸재의 그림과 함께 그림 속
소나무를 빼닮은 실제의 소나무 사진이 전시되었다. 이 소나무는 문화
의 창으로 나무나 숲을 봐오던 한 산림학도의 시선을 끌기에 부족함이
없었다. 특히 〈고사의송관란도高士倚松觀瀾圖〉에 나오는 소나무가 자라

◀ 경상북도 포항시 내연산 삼용추 아래에서 바라본 벼랑 위의 겸재 소나무

그림 속 소나무를 빼닮은 삼용추 비하대의 겸재 소나무

는 곳으로 안내할 수 있다는 노거수회 이삼우 회장의 말씀도 있었다. 그러나 빠듯한 일정은 상경길을 재촉했고, 실제 소나무를 확인할 기회를 갖기까지 6년의 세월이 더 필요했다.

실재하는 그림 속 소나무

겸재 소나무는 〈고사의송관란도〉란 부채 그림에서 유래한다. 현재 국립중앙박물관이 소장한 이 그림에는 오른쪽으로 기울어진 한 그루 노송이 청청한 기운을 내뿜으며 그 자태를 자랑하고, 선비가 이 소나무에 의지해 폭포를 관망한다. 그림에는 '삼용추폭하三龍湫瀑下 유연견남산悠然見南山'이라는 화제畵題가 적혀 있다.

　겸재 그림의 소나무가 실제로 존재한다는 주장의 근원은 화제의 첫 구절 '삼용추폭하'에서 출발한다. 화제의 삼용추폭은 내연산 용추 계곡의 세 폭포를 뜻한다. 내연산은 영덕과 포항 사이에 있는 태백산맥 끝자락에 있는 산이다. 12폭포의 비경을 간직한 계곡과 고찰 보경

정선, 〈고사의송관란도〉, 종이에 수묵, 26×75.9센티미터, 국립중앙박물관 소장

사를 품어서 더욱 유명하다. 삼용추폭은 여섯 번째 쌍폭雙瀑인 관음폭
과 일곱 번째 폭포인 연산폭을 일컫는 옛 이름이다. 특히 관음폭과 연
산폭을 낀 용추계곡은 주변에 자리 잡은 선일대, 비하대, 학소대 등의
기암절벽과 어울려 20리가 넘는 내연산 계곡에서 가장 절경이다.

　이삼우 회장이 〈고사의송관란도〉의 소나무를 연산폭포 위의 비하
대 바위틈에 있는 노송이라고 주장하는 근거는 어디에 있을까? 그는
세 가지 근거를 제시한다. 첫째, 겸재가 청하 현감으로 재임했던 사실,
둘째, 내연산 연산폭을 다녀간 흔적, 셋째, 당시 풍경을 담은 그림에 나
타난 사실성 등을 들었다.

　우선 겸재는 영조 9년(1733) 봄에 58세의 나이로 청하 현감으로 부
임하여 2년 남짓 재임하였다. 청하로 내려온 겸재가 이웃의 명승, 내연
산 삼용추폭을 찾았음은 당연한 일일 터. 그런 흔적은 연산폭포 아래
우묵한 바위벽에 새겨진 '갑인추정선甲寅秋鄭敾'이라는 탐승 기념 각자
에서도 찾을 수 있다.

　갑인년(1734) 가을에 연산폭포의 바위벽에 남긴 이런 흔적과 함께

내연산의 삼용추폭포

청하 고을 현감으로 재임하면서 그린 〈내연산삼용추도內延山三龍湫圖〉 3폭과 〈청하읍성도〉 등의 그림이 〈고사의송관란도〉와 함께 전해진다. 이 그림 중 국립중앙박물관이 소장한 〈내연산삼용추도〉는 관음폭과 연산폭을 중심으로 부근의 기암절벽을 힘찬 필치로 그린 작품이다. 명지대학교 유홍준 교수는 겸재의 이 그림을 묵직한 적묵법과 격렬한 흑백 대비, 대담한 형태 변화, 과장과 생략 등을 구사해 겸재 생애 최고의 역작인 〈금강전도〉와 함께 진경산수화풍을 확립한 그림의 하나로 평가한다.

겸재가 진경산수화풍을 확립한 때가 청하 현감 재임 시기라는 미술사학자의 피력이 없더라도 용추계곡을 다녀온 이는 누구나 〈내연산삼용추도〉가 선일대에서 바라본 풍광과 다르지 않음을 금방 느낄 수 있다. 겸재 그림의 사실성 때문에 이삼우 원장은 〈고사의송관란도〉에 나타난 소나무가 비하대 위의 노송이라고 믿는다. 이 원장은 '그림에

정선, 〈내연산삼용추도〉, 비단에 수묵 담채, 44.5×35센티미터, 국립중앙박물관 소장

나타난 폭포는 연산폭의 윗부분을 묘사하였고, 지금도 연산폭이 지척인 그 자리에는 그림에서 보는 것과 비슷한 수백 년 묵은 노송이 살아있으며, 그 생김새며 규격 등을 보면 당시에 서 있던 것'이라고 확신하는 듯했다.

동양화 속의 소나무는 실물 자체의 의미보다는 관념의 상징으로 형상화한 것이라고 알려진다. 따라서 옛 그림에 나타난 소나무는 유교적 윤리 규범의 상징이나 도교적 장생 사상을 뜻하는 장수長壽의 상징물로 형상화한 것이 대부분이고, 자연 그대로의 소나무를 화폭에 담는 일은 드물었다. 그런 사례는 '새해에 뜻 둔 모든 일을 이루라'는 의미를 간직한 소나무와 불로초를 함께 그린 〈신년여의도新年如意圖〉에서도 찾을 수 있다. 소나무는 신년을 뜻하고, 불로초는 '생각한 대로 되다如意'가 되어 새해 인사용 그림이 되었다. 또 소나무는 매화, 동백, 수선화와 함께 봄을 상징하는 식물이나 대나무, 매화와 함께 세한삼우歲寒三友로 상징되기도 한다. 세한삼우는 『논어』의 '익자삼우益者三友 손자삼우損者三友'라는 구절을 연상시켜 '나쁜 친구를 멀리하고 옳은 친구를 가까이하라'는 유교적 가치관을 상징하는 것일 수도 있다.

추사 김정희의 〈세한도歲寒圖〉나 이인상의 〈설송도雪松圖〉에서는 소나무가 절의나 지조를 상징하는 유교적 가치관으로 형상화되었으며, 〈십장생도十長生圖〉나 강희안의 〈송학도松鶴圖〉에는 장생과 장수를 상징하는 도교적 가치관으로 형상화된 것처럼, 겸재의 부채 그림 〈고사의송관란도〉 역시 실경을 묘사한 것이라기보다는 시화일체詩畵一體의 세계를 그리고자 소나무를 상징물로 형상화한 것으로 이해할 수 있다. 그 구체적인 실마리는 이 그림의 제목 '삼용추폭하 유연견남산'의 둘째 구절에 나오는 '유연견남산(유연히 남산을 바라본다)'에서 찾을 수

김정희, 「세한도」, 종이에 수묵, 23.7×69.2센티미터, 1844, 개인 소장

있다.

'유연견남산'은 도연명의 「음주飲酒」 시에서 유래한다. 도연명은 평택 현령 자리를 내놓고 집(율리栗里)으로 돌아와 전원생활의 탈속적 경지를 다음과 같이 노래했다.

> 오두막을 짓고 인경에 있으니
>
> 수레, 말소리 시끄러움 없도다
>
> 그대는 어찌 그럴 수 있나
>
> 뜻이 머니 사는 곳도 절로 아득하다
>
> 동쪽 울 밑에서 국화를 꺾어 들고
>
> 유연히 남산을 바라본다
>
> 산 기운은 해가 지니 아름답고
>
> 날던 새들 짝지어 깃을 찾아드네
>
> 이 가운데 참뜻이 있거늘
>
> 말하려 해도 할 말을 잊도다

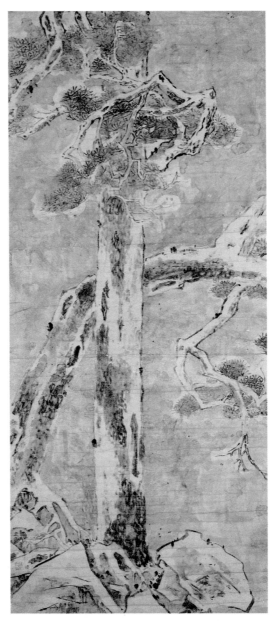

이인상, 〈설송도〉, 종이에 수묵, 117.4×52.7센티미터, 국립중앙박물관 소장

結廬在人境 而無車馬喧 問君何能爾 心遠地自偏 採菊東籬下
悠然見南山 山氣日夕佳 飛鳥相與還 此中有眞意 欲辨已忘言

〈고사의송관란도〉에 나오는 내연산 삼용추폭의 겸재 소나무 역시
'유연견남산'이라는 도연명의 시구를 형상화한 것임을 알 수 있다. 한
국민예미술연구소의 허균 소장은 시의 내용을 그림으로 그리는 시화
일체詩畵一體 사상의 전형적인 사례로 국립중앙박물관이 소장한 겸재
의 〈고사의송관란도〉와 함께 〈동리채국도東籬採菊圖〉를 든다. 이 그림
도 음주 시에 나오는 내용처럼 나무 그늘 아래 한 선비가 앉아 있고,
그 옆에는 국화꽃이 놓여 있다. 저 멀리 동쪽 울타리 밑에 자라는 국화
를 그려 선비 옆에 놓인 꽃이 동쪽 울타리 밑에서 꺾어 온 것임을 알
수 있게 그렸다. 따라서 미술사학자들이 겸재의 〈고사의송관란도〉를
동양화의 시화일체 사상을 표현하게끔 준비한 중국의 화본畵本을 바탕
으로 그린 그림이라고 주장하는 것에도 일견 타당성이 있다.

따라서 〈고사의송관란도〉 속의 겸재 소나무는 실제로 당시 그 자
리에 자라던 소나무를 진경산수의 대가인 정선이 실경으로 옮긴 것일
수도 있고, 또는 시화일체 사상을 표현하고자 화본 속의 소나무를 충
실하게 그려 넣은 것일 수도 있다.

내연산 골짜기에는 봄이 무르익었다. 절벽 끝에 매달린 낙락장송
과 붉은 진달래와 맑은 폭포수가 연출하는 경관은 선경이 따로 없는
듯했다. 관음폭포 아래 저 멀리 절벽 위에 걸린 소나무가 눈에 들어왔
다. 바로 겸재 소나무다. 저 소나무가 겸재가 그린 바로 그 나무라고 생
각하니 마음은 더욱 바빠졌다. 땀을 훔칠 틈도 없이 폭포 옆으로 난 비
탈길로 급하게 걸음을 옮겼다.

비하대 밑에 자라는 겸재 소나무는 굳건했다. 40미터가 넘는 거대한 절벽 위 바위틈에 뿌리를 내린 그가 대견하다. 8~9미터의 키에 밑둘레가 2미터를 넘는다. 동편 낭떠러지 쪽으로 기우뚱 서 있는 것이 그림 속의 소나무와 비슷하다. 절벽 바위틈이라는 좋지 않은 생육 조건을 감안하면 족히 400~500년은 묵었을 것 같다. 이 원장께 짓궂은 질문을 하나 던졌다.

"생장추生長錐(나무의 속 고갱이에 구멍을 뚫어 나이테만 뽑아내는 기구)로 나무의 실제 나이를 확인해보셨습니까?"

"생육 조건이 비슷한, 바위틈에서 자라는 소나무의 떨어진 가지로 나이테를 셌는데 일반 소나무보다 훨씬 나이를 많이 먹은 소나무였지. 이런 생육 조건을 감안할 때 이만한 크기면 아마 500년도 더 되었을걸."

"그래도 몇 살이나 되었는지 과학적으로 제시하면 더 좋을 텐데요."

"무얼 그런 짓을. 그냥 믿으면 되지."

겸재 소나무가 자라는 위치에서 조금 떨어진, 반 평도 되지 않는 바위 벼랑 위에는 진달래가 무더기로 꽃을 피우고 있었다. 진달래 더미 속에 겨우 자리를 만든 현석玄石 이호신 화백은 시답잖은 나의 문제 제기를 아는지 모르는지 겸재 소나무를 열심히 화폭에 담았다.

전통 한국화에 나타나는 소나무는, 첫째, 지조와 절개의 표현, 둘째, 장수의 염원, 셋째, 탈속과 풍류를 상징하는 의미로 형상화한 것이라고 허균 소장은 주장하였다. 앞서 살펴본 것처럼 지조와 절개의 표현은 추사 김정희의 〈세한도〉나 이인상의 〈설송도〉에 극명하게 나타나 있으며, 장수의 염원은 도교의 영향으로 우리 삶 속에 녹아 있는 〈십장생도〉나 〈송학도〉에 그려진 소나무에서 찾을 수 있을 것이다. 바위 위에 한 그루 소나무가 서 있는 그림에서, 바위와 소나무는 장수를 상징하는 것으로 해석할 수 있다는 것이다.

지조와 절개, 장수의 염원을 상징하는 범주에 포함시키기 곤란한 그림도 없지 않다. 대표적으로 김수철의 〈송계한담도松溪閑談圖〉나 이인상의 〈송하관폭도松下觀瀑圖〉에서는 지조나 장수보다는 오히려 탈속이나 풍류의 상징으로 소나무를 활용했음을 알 수 있다.

소나무는 우리 옛 그림에 가장 빈번하게 등장하는 수목의 하나였다.

'한국인의 경관 인식에 관한 연구'를 수행한 김경영은 동양화의 경우, 경관 구성물의 출현 빈도가 산 91퍼센트, 물 73퍼센트, 소나무 53퍼센트, 잣나무 29퍼센트, 버드나무 17퍼센트, 대나무 15퍼센트, 복숭아나무 4퍼센트, 기타 활엽수 29퍼센트로 나무들 중에 소나무가 가장 빈번하게 출현한다고 밝혔다.

이런 조사를 보고도 소나무가 간직한 조형미나 예술적 상징성의 크기를 상상할 수 있다.

우리에게 가장 잘 알려진 소나무 그림으로 신라 시대 솔거의 〈노송도〉가 있다. 황룡사 벽에 그려진 솔거의 소나무 그림은 워낙 사실적이고 생동감이 있어서 새들이 앉으려다가 부딪혀 떨어졌다는 이야기가 전해질 뿐 그림은 존재하지 않는다. 기록으로

정선, 〈함흥본궁송도〉, 비단에 담채, 29.5×23.5센티미터, 성베네딕토회 왜관수도원 소장

정선, 〈사직노송도〉, 61.5×112센티미터, 종이에 채색, 고려대학교 박물관 소장

남아 있는 가장 오래된 소나무 그림은 6세기 고구려 진파리 1호분의 소나무 벽화를 들 수 있다.

조선 시대의 유명한 소나무 그림은 겸재의 〈사직노송도社稷老松圖〉, 〈함흥본궁송도咸興本宮松圖〉, 능호관 이인상의 〈설송도〉, 〈송하관폭도〉, 〈검선도劍僊圖〉, 단원 김홍도의 〈송하취생도松下吹笙圖〉, 추사 김정희의 〈세한도〉 등을 들 수 있다. 산림학도가 보기에는 겸재의 〈금강전도〉나 〈만폭동도〉가 솔숲의 분위기를 가장 잘 나타낸 것 같다. 금강산 일대에서 자라는 죽죽 뻗은 금강소나무를 사실적으로 묘사했기 때문이다.

 소나무의 조형미

시민을 대상으로 실시한 소나무 특강 말미에 한 시민이 "소나무의 아름다움에 대한 관점이 우리가 일반적으로 생각하는 것과 선생님의 생각에는 차이가 있는 것 같다. 우리는 곧은 소나무보다 용틀임하듯 굽은 소나무를 더 아름답게 보는데, 선생님께서는 오히려 곧게 자란 소나무를 더 좋다고 하는 이유가 무엇이냐?"라고 물었다. 나의 답변은 직업 의식 때문이라는 군색한 것이었다. 사실이다. 우리는 굽은 소나무를 곧게 자란 나무에 비해 못생겼다거나 아름답지 않다고 이야기하지 않는다.

우리 조형의 아름다움은 기계적이고 인위적인 직선보다는 자연의 이치를 존중

하는 곡선에 근거를 둔다. 이화여자대학교 미술대학 김영기 교수는 우리 조형 의식의 특징을 "자연 현상을 인간의 정신적 현상으로 고양시키는 것"이라고 정의하고 한국인은 소나무의 외형보다 소나무에 부여된 내면적 의미를 더 좋아한다면서 소나무는 '우리 마음속 깊은 곳에 내재하는 맑고 깨끗하고 강인하고 굽히지 않는 의식의 바탕'이라고 설명한다. 그리고 "조형 예술의 가장 보편적 특징 중 하나는 사물의 외부적인 특징을 넘어서 그 내면을 형상화하는 것"이라고 덧붙인다. 바로 소나무의 외부 형태보다 그것에 부여된 의미를 더 좋아한다고 할 수 있다.

김 교수는 수직으로 뻗어나간 다른 나무들보다 오히려 꿈틀거리며 올라간 소나무의 선에서 생명의 운동과 팽창의 리듬을 더욱더 지각할 수 있으며, 굽이치며 성장하는 소나무를 통해서 외적 성장감뿐 아니라 그 속을 흐르는 생명력에 대한 은유도 함께 느낄 수 있기 때문에 굽은 소나무를 아름답게 본다고 결론 내린다. 이것이 바로 우리 대부분이 용틀임하는 소나무를 아름답게 보는 이유 아니겠는가.

2. 지조와 절개를 읊다

전라남도 강진군 다산초당 솔숲 | 시

강진 만덕산 자락에 자리한 천일각天一閣에서 바라본 구강포는 아름다
웠다. 솔숲을 지나는 바람 소리는 도시 생활에 곤두섰던 강퍅한 마음
이 위로받기에 부족함이 없었다.

십수 년 전 솔잎혹파리의 공격 앞에 살아남은 다산초당 주변의 솔
숲을 거닐면서 다산 정약용을 생각했다. 200여 년이란 시공을 뛰어넘
어 다산이 거닐었을 만덕산 자락의 울창한 솔숲을 상상했다. 초당 앞
너럭바위에 솔방울을 지펴서 차를 달이고, 송풍암(동암)에서 들려오는
솔바람 소리를 즐기며, 목민관의 심경으로 소나무 시를 짓던 다산의
일상을 상상했다. 그리고 19세기 초 조선의 현실에 분노하면서 경세제
민의 정신으로 개혁을 꿈꾸던 사상가를 그려보았다.

아마 백련사의 혜장선사惠藏禪師를 만나러 나서는 길이었을 게다.
동편 산마루 넘어 백련사까지는 반 시간이면 족하다. 10년 넘게 귀양
살이를 하는 유배객의 울분을 토로하거나, 아니면 다회에 초대를 받아

◀ 천일각 주변의 소나무숲. 천일각은 다산 정약용과 혜장선사가 다산초당과 백련사로 넘나들던 산길 한켠
언덕배기에 있다.

서 나선 걸음일지도 모른다.

　산자락 능선 길을 걷다가 어린 솔을 뽑는 중을 만난다. 솔을 뽑는 것이 괴이하여 묻는다. 왜 어린 솔을 뽑느냐고. 중으로부터 애통한 사연을 전해 듣고 목민관의 자세를 다시 한번 생각한다. 그래서 시 한 수를 짓는다. 바로 「소나무 뽑아내는 중僧拔松行」이란 제목의 시로 그 내용은 다음과 같다.

　　백련사白蓮寺 서쪽 석름봉石凜峰에 어떤 중이 이리저리 다니며 솔을 뽑네. 잔솔이 땅위로 겨우 두어 치 나왔는데, 연약한 가지와 부드러운 잎이 어찌나 이쁘고 토실한가. 어린아이는 모름지기 깊이 사랑하고 보호해야 하는 것, 하물며 나이 들고 커지면 큰 재목이 될 터인데 어찌하여 눈에 띄는 것을 모조리 뽑아 치워, 그 새싹과 근본까지도 멸종시키려 하는가. 농부가 호미와 긴 보습을 들고 부지런히 잡초를 베듯이, 향정鄕亭의 소리小吏가 관도官道를 닦을 때 가시덩굴을 자르고 베어내듯이, 위오蔿敖가 어릴 적에 음덕을 쌓느라고 독사를 참혹하게 잡아 죽이듯, 털북숭이 귀신이 붉은 털을 휘날리며 시끄럽게 소리치며 9,000그루 나무를 뽑아 채듯 하는구나. 중을 불러오게 하여 그 까닭을 물었더니, 중은 목메어 말은 못 하고 눈물만 이슬이 괴어 흐르듯 하네. 이 산에 양송養松하기를 옛적에는 고생도 하고 부지런히 하였지요. 스님들도 공손하게 약조를 준수하여, 땔나무를 아껴 어떤 때는 찬밥을 먹기도 하고 산을 순찰하기를 새벽종이 울릴 때까지 하였지요. 읍내 나무꾼도 감히 근접을 못 하였거늘 촌사람들의 도끼야 달구어보기나 했겠습니까? 수영水營의 소교小校가 대장의 명령을 받아, 절문에 들어와 말에서 내

백련사 동백나무 숲 오른편에는 오늘날에도 솔숲이 무성하다.

리는데 그 기세가 벌과 같았죠. 억울하게도 작년의 바람에 부러진 소나무를 잡고, 중을 가리켜 법을 어겼다고 가슴을 쥐어박으니, 중이 하늘을 보고 부르짖으나 소교의 노여움은 그치지 않아, 1만금 행전으로 겨우 수습하였지요. 올해도 소나무를 베어서 항구를 나서며, 왜구를 방비하고자 병선을 만든다고 말하더니, 한 조각의 배도 만들지 않고 다만 우리 산만 벌거숭이가 되어 옛 모양이 없어졌습니다. 이 솔은 비록 어리지만 그냥 두면 크게 될 것이니 화근을 뽑아버리는 것을 어찌 게을리하겠습니까? 지금부터 잔솔 뽑는 일 하는 것을 심는 일 하듯 하고, 겨우 잡목이나 남겨서 애오라지 겨울이나 지낼까 합니다. 오늘 아침 관의 공문이 와서 비자 따서 바치라고 하니, 이 나무까지도 뽑고 절문을 달아야지요.(다산연구회 역)

이 시는 송금松禁(소나무 벌채 금지) 정책을 수행하던 수영 지방관의 탐학이 백성의 불만과 원성을 어떻게 초래하는지 구체적으로 밝힌다. 또 그런 탐학을 피하고자 백성이 소나무를 보호하기보다는 씨를 말릴 수밖에 없는 사연을 눈앞에서 실제로 벌어지는 일처럼 간결하고도 극적으로 드러낸다.

다산은 『목민심서』 「공전工典」 산림 조에 이 소나무 시를 실었다. 이 시를 통해서, 강진의 만덕산 일대는 수영에서 관리하는 봉산이었고, 이 봉산에는 선재(또는 황장목)를 생산하는 질 좋은 소나무가 자랐으며, 비록 가렴주구의 도구였을지언정 19세기 초에도 금송(송금) 정책은 여전히 시행되었음을 확인할 수 있다.

다산은 조선의 송금 정책에 비판적이었다. 『목민심서』에서는 송금이나 송정松政을 보완하여 백성의 피해를 없애야 한다고 강하게 주장하였다. 다산의 형 정약전도 다산과 마찬가지로 송금 정책에 부정적이었음을 이미 『송정사의』로 살펴보았다. 이들 형제가 송정에 대한 비판적 생각을 백성의 참혹한 생활상을 적나라하게 체험한 유배지에서 정립한 것도 의미 있는 일이다.

사실이다. 조선의 산림 정책은 심고 가꾸기보다는 오히려 벌채 금지와 같은 소극적 보호에 중점을 두었다. 그것도 소나무만 보호했지 소나무 이외의 수종은 잡목으로 치부하여 관심도 없었다.

소나무에 대한 다산의 족적을 더듬다 보면 강진의 만덕산 다산초당 주변의 솔숲이 예사롭지 않아 보인다. 만덕산 일대가 조선 후기 산림 정책의 중심인 봉산의 현장이었으며, 금송을 보완하여 솔숲을 재건하고 백성을 편안하게 해주려는 목민관의 애민 현장이었음을 알 수 있다. 그리고 무엇보다도 소나무가 다산초당을 초당답게 해주는 살아 있는 문화유산임을 인식할 수 있다.

다산초당의 소나무

❶동암 주변에는 아름드리 소나무들이 있어서 솔방울을 모아 차를 끓이던 다산의 옛 생활을 상상할 수 있다. ❷전라남도 강진군 도암면 만덕리 귤동에 자리 잡은 다산초당. 1958년에 다산유적보존회가 다산의 거처인 동암과 제자들의 유숙처인 서암을 복원하였다. ❸송풍암(동암)의 각자를 통해서 다산이 즐겼을 초당에서 듣는 솔바람 소리의 정취를 상상할 수 있다. ❹다산이 새긴 '정석' 각자는 후세 사람들이 약천藥泉(바위틈의 약수터), 다조茶竈(차를 끓이던 초당 앞 넓적바위), 연지석가산蓮池石假山과 더불어 다산 4경이라고 부르며 아낀다.

그러나 질 좋은 소나무의 산지여서 봉산으로까지 지정되었던 만덕산 주변의 솔숲은 오늘날 겨우 명맥만 유지한다. 다산초당 주변이 오늘날과는 달리 소나무로 울창했음은 다산이 남긴 시를 통해서나 알 수 있다. "귤동마을 서편에 깊숙하고 그윽한 다산. 천 그루 소나무 사이로 시냇물 한 줄기. 시냇물 시작되는 바로 그곳에 돌 사이 맑고 깨끗하여 조용한 집 서 있어라."라는 시는 「다산화사茶山花史」의 20수 중 한 수로 소나무로 울창한 초당 주변을 그린다. 『방산유고舫山遺稿』에 전해지는 "소나무숲 아래 누워 있는 하얀 바위, 바로 내가 거문고 타던 곳이라네. 산사람 거문고 타다 걸어두고 가버리니 바람 불자 거문고 줄 절로 우노라."라는 시에서 세상을 등지고 은자로 사는 생활을 엿볼 수 있는데 특히 초당 주변이 오늘날과는 달리 우람한 소나무로 우거졌음을 상상할 수 있다.

소나무에 대한 애틋한 서정을 노래한 다산의 시가 또 있다. 다산초당과 멀지 않은 장흥 천관산天冠山 소나무들이 송충이 해를 입는 실상을 사실적으로 노래한 다산의 시를 보면 소나무를 사랑한 다산의 또 다른 일면을 엿볼 수 있다.

솔을 먹어 치우는 송충

그대 아니 보았더냐. 천관산 가득 찬 솔숲이 천 그루 만 그루 온 산을 덮었음을. 아름드리 고목들이 울울창창 들어섰고 돋아나는 어린 솔도 총총히 솟았는데, 하룻밤 모진 송충 온 산에 퍼져 나와 누에 뽕 먹듯이 모조리 먹었구나, 추악한 새끼 송충 살빛까지 검었고 노란 털 붉은 반점 자랄수록 흉하도다. 바늘 같은 잎을 갉아 진액을 말리더니 나중엔 껍질과 살마저 썰어 먹고 상처만 남겼구나. 가

초의선사의 〈다산초당도〉. 소나무가 무성했던 다산초당 주변의 옛 경치를 보여준다.

지가 여위고 줄기가 말라서 감히 움직이지 못하고 곤추서서 죽어
버린 소나무가 되었구나. 옴딱지 가지, 문둥병 줄거리가 쓸쓸히 맞
섰으니 시원한 바람 소리, 짙은 그늘이야 어디서 찾을쏜가. 소나무
여! 이 세상에 생겨날 젠 큰 뜻이 있었으리. 사시장춘 푸르러서 한
겨울도 몰랐어라. 사랑과 은혜 흠뻑 받아 뭇 나무 중에서도 뛰어났
거니 하물며 춘풍 도리와 영화를 다투기나 하였으랴. 대궐 명당 낡
아서 무너질 때엔 긴 들보 큰 기둥으로 종실을 떠받들고, 섬 오랑
캐 외적들이 달려들 때엔 네 몸으로 큰 배나 거북선 만들어 선봉을
꺾었느니라. 그렇건만 송충아! 어찌하여 이토록 말려버렸나. 내 분
노에 기가 뛰어 말이 막히네. 어쩌면 뇌공의 벼락도끼 얻어내어 네
놈들의 무리들을 모조리 쓸어다가 이글이글 타오르는 시뻘선 큰
화덕 속에 처넣어버리리.(이정탁 역)

질 좋은 봉산 소나무의 맥을 잇는 다산초당 주변 솔밭에는 차나무도 자란다.

다산은 이 시를 통해서 사시장철 변하지 않는 소나무의 푸르름에 절개의 큰 뜻을 부여하였으며 궁궐의 재목감, 왜적을 무찌른 거북선의 조선재로서 소나무가 사용되었음을 말한다. 이 시에 가득한, 조선 후기에 기승을 부린 송충이의 식해食害로 천관산에 가득하던 솔숲이 병들어가는 것을 안타까워하는 마음이 오늘의 우리 가슴에까지 전해진다.

이런 사실을 아는지 모르는지 오늘도 동편 산마루에 자라는 소나무는 쭉쭉 곧은 자태를 뽐낸다. 제 혈통은 속일 수 없는지 봉산의 조선 소나무처럼 멋지게 자라주니 고맙다. 동암 처마 끝에 맞닿아 자라는 노송은 초당을 찾는 수많은 상춘객의 무관심에 괘념치 않고 오늘도 여전히 푸르다. 일본에서 들어온 삼나무가 초당 앞 솔숲을 가리는 현실을 후학들의 못난 안목 탓으로 돌리는 한 산림학도의 푸념을 혼자 들으면서.

옛 한시에 나타난 소나무

김달진은 단군에서 조선조 말기까지 839명의 한시漢詩 1,800여 수를 번역하여 소개한다. 그가 펴낸 『한국의 한시』(민음사)에 수록된 한시의 소재를 분석하면 전체 시 가운데 약 20퍼센트가 나무나 숲을 언급한다. 흥미로운 사실은 소나무가 사대부나 선비들의 한시에 가장 빈번하게 등장하는 수종인 반면에 여성들의 한시에는 버드나무가 가장 빈번하게 등장한다. 특히 남성들이 한시의 소재로 삼은 소나무는 유교적 가치관인 절개, 지조를 상징하는 시어로 사용되었다.

소나무와 관련된 한시 가운데 다산의 한시 외에 소나무의 기품과 기개를 노래한 이황의 「소나무를 읊는다詠松」와 소나무를 심고 가꾸는 즐거움을 노래한 서경덕의 「소나무를 심음種松」이 있다. 전 안동대학교 이정탁 교수의 번역을 그대로 옮긴다.

소나무를 읊는다

돌 위에 자란 천 년 묵은 불로송

검푸른 비늘같이 쭈글쭈글한 껍질 마치 날아 뛰는 용의 기세로다

밑이 안 보이는 끝없는 절벽 위에 우뚝 자라난 소나무

높은 하늘 쓸어낼 듯 험준한 산봉을 찍어 누를 듯

본성이 본래 울긋불긋 사치를 좋아하지 않으니

도리桃李 제멋대로 아양 떨게 내버려 두며

뿌리 깊이 현무신의 기골을 키웠으니

한겨울 눈서리에도 까딱없이 지내노라

詠松

石上千年不老松 蒼鱗蹙蹙勢騰龍

生當絶壑臨無底 氣拂層霄壓峻峯

不願靑紅狀本性 肯隨桃李媚芳容

深根養得龜蛇骨 霜雪終敎貫大冬

예부터 소나무가 상징하던, 변치 않는 절개와 강인함이 위의 시에 유감없이 표현되었음을 알 수 있다.

한편 『서화담과 산림문학』에 수록된 「소나무를 심음」이라는 시는 선비나 사대부가 소나무의 상징인 절개나 변치 않는 기개를 노래할 뿐 아니라 직접 소나무를 심고 잘 자라주기를 고대하는 마음을 표현한다.

이영복, 〈소나무를 심음〉, 종이에 수묵, 30×54센티미터, 2003

소나무를 심음

난간 가 가시덤불 젖히고 어린 소나무 심으니

자라서 천 년 뒤 용틀임한 줄기 눈에 선하네

짧은 뿌리 더디 자란다 업신여기지 말게나

명당의 재목 되는 날이면 많은 공로 새겨지리

種松

監邊除棘種稚樹 長閟千年想作龍

莫謂寸根成得晚 明堂支日勒豊功

3. 선정禪定에 든 보리수

경상북도 청도군 운문사 처진 소나무 | 불교

삼월 삼짇날. 양수陽數가 겹친 좋은 날이다. 만물이 소생하고 강남 갔던 제비도 돌아올 때, 여느 날처럼 대웅보전의 새벽 예불은 장중했다. 만세루 옆 500년 묵은 늙은 소나무도 270여 비구니의 염불 합송이 만들어내는 화음에 흡족하신 듯했다. 아침 공양에 이어 금당에서 계속된 학인 스님들의 오전 교육도 끝났다.

이제는 몇십 년째 계속해온 연례 행사를 치를 순서다. 막걸리 열두 말이 도착했다. 열두 말의 감로수도 준비되었다. 공양에 동참한 학인 스님들이 물과 막걸리를 섞었다. 막걸리가 가득 찬 바가지를 든 스님들이 소나무 뿌리 주위로 둘러섰다. 변함없이 건강하게 절집을 지켜주십사 하는 염원과 함께 소나무에 막걸리를 공양했다.

몇 년째 염원하던 막걸리 공양 참관은 이호신 화백의 주선으로 이루어졌다. 이 땅 제일의 비구니 양성 강원講院에서 하룻밤을 묵는 것은 아무나 얻을 수 있는 행운이 아니다. 그래서 청정 승가의 가풍을 잇는

◀ 소나무 보리수 아래에서 아이들에게 설법을 전하는 부처님. 경상북도 청도군 운문사 만세루

운문사 만세루 옆에서 바라본 처진 소나무

운문사를 찾기 전에 우리가 가장 먼저 한 일은 목욕재계였다. 멋지게 자란 소나무들이 늘어선 운문사 진입로를 거닐면서 우리는 행복했다.

막걸리 공양이 끝난 후 나무 주위를 한 바퀴 돌아보았다. 아무리 봐도 영묘하다. 줄기 둘레 3미터, 나무 높이 6미터밖에 안 되는 소나무가 명목名木의 반열에 오른 이유를 알 것 같다. 이 소나무는 2미터 정도의 높이에서 가지가 사방으로 퍼지면서 밑으로 처지기 때문에 '처진 소나무'란 이름을 얻었다. 사방으로 뻗은 가지 둘레가 30미터는 넘을 것 같다.

우산살처럼 아래로 내린 가지 내부를 보려고 나무 밑으로 들어갔다. 순간 소나무의 기가 전해지는 듯했다. 사방으로 뻗은 가지 하나하나가 꺾이고 휘어서 마치 하늘로 승천하는 용의 형상이다. 순하디순한 곡선으로 보여준 부드러운 외모와 달리 소나무의 기개와 강인함을 이

소나무에 막걸리 공양을 하는 모습
❶ 우산살이 펼쳐진 것처럼 가지들이 아래로 뻗은 처진 소나무 안쪽
❷ 음력 3월 3일 양수가 겹치는 날에 운문사에는 처진 소나무에게 막걸리 12말을 공양한다.

렇게 숨겼다니 놀랍다. 그 그늘에 앉아 소나무가 풍기는 기에 감응해
본다. 절집에서 지극히 보살피는 이유를 어렴풋이 알 것 같다.

소나무에 얽힌 설화

흥미로운 것은 이 소나무에 얽힌 삽목 설화다. 고승이 소나무 가지를 꺾어서 심었다는 이야기는 나라 안팎에 흔한 지팡이 설화와 다르지 않다. 세계적으로 유명한 이탈리아 프란체스코 수도원의 '프란체스코 삼나무'나 일본 도쿄 젠푸쿠사善福寺 경내의 '신난쇼닌親鸞聖人 은행나무'를 들먹일 필요도 없이 우리 주변에서도 지팡이 설화의 주인공을 찾기는 어렵지 않다. 송광사의 향나무, 오대산 사자암의 단풍나무, 용문사의 은행나무도 운문사의 처진 소나무처럼 지팡이 설화를 간직하고 있다. 나무가 가진 재생성再生性의 상징적 의미가 동서양의 다양한 종교에서 위력을 발휘하는 현장이라고 할 수 있다.

거대한 덩치, 장구한 수명, 다산성多産性, 우주적 리듬의 재현과 함께 가지만 꽂아도 온전한 생명체로 살아나는 재생성은 천지의 자연물 중에 나무만이 간직한 특성이라 할 수 있다. 세계의 여러 종교는 나무의 이런 특성을 종교적 상징으로 활용했다. 불교의 사라수와 보리수, 기독교의 생명의 나무와 지혜의 나무, 힌두교의 파리자타가 그러한 나무들이다.

절집 주변에 있는 무성한 솔숲이나 진입로에 늘어선 장송에 대한 기억 때문에 소나무와 불교의 관계에 오래전부터 관심을 두었지만, 그 답을 찾기는 쉽지 않았다. 다행스럽게도 운문사의 처진 소나무 덕분에 어렴풋하게나마 그 관계를 엿볼 수 있게 된 것이 또 다른 즐거움이다.

보리수를 대신한 소나무

소나무는 불교가 우리나라에 정착하면서 보리수를 대신했다. 그런 흔

경상북도 청도군 운문사 전경

적은 『한국 문화 상징 사전』에서 찾을 수 있다. 「석가세존인과보리경」 중 「예보리장詣菩提場」에는 불교에서 최상의 이상인 불타 정각의 지혜, 즉 도道·지智·각覺 삼보리의 진리를 깨닫게 하는 보리장에 이른 석가와 길상서상吉祥瑞祥 보살이 구름을 타고 소나무 아래로 날아온다. 여기서 보리수의 대행목으로 소나무를 그렸다. 〈제석헌의도〉는 목욕을 하고 소나무 아래에 나온 석가에게 옷을 공양하는 그림이다. 하늘에는 가릉빈가(상상의 새로 사람 머리에 새 몸을 하고 있다.)가 날아오른다. 이와 같이 불가에서는 소나무가 간직한 강인한 기개와 변함없는 푸르름이 번뇌나 망상에 오염되지 않은 본래의 불심佛心·불성佛性을 나타낸다고 믿은 셈이다.

막걸리 공양이 끝난 뒤 행사를 주관한 진광眞光 스님께 평소 가졌던 의문, 언제부터 왜 이런 일을 했는지 여쭈었다. 답은 명료했다. 쇠약해진 소나무를 살리고자 30여 년 전 선대 스님들이 고안한 지혜라고 했다. 임진왜란으로 절집 모든 것이 불탔지만, 이 나무만은 해를 피했다고 한다. 따라서 지난 500여 년 동안 운문사를 생생하게 살펴온 것은 이 소나무뿐이라고 해도 과언이 아니다. 우산처럼 가지를 아래로 펼친 아름다운 외양 덕분에 생물학적·문화적 가치를 인정받아 천연기념물 180호로 지정되어 보호받는, 살아 있는 문화유산이다.

이 소나무가 운문사에서 어떤 의미를 간직하는지 다시 여쭈었다. 우문에 현답이 이어졌다. "운문사의 학인 스님들에게 이 소나무는 가르침을 안겨주는 스승으로서 각별한 의미를 지닙니다. 소나무는 강인한 기상과 굳은 절개로 상징되는 나무입니다. 그러나 운문사의 처진 소나무는 다른 소나무와 달리 자신을 드러내지 않습니다. 다른 소나무들이 가지를 위로 펼칠 때, 이 나무의 가지는 아래로 처집니다. 겸허한 자세로 스스로를 낮추는 것입니다. 이는 학인 스님들이 추구하는 배움의 길과 다르지 않습니다. 자신을 낮추는 이런 모습을 통해서 '무설설無說說, 무문문無聞聞'의 진리를 배웁니다. 소나무의 존재 자체는 설법 없는 설법처럼, 들음 없는 들음처럼 학인들에게 마음의 눈과 마음의 귀로 무한한 진리를 설법하는 것과 다르지 않습니다. 그래서 이 소나무는 더욱 각별합니다. 사람들이 '선정禪定에 든 소나무'라 일컫는 이유도 여기에 있을 것입니다."

소나무 한 그루가 절집에 기대어 사는 평범한 현실이 해석하기에 따라서 이렇게 종교적·철학적 의미로 각별하게 다가올 수 있다는 사실은 또 다른 배움이었다. 운문사가 간직한 단아한 분위기의 근원을 다시 한번 돌이켰다. 비구니 스님을 양성하는 강원인 덕도 있겠지만, 학인 스님들이 경전보다는 자연의 소중함과 자연에 대한 예의를 소나무를 통해서 배우고 익히는 것이 더 큰 이유가 아닐까?

처진 소나무와 반송은 어떻게 다를까?

소나무에는 다양한 품종과 변종이 있다. 그 대표적인 것이 처진 소나무와 반송盤松이다. 처진 소나무는 가지가 능수버들처럼 아래로 처지는 소나무를 말한다. 처진 소나무 가지를 접목하면, 접붙인 가지가 그 특성을 그대로 나타낸다. 이런 특성 때문에 처진 형질은 유전한다고 알려져 있다. 청도에는 운문사의 처진 소나무(180호)와 함께 매전면에도 처진 소나무(295호)가 있고, 또 울진 행곡리의 처진 소나무(409호)도 천연기념물로 지정되었다.

반송은 지표 가까이에서 주된 원줄기 없이 여러 개의 줄기로 갈라져서 자라는 소나무를 말한다. 나무 형태가 아름다워 조경용 수목으로 공원이나 사찰, 가정에 많이 심는데 10미터 높이까지 자란다. 이 나무의 종자를 따서 씨를 뿌리면 약 15퍼센트만 반송의 특성을 나타낸다. 조선다행송朝鮮多幸松, 천지송千枝松, 만지송萬枝松이라는 이름처럼 갈라진 줄기에서 수많은 가지가 길게 자란다. 천연기념물로 지정된 반송에는 무주 설천면의 반송(291호), 문경 농암면의 반송(292호), 상주 화서면의 반송(293호), 선산 독동의 반송(357호), 문경 대하리의 소나무(426호), 고창 삼인리의 장사송(354호) 등이 있다.

❶ 울진 행곡리의 처진 소나무.
천연기념물 409호
❷ 선산 독동의 반송.
천연기념물 357호
❸ 함양 목현리 구송.
천연기념물 358호
❹ 청도 매전면의 처진 소나무.
천연기념물 295호
❺ 고창 삼인리의 장사송.
천연기념물 354호

소나무 천연기념물

천연기념물로 지정된 처진 소나무나 반송 외에도 다양한 사연을 간직한 소나무 천연
기념물이 있다. 벼슬을 하사받은 보은군 속리산의 정이품송(103호), 용처럼 생긴 가지
에 껍질이 거북등처럼 갈라졌다 하여 구룡목龜龍木이라 불리는 합천 묘산면의 소나무
(289호), 토지를 소유한 예천 감천면의 석송령(294호), 단종의 비참한 생활을 지켜보았
다고 해서 '볼 관觀' 자를, 단종의 슬픈 말소리를 들었다 하여 '소리 음音' 자를 합쳐
부르는 영월의 관음송(349호) 등이 있다.

또한 서낭나무인 속초 설악동의 소나무(351호), 정부인송이라 불리는 속리산 서
원리의 소나무(352호), 옛 지명 장사현에서 유래한 고창 삼인리의 장사송(354호), 노약
한 몸으로 밭일을 하는 어머니께 그늘을 만들어드리고자 심었다는 장흥 관산읍의 효
자송孝子松(356호), 아홉 줄기로 자라는 함양 목현리의 구송九松(358호), 마을의 서낭나
무인 의령 성황리의 소나무(359호), 하늘로 날아오르는 용처럼 생긴 이천 백사 도립리
의 반룡송(뱀솔, 381호), 마을의 수호신인 괴산 연풍 입석의 소나무(383호), 논개가 심었
다고 전해지는 장수 장수리의 의암송(397호), 엄청나게 많은 가지가 갈라진 영양 답곡
리의 만지송(399호), 할매소나무로 추앙받는 지리산의 천년송(424호), 나라에 큰일이
있을 때마다 운다는 거창 당산리의 당송(410호), 하동 축지리 문암송(491호) 등이 천연
기념물로 보호받고 있다.

❶ 속초 설악동의 소나무.
천연기념물 351호
❷ 영월의 관음송.
천연기념물 349호
❸ 지리산의 천년송.
천연기념물 424호

4. 낙락장송 되어 독야청청하리라

경상북도 영주시 소수서원 솔숲 | 유교

조선 시대 최초의 '사액서원賜額書院(임금이 이름을 지어서 새긴 편액을 내린 서원)'인 소수서원을 찾아 나선 것은 순전히 전 서울대학교 국문과 김윤식 교수의 저술 덕분이었다. 김 교수는 『아득한 회색, 선연한 초록』을 통해서 소나무를 '유교적인 표상'으로 단언하였다. 그가 그렇게 단언한 근거는 서원이나 향교를 둘러싼 솔숲이었다.

소나무가 가진 지조, 절개, 충절, 기개 같은 상징은 선비의 덕목으로 대입되고, 그 선비를 길러내던 유학 교육의 도장이 서원이나 향교임을 생각하면 김 교수의 해석을 수긍 못 할 바도 아니다. 그러나 은행나무가 새겨진 성균관대학교의 교표나 향교나 서원에 은행나무를 심어 행단杏壇이라고도 불렀던 사실을 상기하면 유교의 표상은 오히려 은행나무로 인식하는 것이 보편적이다. 이런 상황에 소나무를 유교적인 표상으로 끄집어낸 김 교수의 접근은 새로웠다.

그 새로운 접근을 현장에서 체득하고자 영주의 소수서원으로 나

◀ 낙락장송으로 둘러싸인 소수서원

소수서원을 감싸고 있는 솔숲

섰다. 여러 서원 중에 소수서원을 선정한 이유는 무엇보다도 아름다운
솔숲이 있기 때문이다. 소수서원은 이 땅 최초의 서원인데도 인근 도
산서원의 명성에 가려 그 진가가 비교적 덜 알려진 곳이다. 특히 서원
주변을 감싼 솔숲을 한 번이라도 본 사람은 유학의 법도나 건물은 기
억하지 못할지라도 아름다운 낙락장송은 결코 잊지 못한다.

낙락장송의 상징성

그렇다. '꿋꿋하게 높고 큰 소나무'라는 뜻인 낙락장송은 소나무와 유
교, 또는 소나무와 선비를 연관 지을 수 있는 훌륭한 매개체다. 우리는
사육신의 충절을 그들의 시를 통해서 배웠다. '이 몸이 죽어가서 무엇

이 될꼬 하니 봉래산 제일봉에 낙락장송 되었다가 백설이 만건곤할 제 독야청청하리라'라고 노래한 성삼문의 시나 '간밤에 불던 바람에 눈서리 치단 말가. 낙락장송이 다 기울어 가노매라. 하물며 못다 핀 꽃이야 일러 무심하리오' 하고 노래한 유응부의 시에서 낙락장송인 소나무가 눈과 서리와 짝을 이룬다는 걸 배웠다.

유교적 세계관을 극명하게 보여주는 이 시들 속의 낙락장송이나 눈, 서리는 과연 어떤 의미를 지닐까? 눈과 서리는 속성상 하얗게 세상을 덧칠하지만 그것은 순간일 뿐 영속될 수 없다. 따라서 일시적으로 득세하는 의롭지 못한 세력이나 부조리한 세태를 상징하는 것이라고 해석할 수 있다. 반면에 청청한 소나무는 변치 않음을 상징하여 선비가 지켜야 할 덕목인 기개와 지조를 나타내는 것이리라.

아침 일찍 도착한 서원은 조용했다. 호기심을 충족하고자 나선 한 산림학도의 의도를 아는지 모르는지 솔밭 사이로 지나는 바람 소리가 정겹다. 소수서원 학예사 박석홍 선생이 반갑게 맞아주었다. 소백산과 태백산 인근 양백兩白 지방의 문화유산에 남다른 자긍심을 가진 박석홍 선생은 이 지방 소나무에도 관심이 많아 몇 년 전부터 교유하던 사이다.

먼저 서원 주변에 솔숲이 울창한 이유부터 물었다. 박 선생은 서원 내 강학당 뒤편에 자리 잡은 직방재直方齋를 알면 그 답을 얻을 수 있다고 했다. 스승들의 거처인 직방재는『주역』「곤坤괘 문언전文言傳」의 '군자 경이직내 의이방외君子敬以直內 義以方外'에서 따온 '직'과 '방'에서 유래했고, 이 구절은 선비가 추구해야 할 마음 공부의 목표를 담았다고 했다. '군자는 항상 삼가며 깨어 있어 마음을 곧게 하고', '밖으로는 불의를 좌시하지 않고 분연히 일어나 행동을 결단하는 것'이라는 뜻을

선비들이 추구해야 할 마음 공부의 목표를 담고 있는 소수서원의 직방재 현판

가진 이 구절은 바로 선비 정신의 표상이며, 충절과 기개와 지조를 상징하는 선비 정신은 바로 소나무의 상징적 의미와 다르지 않다는 설명으로 이어졌다.

덧붙여 박 선생은 사마천의 『사기』에 나오는 '추운 겨울에야 소나무와 잣나무는 기백을 드러낸다歲寒之木松柏'는 구절이나 학문의 장구성을 뜻하는 천세지송千歲之松 역시 소나무와 선비의 관계를 나타내는 것으로 풀이할 수 있다고 했다. 흥미로운 것은 오행설로 푼 소나무에 대한 그의 해석이었다.

소나무는 붉은 수피, 검은 솔방울, 푸른 잎, 누른 속고갱이, 그리고 흰 송진처럼 오방색으로 표현할 수 있고, 오방색은 오행설과 맥을 같이한다는 설명이 그럴듯했다. 소나무를 학자의 나무(學者樹)로 생각하는 것이 정상이라는 그의 결론은 소나무와 서원의 관계를 밝히기에 좋은 시작이었다.

그랬다. 이 명료한 설명은 비록 『주역』을 들먹이지 않더라도 이미 인식한 내용과 별반 다르지 않았다. 예로부터 소나무를 백목지장百木之長, 만수지왕萬樹之王, 또는 노군자老君子라 부르지 않았던가. 유교의 표상은 선비 정신으로 나타나고, 그 선비 정신을 상징하는 나무가 소나무라는 지극히 평범한 사실 말이다. 일찍이 박지원은 이렇게 설파했다.

"천하의 공언公言을 사론士論이라 하고, 당세의 제일류第一流를 사류士流라 하고, 사해四海에 의義로운 소리 울리는 것을 사기士氣라 하고, 군자가 죄 없이 죽는 것을 사화士禍라 하고, 강학논도講學論道하는 것을 사림士林이라 한다."

바로 선비의 사회적 위치와 영향력을 말한 것 아니겠는가. 학문을 강의하고 도를 이야기(강학논도)하는 사람은 바로 선비이며, 유학에 정진하는 학자를 일컫는 말이다. 소나무는 선비들이 추구해야 하는 선비 정신을 상징하는 것임이 이로써 더욱 명백해진다.

그러나 소수서원 현장에서 본 소나무들은 걱정스러웠다. 일제 강점기의 기록을 보면 연기봉을 비롯하여 서원 주변에는 멋진 낙락장송이 빽빽하게 숲을 이루었다. 반면 오늘날은 솔숲 곳곳이 비었다. 서원 입구를 지키고 선 은행나무는 물론이고 솔숲의 나무들도 몇 년 사이에 부쩍 노쇠했다. 엄청나게 늘어난 관람객을 생각하면 나무들의 쇠퇴 원인을 어렵지 않게 짐작할 수 있다. 소수서원이 400여 년 동안 배출한 선비가 모두 4,000명이라는데, 오늘날은 하루에도 4,000~5,000명이 출입하는 형편임을 감안하면 나무들이 시름시름 앓는 이유를 헤아릴 수 있을 것 같다. 바로 관광지가 된 서원의 운명 아니겠는가.

병들고 쇠약해서 차츰 줄어드는 솔숲을 가까이서 지켜보는 것은 고통이었다. 조상이 지키려 애쓰던 선비 정신이 오늘의 속된 여가 문화 때문에 훼손되는 것 같아 마음이 편치 않았다. 살아 있는 문화유산을 지킬 방도를 적극적으로 찾고 싶다.

선비의 삶에 녹아 있는 소나무

소나무는 선비들이 곁에 두고 아끼던 나무다. 일찍이 도연명은 한적한 곳에 집을 짓고 소나무와 대나무를 가꾸는 은둔 생활의 즐거움을 「귀거래사歸去來辭」로 노래했다. 우리 선비들도 예부터 울타리 밖에는 소나무를 심고, 담 안에는 매화와 대나무를 심어 그 절개와 충절과 기상을 사시사철 즐겼다. 이인로의 『파한집』에는 "한송정 울타리에 3,000명의 화랑이 수양하면서 소나무 한 그루씩을 심은 것이 오늘날에 이르러 울창한 송림을 이루었다."라고 밝혀서 신라 시대부터 소나무를 애호했음을 보여준다.

한편 『삼국사기』 「열전」에는 '최치원이 벼슬을 포기하고 산림과 강해江海를 소요하며 누대와 정자를 짓고, 소나무와 대나무를 심어놓고 책 속에 묻혀서 풍월을 읊었다'는 내용이 실려 있다. 또한 『고려사』에는 '소나무를 중요시하는 관습은 자기 집을 꾸밀 때 후원에 소나무와 잣나무를 많이 심는 것으로 나타난다'는 기록도 있다.

이처럼 예로부터 선비의 거처에 소나무와 대나무를 심어 송죽의 품격을 즐겼다. 소나무처럼 꿋꿋하고 대나무같이 곧은 절개를 뜻하는 송죽지절松竹之節은 바로 선비 정신을 상징하는 것이리라.

그런 흔적은 또 있다. 강희안은 『양화소록養花小錄』에서 가장 먼저 소나무를 소개하면서 "소나무는 바위틈에 나서 천 길이나 높이 솟아

추사 김정희의 고조부 김흥경의 묘소 앞에 자리한 백송. 추사가 25세 때 심은 나무다. 천연기념물 106호

그 곧은 속대와 거센 가지와 굳센 뿌리로 능히 추위를 물리치고 엄동을 넘긴다. 그러므로 뜻있는 군자는 소나무를 법도로 삼는다."라는 구절을 인용한다. 또한 9등급으로 나눈 화목들 중에 소나무를 대나무, 연꽃, 국화와 함께 최상의 품계에 두었고 그 연유를 소나무에서 높은 풍치와 뛰어난 운치를 취할 수 있기 때문이라고 했다.

홍만선은 조선 시대 백과사전 격인 『산림경제』에 "집 주변에 생기를 돌게 하고 속기를 물리치기 원하면 소나무와 대나무를 심으라."라고 기술했다. 소나무가 지닌, 사철 변치 않는 푸르름과 청정한 기상의 강인한 생명력을 본받아 지조, 절조, 절개 같은 선비 정신을 연마하던 서원에서야 더 말할 필요가 없을 듯하다.

추사 고택의 백송

시서화詩書畵와 문사철文史哲로 조선 제일의 선비라고 일컫는 추사 김정희의 예산 고택에는 일문一門의 상징처럼 백송(천연기념물 106호)이 버티고 서 있다. 추사 고택에서 600미터 정도 떨어진 곳에 있는 고조부 김흥경의 묘소 앞에 자리한 이 백송은 추사가 25세 때(1810) 심은 것이라고 전해진다. 아버지 김노경이 동지부사로 선임되어 청나라 연경에 가게 되자 자제군관 자격으로 따라갔던 추사가 귀국 길에 백송 종자를 필통에 넣어 가지고 와서 고조부 김흥경의 묘 옆에 심었다는 것이다.

추사와 백송의 인연은 어릴 때 시작된다. 추사의 증조할아버지 김한신이 영조의 둘째딸인 화순옹주와 결혼하여 살던 집(월성위궁) 앞마당에도 백송이 있었다. 추사는 어린 시절 이 집에서 박제가 등으로부

백송

❶ 경기도 이천의 백송. 천연기념물 253호 ❷ 서울 재동의 백송. 천연기념물 8호
❸ 경기도 고양시 송포의 백송. 천연기념물 60호

백골송. 백피송이라고 불렸던 백송의 수피

터 학문을 배웠다고 한다. 바로 1990년에 돌풍으로 쓰러져 수를 다한 통의동 백송(해제된 천연기념물 4호)이다. 추사 고택의 백송은 어떤 의미가 있을까?

옛날에 중국 왕래는 지체 높은 선비나 할 수 있는 일이었고, 따라서 뼈대 있는 가문에서나 백송을 키울 수 있었다. 백송은 한 가문의 신분을 나타내는 또 다른 상징이었다. 그런 흔적은 천연기념물 지정 목록에서 찾을 수 있다. 그것도 지정 번호 4, 5, 6, 7, 8호가 시사하듯 가장 앞서 지정된 것이 많았다. 이렇듯 백송이 소중하게 취급된 이유는 무엇일까?

문화재청에서는 "백송은 흔히 볼 수 없는 희귀한 소나무고, 오랜 세월 조상의 관심과 보살핌을 받아온 나무이며, 생물학적 자료로도 가치가 높아 천연기념물로 지정·보호한다."라고 설명한다. 백송이 희귀한 것은 사실이지만, 명문가의 음덕 덕분에 '조상들의 관심과 보살핌'을 '과도하게' 받은 것은 아닐까? 모화慕華사상이 나무에도 적용된 사례라면 지나친 생각일까?

천연기념물로 지정되었던 12그루의 백송 중 수명이 다해서 해제된 백송은 서울 통의동 백송(4호), 내자동 백송(5호), 원효로 백송(6호), 회현동 백송(7호), 밀양 백송(16호), 경기도 개풍 개성리의 백송(81호), 보은의 백송(104호) 등이며, 서울 재동의 백송(8호), 조계사의 백송(9호), 경기도 고양시 송포의 백송(60호), 예산의 백송(106호), 이천의 백송(253호) 5그루는 지금도 살아 천연기념물로 보호받고 있다.

백송은 중국에서 도입된 외래 수종이다. 백송은 주로 중국 북중부 지역인 허베이河北, 산둥山東, 산시山西, 산시陝西, 간쑤甘肅, 후베이湖北 성에 자생하는 소나무로 1831년 러시아의 알렉산더 폰 분게Alexander von Bunge 박사가 학계에 최초로 소개하여 학명을 얻었다. 10년을 길러도 높이가 1미터가 채 되지 않을 정도로 어릴 때는 아주 천천히 자란다. 이 시기까지는 음지에서 견디는 힘이 비교적 강하다. 그러나 이 시기를 지나 15년생 이후가 되면 생장이 왕성해진다. 어릴 적의 수피는 연한 녹색인데 나이를 먹어감에 따라 흰색이 짙어진다. 수피의 표면은 맨들맨들한 편이며, 비늘처럼 잘 벗겨지기에 중국에서는 호피송虎皮松이라고도 했고, 조상들은 백골송白骨松, 백피송白皮松이라고 했다. 한 속에 3잎을 가진 3엽송이지만, 2엽송인 소나무나 해송보다는 5엽송인 잣나무와 더 가까운 사이다. 왜냐하면 백송은 잣나무처럼 잎 속에 관속(관다발)의 수가 하나지만 소나무나 해송은 관다발이 둘이기 때문이다.

5. 봉분의 음陰이 오행의 목木으로 조화를 이룬다

경기도 고양시 익릉 솔숲 | 풍수

고양시 덕양구 신도동의 서오릉 한편에 익릉이 자리 잡고 있다. 조선 조 19대 숙종의 원비인 인경왕후仁敬王后 김씨의 능이다. 익릉은 특히 아름드리 소나무들이 능침陵寢 주변을 말굽 모양으로 에워싸 유명해졌 다. 서울 주변에서 이렇게 멋진 솔숲을 볼 수 있는 곳은 많지 않다. 서 오릉에는 익릉, 경릉, 창릉, 명릉, 홍릉의 오릉과 함께 순창원, 수경원, 대빈묘 등이 있다.

오랜만에 찾은 서오릉은 평소 가졌던 의문을 다시 한번 불러냈다. 왜 왕릉 주변에는 솔숲이 울창할까? 경주의 신라 왕릉들은 물론이고 서울 주변에 자리 잡은 동구릉, 태릉, 헌릉, 인릉의 소나무는 왜 붙박이 처럼 조선 시대 능침을 지키고 있을까? 왕릉의 소나무는 어떤 의미가 있는 것일까? 왕릉 주변에는 언제부터 소나무를 심기 시작했을까? 우 리 고유의 풍습일까, 아니면 중국에서 전래한 것일까?

국립전통문화대학교의 이선 교수가 이런 의문을 풀 수 있는 기회

◀ 조상들은 신분을 가리지 않고 생기를 얻고자 왕릉과 묘소 주변에 소나무를 심었다. 경상북도 경주 태종무 열왕릉

를 주었다. 문화재청이 발주한 '서오릉 산림 생태 조사'(2003년)의 연구 책임자인 이 교수는 분에 넘치게도 나에게 자문 역을 맡겼고, 그 덕에 조선 시대 능역陵域의 조성과 관리에 대한 자료를 섭렵할 수 있었다.

능역 주변의 소나무 식재

언제부터 능역 주변에 소나무를 심었을까? 먼저 고구려 고분 벽화 전문가인 전호태 교수의 연구를 참고할 수 있다. 전 교수는 고구려 사람들이 장례의 마무리 절차로 '무덤 둘레에 송백을 심었다'는 기록을 『삼국지』 권30 「위서魏書」 「동이전東夷傳」 고구려 조에서 찾아내고, 고구려 사람들이 무덤 둘레에 소나무와 잣나무를 심은 것은 거주지의 자연환경 때문이며 그 유래는 전통 수목 신앙이라고 해석했다.

　신라에서는 어떠했을까? 최치원의 사산비명四山碑銘을 보자. "당해 관사官司와 기내畿內 고을에 명하여 길에 무성한 가시나무를 다 없애고, 능역 둘레에 소나무를 분산하여 옮겨 심게 하였다." 신라도 고구려처럼 능역 주변에 소나무를 심었음을 알 수 있다.

　위의 두 기록을 통해서 삼국시대부터 능역 주변에 소나무와 잣나무를 심어왔음을 알 수 있다. 그러면 소나무를 심는 풍습은 우리 고유의 것일까? 중국에서는 예로부터 능원陵園에 소나무와 잣나무를 심고 벌채를 금지하였으며, 한漢나라 때에도 묘소 주변에 소나무와 잣나무를 심었다는 기록을 찾을 수 있다. 따라서 능원 주변에 소나무나 잣나무를 심는 것은 중국에서 유래했다고 볼 수 있다.

　능원에 나무를 심은 기록은 조선 시대 들어 특히 많다. 『태종실록』에는 "능침에 소나무와 잣나무가 없는 것은 예전의 법이 아니다. 하물

소나무가 말굽 모양으로 왕릉을 감싼 익릉
익릉은 조선 숙종 왕비인 인경왕후 김씨의 능으로 경기도 고양시 신도동에 있다.

며 전혀 나무가 없는 것이 법이겠는가. 잡풀을 베어버리고 소나무와
잣나무를 두루 심어라."(태종 8년), "창덕궁과 건원릉에 소나무를 심도
록 명하였다."라는 기록(태종 10년)이 나온다. 능침 주변에 소나무와 잣
나무를 심는 것이 매우 중요한 예법임을 밝힌 것이다. 한편 『인조실록』
(인조 5년)에는 능침 주변에 생육하던 소나무와 잣나무가 방목 때문에
훼손되었다는 기록이 있다.

　그러나 조선 시대에는 능침 주변에 심는 나무로 소나무만 고집하

지는 않았다. 그와 같은 내용을 살펴본다. 사태沙汰를 방지하고자 봄·
가을에 능 주변에 잡목을 많이 심게 한 기록(영조 45년)이 있는가 하면,
능침 주변에 전나무뿐 아니라 상수리나무도 파종 조림하도록 내린 명
령(정조 24년)을 『조선왕조실록』에서 찾을 수 있다. 『선조실록』(선조 36
년 9월 9일)에는 "전대의 충신으로 신라의 김유신·김양, 백제의 성충·
계백, 고려의 강감찬·정몽주 같은 이의 묘소도 봉식封植(나무 심는 일)
하고 초목樵牧(땔나무를 하고 가축 먹이는 일)은 금해야 할 듯하다."라는
기록이 있다. 오래전부터 능묘 주변에 나무를 심고, 가축을 먹이거나
땔감을 채취하는 일을 금지했음을 알 수 있다. 그러나 이런 내용은 소
수의 사례이고, 기록된 내용은 대부분 능침 주변에 잣나무·전나무와
함께 소나무를 심도록 하고 있다.

소나무 식재 이유

다른 나무도 많은데 왜 하필이면 소나무를 심었을까? 소나무는 누구
나 심을 수 있는 나무였을까? 사실 소나무는 아무나 심을 수 있는 나
무는 아니었다. 『중종실록』(중종 24년 11월 14일)에 이런 기록이 나온다.
"천자는 소나무를, 제후는 잣나무를, 대부는 밤나무를, 선비는 느티나
무를 심고, 서인은 나무를 심지 못하는 등 장사 지내는 등급이 이와 같
이 엄격합니다."

예전에는 산소 주변에 심는 나무의 종류도 신분에 따라 제각각 달
랐음을 알 수 있다.

능 주변에 소나무를 심은 이유는 무엇일까? 첫째 풍수 사상 때문이
라는 견해가 지배적이다. 전 서울대 지리학과 최창조 교수는 강희안의

왕릉과 묘지 주변의 소나무

❶경상북도 경주 오릉 주변의 소나무숲 ❷전라북도 부안 무덤가의 다복솔 ❸전라북도 정읍 인근의 다복솔
❹전라북도 고창 인근의 다복솔 ❺전라북도 정읍 인근의 다복솔 ❻경상북도 상주 화북면의 다복솔
❼서울시 태릉 주변의 소나무숲

『양화소록』에 언급된 소나무 식재의 중요성을 예로 들면서 능의 배후와 측면에 소나무를 심은 이유에 대해 풍수적으로 설명한다. "소나무 경관은 사람들이 명당의 요소로 간주해온 것이라는 추측과 음양오행에 따라 능을 꾸밀 때 모든 나무 중에서 특별히 소나무가 목木의 위치를 차지했다는 것은 소양小陽인 소나무로 봉분 주위의 음陰과 조화되게 하려는 것"이라고 추정하였다. 또한 그는 "큰 소나무는 천 년이 지나면 그 정기가 청우青友가 되고 거북 모양이 된다는 의미에서, 거북은 현무玄武를 의미하고 현무는 북쪽 방위를 표현하는 것이어서 능의 후방에 심은 것"으로 추측하였다.

왕릉 입지의 첫째 요건은 먼저 풍수적 길지였다. '땅이 좋아야 신령이 평안하고, 그 자손이 번창한다'는 풍수적 믿음은 왕조의 영속성·불변성과 다르지 않다. 예로부터 소나무는 잣나무와 함께 불변성이나 장생불사를 상징했다. 늘 푸른 상록수에 무성한 잎을 가진 소나무는 쇠락을 모르는 영속성과 굽힐 줄 모르는 불변성을 상징하였다.

중국에서도 소나무를 매우 귀히 여겼다. 『논어』 「자한子罕」 편에 "추운 겨울이 되어서야 송백의 푸르름을 알 수 있다歲寒然後知松栢之後凋也."라는 글귀는 소나무가 절개를 상징하는 대표적인 수목이었음을 말해준다. 사마천은 『사기』에서 "송백松柏은 백목의 장으로서 황제의 궁전을 수호하는 나무"라고 하였고, 왕안석王安石의 『자설字說』에는 "소나무에는 공公의 작위를, 잣나무에는 백伯의 작위를 주었다."라고 하였다. 소나무가 그 자체로 매우 소중한 나무였음을 알 수 있다. 또 『시경』 「소아小雅」 편 천보天保의 시에 나오는 구절인 "송백처럼 무성하여 영원히 이어가지 않을 리 없으리."처럼 중국에서는 소나무와 잣나무에 비겨 왕실의 영속을 축수祝壽하는 전통이 오래전부터 있었다. 우리 역시 왕릉 주변에 소나무를 심어 왕조의 영속성을 염원했으니, 중국의 풍습과 다르지 않다.

서양에도 무덤가에 소나무를 심는 풍습이 있다. 그네들은 소나무가 시신의 부패를 막고, 나아가 영혼의 힘을 증강한다고 믿었다. 오늘날도 무덤가에 도래솔이 둘러서 있는데 낯설지 않은 풍경이다. 소나무가 간직한 벽사辟邪와 정화淨化의 기능을 생각하면 조상의 유택에 도래솔을 심는 풍속을 어렵잖게 이해할 수 있다.

한편 『세조실록』(세조 21년 10월 4일)에는 경상도 관찰사 이선이 김해 읍성에 있는 수로왕 능침 관리를 위해 "능 옆 사방 50보 안에 있는 밭은 모두 묵혀 갈고 심는 것을 금하고, 소나무를 심어서 경계를 정하고 표석을 세우게 해달라." 청원한 기록이 있다. 소나무를 심은 또 다른 이유가 능역의 경계를 구분하기 위해서였음을 알 수 있다.

이선 교수는 능침 주변에 소나무를 심은 이유를 소나무의 생리·생태·형태적 특징으로 구분하여 설명한다. 즉 소나무가 늘 푸른 상록수이며, 은행나무나 느티나무처럼 오래 살고, 옆으로 뻗는 낙엽활엽수와 달리 위로 곧게 뻗으며, 뿌리도 지하로 곧게 뻗어 봉분 주변에 심을 수 있는 수종이라고 했다. 이 교수는 또한 풍수적 관점에서 봉분을 중심으로 후면부의 주산이나 내맥은 대부분 능선을 중심으로 형성되므로 이런 환경이 능침 주변에 말굽형으로 조성된 소나무숲의 생육 적지가 될 수 있다고 주장한다.

사실이다. 이 땅에 소나무가 흔하지 않았으면 다른 수종을 심었을 것이다. 소나무는 이 땅의 자연환경에서 수백만 년 동안 적응해, 민족수라 불릴 정도로 겨레의 사랑을 받아온 수종이다. 위와 같은 독특한 생리·생태와 형태적 특징은 소나무 자체가 가진 상징성과 함께 우리의 자연환경과 밀접한 관계가 있기 때문이라는 해석이다.

익릉을 감싼 솔숲을 지나는 바람 소리는 정겨웠고, 지엄한 조선 왕실의 족분族墳을 모신 유택임을 아는지 모르는지 솔숲을 거니는 사람들의 발걸음은 가벼웠다. 말발굽 형태로 능을 감싼 솔숲에서 내뿜는 청청한 기운은 회색 도회에 산만해진 시민들의 심성을 차분히 가라앉힌다. 유택 주변에 소나무를 심었던 조상들의 마음을 다시금 헤아려 본다.

풍수 사상에 나타난 소나무

소나무가 풍수적 의미로 활용된 공식 기록은 『고려사』「세계」편에 있다.

> 강충康忠은 외모가 단정 근엄하고 재주가 많았는데 서강 영안촌의 부잣집 딸, 구치의具置義라는 처녀에게 장가들어 오관산 마가갑에서 살았다. 그때 풍수술을 잘 아는 신라의 감간監干 팔원八元이 부소군에 왔다가 군郡이 부소산 북쪽에 자리 잡아 산의 형세는 좋으나 초목이 없음을 보고 강충에게 말했다. "만약에 군을 산의 남쪽으로 옮기고 소나무를 심어 바위가 드러나지 않게 하면 삼한三韓을 통합하는 자가 태어나리라." 이에 강충이 사람들과 함께 산의 남쪽으로 옮겨 살며 소나무를 온 산에 심고 또한 송악군이라고 이름을 고치니 드디어 군의 상사찬上沙粲이 되었으며 또 마가갑에 있는 저택을 영업지永業地로 삼아 왕래하였다.

여기서 우리가 유의해야 할 것은 고려의 수도 개성이 풍수신앙으로 성립되었다는 내용이다. 게다가 그 이야기가 전설이나 풍수서로 전해진 것이 아니라 한 나라의 정사正史라 할『고려사』에 기록되어 있음에 주목해야 한다. 다른 이야기는 풍수술에 능통한 신라의 감간 팔원에 대한 기술이다. 이로 비추어, 신라 시대에 이미 살 만한 곳을 풍수로 가리는 방법(복거ト居)이 일반화되었음을 상상할 수 있다.

소나무와 관련한 내용은 신라의 팔원이 강충에게 풍수적 양기陽基(산 자의 주택지 또는 도성 읍촌의 기지基地)를 말해주면서, 형세는 좋지만 수목이 없는 동산童山(헐벗은 산)에 소나무를 심어 암석이 드러나지 않게 하고 군郡을 산의 남쪽으로 옮기면 삼한을 통일할 자가 나올 것이라고 말한 대목이다. 특히 동산에 소나무를 심게 한 풍수적 이유로 '장풍대국藏風大局(청룡·백호·주작·현무가 완벽하게 도회의 분지를 둘러싼 곳)의 주산主山(현무를 이루는 산)이 헐벗은 상태라면 비록 길지吉地일지라도 생기生氣를 축적할 수 없기 때문에 나쁘다'고 한 것에서 유래한다. 이는 풍수서인『장경葬經』과『청오경靑烏經』에도 나오는 내용이다.『청오경』에는 칠흉산七凶山의 첫 요건으로 동산童山을 든다. 즉 신라의 풍수 전문가인 팔원은 부소산이 초목을 살리지 못하는 산이라 흉지이기 때문에 풍수 효과를 가져올 수 없다는 사실을 강충에게 알렸고, 하늘이 만든 길지를 인위적으로 살리고자 늘 푸른 소나무를 심으라고 권했다. 강충이 팔원의 권고에 따라 부소산에 소나무를 심고 군을 그 산 남쪽으로 옮겨 이름을 송악군으로 고쳐『고려사』에 기록으로 남게 된 것이라고 판단할 수 있다.

왜 하필이면 소나무일까? 무라야마 지준村山智順은『조선의 풍수』(1931년)에서 풍수적 이유로 소나무를 심은 이유를 설명한다.

풍수적 이유의 하나는 소나무가 상록수라는 점, 다른 하나는 나라 전역의 풍수신앙 때문이다. 소나무를 부소산에 많이 심어서 이 산을 푸르게 하면 수근목간, 흑친청자黑親青子의 국역 풍수에 적합하고, 수생목水生木의 오행 상생에 순응하기 때문에 그 생기를 얻는 자는 융성하지만, 만일 이것에 반해서 부소산을 동산으로 하면 동산은 사룡死龍으로서 풍수상 흉살의 기운을 발할 뿐만 아니라, 그 색깔이 적색 혹은 황색으로서 이것을 오행의 상극으로 논하면, 적赤은 화火, 수水는 화火를 이기기 때문에 흉하고, 황黃은 토土, 토는 수水를 이기기 때문에 흉하다. 2개 모두 수에 대해서 흉악임을 면치 못한다. 따라서 아무리 산 남쪽의 산지가 장풍적으로 좋아도 국역 풍수의 대국으로 보면 쇠멸을 면치 못한다. 따라서 부소산 남쪽의 하늘이 만든 땅에 양거陽居를 정하면, 풍수상 반드시 이 양기의 주산인 부소산을 푸르게 하지 않으면 안 되는 것이 풍수상의 약속이다.

이런 설명을 참고하면 고려의 수도 개성은 풍수신앙에 의해 성립되었으며, 이면에 소나무 식재가 있음을 알 수 있다. 그의 해석을 참고하면, 백성은 오래전부터 소나무를 생기를 불러내는 축복 나무로 믿어 왔음을 알 수 있다.

장구한 세월 동안 풍수적 목적으로 소나무를 심어온 전통을 조심스럽게 현대적으로 해석하면 다음과 같이 정리할 수 있다.

소나무 식재로 형성되는 생기와 길지의 생성 근거로 시각적 관점과 후각적 관점을 들 수 있다. 시각적 관점은 초목의 비생장 계절에 녹시율綠視率(눈에 들어오는 풍경 중에 녹색이 차지하는 비율)의 확보 방안으로 소나무는 이 땅에서 가장 적합한 수종이었을 것이다. 녹색이 주는 정신적이며 심리적인 안정 효과는 오늘날 녹색심리학이나 환경행동학에서 구체적으로 밝혀진다. 후각적 관점은 소나무에서 발생하는 방향성 물질인 테르펜 성분이 자율신경을 자극해 정신 집중, 정서 순화, 심리 안정에 효과적이라는 사실을 들 수 있다.

소나무 식재가 오랫동안 지속된 또 다른 이유는 타감물질他感物質(allelopathy)에 의한 불필요한 식생의 억제로 경계를 구획하는 데 효과적이라는 점에서도 찾을 수 있을 것이다. 특히 조선 시대에 가장 빈번했던 송사의 하나가 묘역 주변의 토지 소유권에 대한 분쟁(산송山訟)이었음을 감안하면, 소나무 식재의 또 다른 이유를 유추할 수 있다.

6. 어명이오!

강원도 강릉시 대기리 솔숲 | 도편수 신응수

"어명이오!"

정적에 싸인 산천을 깨우려는 듯 아름드리 소나무 앞에 선 벌목꾼의 목소리가 우렁차다. '어명이오'라는 외침이 메아리로 되돌아올 때쯤 벌목꾼의 도끼날은 소나무의 굵은 밑둥치를 사정없이 파고들었다. 세 번 되풀이된 외침과 그때마다 내리친 도끼질로 벌목 의식은 모두 끝났다. 이제는 넘겨야 할 방향을 가늠하면서 큰 기계톱으로 아름드리 소나무를 베어낼 일만 남았다.

수백 년 묵은 아름드리 소나무를 베어내는 일은 산판 일에 이골이 난 벌목꾼에게도 마음에 걸리는 일이다. 그래서 조촐한 제수를 차려 놓고 먼저 산신께 고사를 지냈다. 그리고 하늘과 같은 나라님의 명령 때문에 아름드리 소나무를 벨 수밖에 없는 형편을 '어명이오'라는 외침으로 나무에게 알렸다. 산신의 가호 아래 산천의 정기를 받아 수백 년 살아온 나무의 목숨을 뺏는 일에는 이처럼 절차가 있었다. 물론 벌

◀ 강릉시 대기리의 소나무 벌채 현장

목꾼이 편치 않은 마음을 스스로 달래는 절차이자 자연에 대한 최소한의 예의이기도 했다.

소나무 벌목이 곧 있다는 소식에 만사를 제쳐두고 백두대간을 연거푸 넘었다. 먼저 대관령을 넘고, 다시 방향을 바꾸어 왕산천을 거슬러 닭목재를 넘었다. 강릉시 왕산면 대기리의 산판 현장에는 신응수申鷹秀 도편수가 기다리고 계셨다.

도편수, 장인의 우두머리

도편수란 우두머리 목수를 말한다. 도대목도 우두머리 목수지만 도편수와는 다르다. 도대목은 큰 가옥이나 사찰을 짓는 목수의 우두머리이고 도편수는 궁궐을 축조하는 편수들의 우두머리이자 으뜸 목수이기 때문이다. 전제군주의 권위를 상징하는 궁궐을 축조하는 데는 나무를 다루는 목장木匠은 물론이고, 돌을 다루는 석장石匠, 기와를 이는 개장蓋匠, 벽돌을 만드는 전장塼匠, 채색을 하는 도채장塗彩匠 같은 토목 건축 공사에 필요한 여러 공장工匠의 도움이 필요했다. 또한 엄청난 규모의 궁궐을 축조하려면 각기 다른 분야 최고 장인의 분업은 물론이고 이들 직종 간에 일사불란한 협업도 필요했다. 그래서 도편수란 직책을 두어 궁궐을 축조하는 데 필요한 각 분야 장인의 우두머리인 12편수를 효과적으로 지휘 감독하게 하였다.

일반 장인의 우두머리를 지칭하는 편수란 명칭은 17세기 이후 문헌에 나온다. 17세기 이전에는 편수라는 호칭 대신 대목大木으로 기록되어 있다. 기록을 보면 고려 말 부석사 조사당 건축을 맡은 최고 책임자의 호칭은 대목이었으며, 15~16세기 각종 궁궐이나 사찰 건축의 우

소나무 벌채 현장

두머리도 거의가 대목으로 표기되었다. 한자로는 '片手' 또는 '邊首'
로 적는데, 관청에서 작성하는 문서에는 '邊首', 사찰에서 작성한 문서
에는 '片手'라고 기록되어 있다. 우리말로는 어느 쪽이나 편수라고 부
르며, 그 우두머리 책임자의 호칭은 도편수都邊首(또는 都片手)로 표기
한다.

　궁궐의 동량재로 쓸 큰 소나무를 벨 때는 그에 걸맞은 벌목 의식을
거행한다는 도편수의 이야기를 들은 지 10년 만에 그 현장을 지켜보는
감회는 새로웠다. 소나무에 궁궐의 재목감이라는 또 다른 생명을 부여
하는 첫 과정은 진지했고 곧은 나무는 곧은 대로, 굽은 나무는 굽은 대
로 제 몫을 발휘할 수 있도록 소나무를 선별하는 과정은 일견 엄숙했
다. 벌목한 소나무들은 조심스럽게 다루고 기둥, 보, 도리 등 용도에 따

소나무 벌채

❶벌목 인부가 적당한 나무를 고른다. ❷벌목 작업에 종사하는 사람들은 소나무를 벌채하기 전에 먼저 산신께 고사를 지내 나무의 노여움을 달랜다. ❸소나무 벌목 ❹운반을 위해 모아둔 소나무 벌채목

라 적당한 크기로 산판에서 자른 다음 제재소로 보낸다.

건조와 제재, 깎고 다듬는 치목治木을 거쳐 마침내 소나무는 천년 궁궐의 건축재로 두 번째 생명을 얻게 된다. 그 모든 과정의 중심에는 도편수의 장인 정신이 녹아 있다.

도편수와 인연을 맺은 것은 1993년 여름 대관령 휴양림에서 개최

된 소나무 토론회에서였다. 솔숲에서 사흘 동안 진행된 토론회는 산림
학자, 교사, 관료, 농민, 출판인, 화가, 시인, 민속학자, 수필가, 법조인
등이 소나무에 대한 각자의 관심사를 발표하는 축제의 장이었다. 도편
수의 발표 주제는 '경복궁 복원과 소나무'였고, 1991년부터 시작된 경
복궁 복원 사업의 시의성 덕분에 참석자들의 관심을 끌어 단연 토론회
의 백미가 되었다.

　조선 시대는 물론이고 오늘날의 경복궁 복원 공사 등에도 소나무
만 사용하는 이유는 이 땅의 나무들 중 가장 강하고 가장 쉽게 구할 수
있는 으뜸나무이기 때문이라고 도편수는 말했다. 덧붙여 재목으로서
소나무의 높은 가치를 알려주는 흥미로운 일화도 들려주었다. 그것은
우리 소나무와 백두산 기슭에 자라는 장백송의 목재 강도에 관한 것이
었다. 토론회 참가자들은 목재를 다듬고자 야적해둔 우리 소나무는 몇
년이 지나도 온전했는데 장백송은 비바람에 쉽게 상해서 더 이상 사용
할 수 없었다는 도편수의 경험담을 들으며 우리 소나무의 진가를 다시
한번 확인하는 듯했다. 이 땅의 기후 풍토에 수백만 년 적응하여 자라
온 우리 소나무의 진면목을 누구보다 생생하게 확인한 이가 바로 도편
수였던 셈이다.

도편수의 소나무

사실이다. 이 땅에 도편수만큼 재목으로서의 소나무를 아는 이는 없다
고 해도 과언이 아니다. 지난 50여 년 동안 도편수가 참여한 숭례문과
불국사, 수원성, 장안문, 창경궁, 경복궁의 보수·복원 공사 현장은 소
나무 재질에 대한 안목을 길러주는 학습장이었다.

소나무로 복원한 경복궁
❶ 경복궁 복원 사업으로 복원된 흥례문 ❷ 교태전

　　그러나 국가의 경제 발전과 국민의 문화 의식 향상에 따라 문화재

복원과 보수 사업은 급격히 늘었지만 좋은 소나무재의 조달 여건은 차

경복궁 흥례문 복원 현장

츰 악화되었다. 6·25전쟁과 그 후 사회적 혼란기에 자행된 도·남벌, 솔잎혹파리 만연, 수종 갱신으로 솔숲의 면적이 급격히 줄어든 여건에서 문화재 복원에 필요한 대경재大徑材를 확보하는 것은 쉬운 일이 아니었다.

경복궁 복원에는 과연 얼마나 많은 목재가 소요되었을까? 경복궁 1차 복원 공사에 사용된 목재의 양은 총 172만 7,410재로 보고되었다.[13] 이 중 일반재는 69만 3,202재, 특수재는 82만 6,009재, 특대재는 16만 2,589재, 수입재는 4만 5,610재였다. 특대재는 길이 3.6미터, 말구 직경(벌채한 통나무에서 굵기가 가는 쪽의 직경) 42센티미터 이상의 규격을 갖춘 대경재를 말한다.

13   전영우, 『궁궐 건축재 소나무』, 상상미디어, 2014.

도편수가 대목장의 소임 못지않게 좋은 소나무재 확보에 온 정성을 쏟게 된 것도 문화재 보수와 복원 사업의 성패가 좋은 건축재 확보에 있음을 절실히 체험했기 때문이다. 따라서 천년 궁궐을 짓고자 염원하는 도편수에게도 좋은 소나무재 확보가 숙원이었음이 틀림없다. 그가 직접 제재소를 운영하며 눈 쌓인 산판을 헤매는 이유나 20만 평 임야에서 소나무를 키우는 이유도 오직 우량한 소나무재를 구하려는 일념일 것이다.

소나무에 대한 도편수의 믿음은 확고했다. 소나무로 지어 500~600년 된 옛 건축물을 살펴보면 그 재목은 여전히 생생하고, 그런 상태라면 앞으로도 수백 년은 더 지탱할 수 있다는 것이다. 그럴 정도니 이 땅에서 소나무 이상 좋은 재목은 없단다. 그리고 우리도 빈번했던 외침이나 전란만 없었더라면 천 년을 훌쩍 넘는 목조 건축물을 충분히 보유했을 것이라는 도편수의 확신은 구부러지고 약해서 쓸모없는 나무로 잘못 알려진 우리 소나무에 대한 최상의 찬사였다.

도편수가 제일의 재목으로 치는 것은 설악산 기슭 양양에서 자란, 속이 붉은 소나무였다. 우리 소나무를 도편수는 3가지로 분류하였다. 영동 지방 해안가에서 해풍을 맞으며 자라는 속이 붉은 강송剛松, 영서 내륙 지방에서 자라는 육송陸松, 아주 드물게 나타나는 경우지만 강송이 오래되어 속이 희어진 백송白松.

도편수의 설명에 의하면, 속이 붉은 강송은 영서 내륙 지방에서 자라는 육송보다 강도나 터지는 정도, 휘거나 뒤틀리는 정도가 훨씬 강하다고 한다. 강송은 바닷바람을 맞으면서 생육 조건이 좋지 않은 땅이나 암석지에서 더디게 자라 상대적으로 송진이 많고, 심재부가 붉은 색을 띤다. 바로 황장목이나 춘양목과 다르지 않다. 이에 비해 육송은

자라는 속도가 강송보다 갑절 정도 빠르지만, 나무 심재부가 누르스름
하고 강도에서 강송에 비할 바가 못 된다. 이런 이유로 경복궁 복원에
는 대부분 강원도 동해안 태백산맥 기슭에 위치한 양양군, 명주군, 삼
척시에서 자란 강송을 이용했다고 한다.

소나무에 대한 도편수의 이런 믿음은 직접 행동으로 옮겨졌다.
1990년 대통령 관저 신축 소임을 맡자 인천항에 이미 야적된 외국산
목재를 물리치고 오직 우리 소나무만으로 관저를 신축하겠다는 자신
의 주장을 관철시킨 이야기나, 그 책임을 완수코자 태백준령의 소나무
재를 헬기로 직접 가져온 일화는 유명하다.

나라를 대표하는 대통령 관저의 신축이나 조선의 정궁正宮인 경복
궁 복원에 소나무재만 쓰겠다고 고집한 것은 우리 소나무에 대한 신뢰
와 사랑이 있었기 때문이다. 소나무에 대한 그 열정이 정부의 정책에
반영되었음은 물론이다. 소나무재 확보의 중요성을 지속적으로 설파
하여 문화재 관리 당국으로 하여금 연차적인 수요량을 예측하게 만들
었고, 그를 근거로 산림청은 문화재 복원용 소나무림 육성책을 수립하
였다.

그러나 무엇보다도 중요한 사실은 소나무에 대한 도편수의 신뢰와
관심이 소나무에 대한 우리 국민의 인식을 바꾸었다는 점이다. 경복
궁 복원 사업을 통해 소나무가 쓸모없는 나무가 아니라 재목으로도 아
주 유용한 나무라는 사실을 국민의 가슴속에 깊이 각인시킨 이는 산림
학자나 산림 관료가 아니라 바로 도편수였다. 도편수의 소나무 사랑에
아낌없는 갈채를 보낸다.

우리 소나무는 얼마나 강할까?

궁궐이나 한옥 또는 사찰
의 구조를 보면 대부분
수직부재인 기둥과 수평
부재인 보와 도리 등으로
이루어진다. 전통 목조
건물을 짓는 기본 형식
은 먼저 굵은 기둥을 세
우고, 도리와 보를 걸어
서 칸을 늘려가는 것이라
고 할 수 있다. 따라서 건

국내외 대표적 용재 수종의 재질 강도

	수종	휨강도(kg/cm²)	종압축강도(kg/cm²)
국내산 수종	소나무	747	430
	해송(곰솔)	994	571
	강송	975	640
	잣나무	772	425
국외산 수종	편백	913	547
	라디에타 소나무	906	388
	미송	872	523

(차재경, 2000)

물의 각 모서리에 수직으로 설치되는 기둥과, 기둥 사이를 이어주는 보와 도리로 사
용되는 목재는 지붕을 비롯한 건축물의 하중을 충분히 견딜 만큼 강해야 한다. 따라
서 목재의 압축강도(위에서 누르는 힘을 견뎌내는 강도)는 지붕을 떠받치는 기둥감의 크기
와 강도를 결정하는 데 중요한 기준이 되며, 휨강도는 도리와 보의 강도를 측정하는
기준이 된다.

국내의 일반 소나무는 해송이나 잣나무보다 강도가 낮은 반면에 강송은 휨강도
나 압축강도가 다른 수종에 비해 비교적 높은 것으로 나타났다(표 참조). 소나무류 중
에서 휨강도가 가장 강한 수종은 해송(994kg/cm²)과 강송(975kg/cm²)이었고, 잣나무
(772kg/cm²), 일반 소나무(747kg/cm²) 순이었다. 종압축강도는 강송(640kg/cm²)이 가장
강했고 잣나무(425kg/cm²)가 가장 약했다.

일본, 뉴질랜드, 미국의 대표적 용재 수종인 편백, 라디에타 소나무(radiata pine,
Pinus radiata D. Don), 미송(douglas-fir, *Pseudotsuga menziesii* Franco)과 비교했을 때도
강송은 휨강도에서는 미송보다 10퍼센트, 편백보다 7퍼센트 정도 더 강한 것으로 나
타났다. 압축강도도 15~40퍼센트 더 강했다. 척박한 곳에서 천천히 자란 강송(춘양목)
이 다른 나라의 어떤 용재수 못지않게 강한 목재임을 알 수 있다.

소나무 값은 천차만별이다. 잘생긴 소나무 정원수 한 그루는 몇백만 원에서 몇천만 원에 거래되며, 억대를 호가하는 것도 있다. 그러나 산에 심을 2년생 어린 묘목은 200 원 안팎에 거래되기도 한다. 재목 값도 마찬가지다. 2019년 1월 현재 솎아주기로 베어낸 두께 약 15×30센티미터에 길이 1.8미터인 원목은 19만 원에 거래된다. 반면 두께가 30센티미터 이상이고 길이도 3.6미터 이상인 원목 가격은 생산지에서 40만 원, 소비지에서 65만 원에 달한다.[14]

한편 일반적인 용도로 사용되는 목재가 아닌 특수 목재의 가격은 상상을 초월한다. 바로 문화재 복원용 소나무가 그런 재목이다. 강송 또는 춘양목으로 만든 재목은 두께 42센티미터 이상이고 길이가 8.1미터일 경우, 310만 원에 거래되었으며 더 큰 나무(말구 직경 66.7센티미터, 길이 7.4미터)의 원목은 약 700만 원에 거래되기도 했다.[15] 소나무의 이러한 원목 가격은 일본이나 미국의 대표적 건축재인 편백이나 미송(더글러스 퍼)과 비교하여 결코 뒤떨어지지 않는 가격이라고 할 수 있다.

독일의 임업인들이 합판용 너도밤나무 한 그루를 팔면 벤츠 자동차를 한 대 살 수 있다고 호기를 부리지만, 우리 역시 300년생 춘양목 한 그루를 팔아 고급 승용차 한 대 값인 2,300만 원을 받았다는 보고도 있다.

14   임산물유통정보시스템 : http://www.forestinfo.or.kr/
15   전영우, 『궁궐 건축재 소나무』, 상상미디어, 2014.

7. 천 평 땅 거느린 만석꾼

경상북도 예천군 석송령 소나무 | 세금 내는 소나무

천향리 석평마을 김수칠 반장의 설명은 명쾌했다.

"우리 집 담장이 경계입니다. 그래서 저 감나무까지 이어지고, 그 옆에 있는 기와집과 파란 함석지붕 집, 그리고 쓰러진 기와집이 모두 석송령石松靈의 재산입니다. 물론 마을회관이 들어선 자리도 그렇습니다."

한 번도 석송령 소나무가 소유한 땅을 직접 밟아보지 못한 걸 보상받기라도 하려는 듯 석평마을에 도착하자 곧바로 행동으로 옮긴 일은 소나무가 소유한 땅을 확인하는 것이었다.

김 반장의 안내로 소나무가 소유한 대지와 집들을 둘러보았다. 피폐한 농촌 현실을 보여주려는 듯, 석송령 소나무가 소유한 세 채의 집 가운데 한 채에만 사람이 살았다. 한때 116호나 되던 마을이 절반인 60호로 줄어들어서 이렇게 빈 집이 방치된다는 김 반장의 설명은 그다지 새롭지 않았다. 석평마을이라고 산업화의 거센 파도를 피해 갈

◀ 토지를 소유한 석송령 소나무의 위용

철책으로 보호하고 있는 석송령

수 없었을 테니 말이다.

600여 년 동안 이 마을을 지켜본 증인답게, 그리고 토지를 소유한 부자 나무답게 석송령 소나무는 멋있었다. 나무 높이 10미터, 줄기둘레 4.2미터, 사방으로 가지들이 펼쳐진 넓이가 동서 32미터, 남북 22미터로 그늘 면적만 300평이 넘는다. 이런 외양에 소시민은 엄두도 못 낼 1,215평의 대지를 소유하고 종합토지소득세까지 납부하니 당당할 만도 하다.

나는 느긋한 마음으로 300평이나 되는 석송령의 품에 안겼다. 바닥에 앉아 사방으로 뻗은 가지를 음미했다. 가지마다 제각각의 형상이 놀랍다. 가지들의 용틀임이 강건하고 노숙하며 굳세어 보인다.

'대나무 사이에서 시상이 떠오르고, 소나무 아래에서 도가 샘솟는다詩思竹間得 道心松下生'는 구절과 함께 이영복 화백이 소개한 송나라 한졸韓拙의 소나무 설명이 떠올랐다.

"노하고 놀란 용과 같은 형세도 있고, 하늘을 나는 용이나 엎드린 호랑이와 같은 형세도 있고, 몸을 거만한 자세로 구부정하게 취하는 듯한 형세도 있는데, 이 모든 형세는 소나무가 지닌 의표儀表이다. 그 형세는 천태만상이어서 그 변태로움을 이루 다 헤아릴 수조차 없다."

이 모든 형상을 다 품은 것이 바로 석송령 소나무임을 다시 깨닫는다.

석송령 소나무가 이 마을에 터를 잡은 사연은 600여 년 전으로 거슬러 올라간다. 풍기에 큰 물난리가 났을 때 석간천을 타고 떠내려오는 어린 소나무를 지나가던 나그네가 건져 심었는데, 그 나무가 바로 이 소나무라는 것이다. 그러나 이 소나무가 석평마을의 영험한 소나무 '석송령'이란 이름으로 토지를 소유하게 된 사연은 최근의 일이다.

지금부터 90여 년 전 이 마을에 살던 이수목李秀睦 노인이 가졌던 토지를 이 나무 앞으로 기증하고 세상을 뜨자 주민들이 그의 뜻을 모아 1927년 등기를 함으로써 재산을 소유한 나무가 되었고, 1982년에는 천연기념물 294호로 지정되어 일약 명목의 반열에 올랐다.

석송령을 보살피고, 또 그 재산을 실질적으로 관리하는 석송계 김성호 총무를 만나 평소 가졌던 몇 가지 궁금증을 여쭤었다. 먼저 이 소나무에게 토지를 물려준 이수목 노인의 참뜻이 무엇인지 물었다.

"이수목 노인에게 후사가 전혀 없었던 것은 아니고 딸이 한 명 있었습니다. 만년에는 그 딸과 함께 경상북도 선산에서 살다가 노인은 돌아가시고, 현재 딸만 살아 있는 것으로 압니다. 마을 사람 누구도 노인이 소나무에게 재산을 물려준 참뜻을 들은 바 없습니다. 막연히 아들이 없어서 나무에게 물려주었을 것으로 추측할 뿐이죠.

마을에서는 그의 뜻을 기리고자 60세 이상 노인들로 석송계를 조직하여 매년 음력 정월 대보름에 석송령 앞에서 제사를 올리며 마을의 안녕과 번영을 빕니다. 그리고 석송령이 소유한 토지의 임대 수입으로 이 노인의 묘소를 관리하고 제사를 지냅니다. 석송령에게 재산을 물려주는 바람에 자손이 할 일을 마을 사람이 하고, 또 마을 화합에 튼실한 구심점이 되었으니 노인의 뜻은 마을이 존립하는 한 이어질 것입니다. 게다가 이 소나무 덕분에 궁벽한 우리 마을이 전국적으로 유명해졌지요. 이런 사정을 감안하면 노인의 숨은 뜻을 충분히 헤아릴 수 있지 않을까요?"

막연히 생각했던 내용과 다르지 않았다. 예전에 펴낸 『나무와 숲이 있었네』를 준비하면서도 똑같은 고민을 했다. 도대체 이수목 노인은 왜 소나무에게 재산을 물려주었을까? 나는 이 노인이 되어 생각해 보았다. 그리고 석송령이 재산을 보유하게 된 사연을 꿈에 나타난 소나무의 계시 덕분이라고 서술했다. 반면 정찬주는 『길 끝나는 곳에 암자가 있다』에서 이 노인이 아들 셋과 딸들이 있었지만 석송령 소나무에게 재산을 물려주었다고 했다. 한편 문화재청은 "이수목이란 사람이 이 나무에서 영감을 느껴 석송령이란 이름을 지어주고 그의 소유 토지 6,600제곱미터를 물려주어 문서 등기를 마쳤다."라고만 기록해두었다.

최근에 접한 한 장의 사진은 석송령의 미래를 걱정하게 만든다. 산림청 북부지방산림관리청에서 2001년에 펴낸 『산림 75년 발자취』에는 1964년에 촬영한 석송령이 담겨 있다. 50여 년 전 석송령의 모양은 요즘과는 판이하다. 우선 사방으로 넓게 퍼진 가지들이 모두 건강해 보인다. 수세가 왕성한 50여 년 전과 비교하면 오늘날의 석송령은 훨씬 왜소해 보인다. 수관을 이룬 가지도 엄청 줄어들었고, 따라서 대지를 덮는 수관의 면적도 훨씬 좁아졌다.

사진을 자세히 보면 석송령의 위엄만 사라진 것이 아님을 알 수 있다. 먼저 밑둥치 주변에 두 무더기로 쌓인 돌 더미가 눈에 들어온다. 당산제를 지내던 제단인 듯하다. 또 넓게 퍼진 가지들을 받친 수십 개의 나무 기둥이 눈에 들어온다. 오늘날의 멋진 화강암 받침대보다 자연물인 나무 기둥으로 처진 가지를 받친 50여 년 전 광경이 더 정겹다.

신성한 공간임을 알려주는 방법도 세월을 따라 많이 변했다. 철제로 만든 멋대가리 없는 보호 방책이 아니라 두 가닥 새끼로 만든 금줄이 석송령이 있는 장소가 신성한 공간임을 말없이 알린다. 보호 방책은 없을지언정 금줄로 둘러싸인 석송령 주변은 오늘날보다 오히려 더 품격이 높아 보인다. 가냘픈 새끼로 꼰 금줄이 잡인의 출입을 막는 데 더 효과적인 이유는 무엇일까? 자연을 대하는 사람들의 마음이 당시에는 더 순수했기 때문은 아닐까?

지난 5~6년 동안에도 석송령 주변은 무척 변했다. 석평마을 김 반장께 그 사연을 물었더니 방문객이 늘어났기 때문이라고 한다. 최근에 개장한 인근의 예천 온천과 중앙고속도로 덕분에 주말에는 1,500여 명의 인파가 몰린다고 한다. 그래서 군에서 주차장을 늘리고, 정자도 만들고, 나무 보호 방책을 좀 더 밖으로 넓혔다고 한다.

그러나 관광객들이 석송령 밑으로 거리낌 없이 들락거리며 함부로 막걸리를 주어서 걱정스럽다. 운문사의 처진 소나무는 방문객의 출입을 엄격하게 통제하고 막걸리도 1년에 한 번 줄 뿐이다. 반면에 석송령 소나무는 사람들이 수시로 드나들며, 막걸리도 계속 부어준다. 이런 행위는 나무에게 도움이 되기는커녕 치명적이며, 석송령이 이전과 달리 쇠약해진 원인일 수도 있다. 사람들의 출입이 잦아지면 흙바닥이 단단하게 다져져 흙 속의 뿌리가 영양분이나 산소를 충분히 흡수할 수

석송령이 소유한 건물과 토지

❶ 석송령 소나무가 소유한 건물은 상가에 세를 주고 있다.

❷ 석송령이 소유한 주변 대지의 가옥을 헐고 노인회관을 새로 지었다.

❸❹ 예천군에서 소장한 일제 강점기의 토지대장에는 이수목 노인이 1927년 8월 10일 석송령한테 토지 소유권을 넘겼다는 기록이 있다.

❺ 예천군수가 석송령에게 부과한 종합토지세 고지서

❻ 2002년에 식재한 석송령의 후계목

없게 되고 나무는 차츰 쇠약해진다.

오늘날 석송령이 소유한 토지로부터 얻는 수입은 그다지 많지 않다. 마을회관에서 운영하는 매점과 석송령 식당에서 매달 30만 원, 주택 임대로 매년 쌀 1가마를 받아 1년에 500만 원 남짓이다. 석송령의 수입 일부는 관내 중·고등학생들의 장학금으로 지급되었다. 재학생이 줄어들어 요즘엔 대학생에게 50만 원을 장학금으로 지급하지만 그나마 몇 년에 한 번 정도라고 한다.

석송령 소나무는 사람과 나무의 관계를 상기시킨다. 우리가 왜 나무를 숭배하고 사랑하며 그들과 함께 살아가야 하는지를 석송령은 말없이 전한다.

소나무에 막걸리를 주는 까닭

나이 든 소나무의 생장을 촉진하고자 소나무에 막걸리를 주는 것은 민간에 전해 내려오는 방법이다. 물론 이러한 풍속은 막걸리가 소나무에 좋은 비료가 된다고 믿어온 조상의 지혜에서 유래했다. 막걸리에 나무의 생장을 돕는 단백질, 아미노산, 각종 미네랄 성분이 함유된 것은 사실이다. 막걸리의 알코올 성분이 물에 녹지 않는 토양 속의 유용 성분을 녹여서 나무에 이롭다는 주장도 있다. 무엇보다도 가뭄이 심한 봄철에 막걸리를 물에 섞어서 주면 나무가 갈증을 해소하는 데 도움이 된다. 문제는 석송령 소나무가 너무 자주 막걸리를 마신다는 것이다. 인근에 개발된 온천을 찾는 관광객들이 귀갓길에 석송령을 보러 오고, 또 상당수의 사람이 마을회관에서 막걸리를 사서 주는 바람에 사실 석송령은 매일 막걸리에 취해 있는 셈이다. 문화재청이나 예천군에서는 생명 문화유산인 석송령 소나무의 보호와 관리에 각별한 관심을 가져줄 것을 이 지면을 빌려 부탁한다.

의인화한 소나무의 또 다른 사례 – 정이품송

소나무를 의인화한 대표적인 사례는 속리산 정이품송이다. 정이품송이 요즘의 장관급 벼슬을 가진 사연은 조선 시대의 어느 기록에도 없다. 『조선왕조실록』에는 소나무와 관련한 내용이 700여 회 보인다. 태종이 목멱산에 장정 3,000명을 동원하여 소나무를 심은 내용은 물론이고, 언제 누구에게 하명하여 송충이를 어떻게 구제하였으며, 사대문 안의 소나무에 대한 벌채 금지, 소나무 식재 장려를 위해 지방 관서에 내린 하교나 그 밖에 소나무와 관련된 시시콜콜한 내용까지도 등재하였다. 그러나 정이품송과 관련한 사연은 어디에서도 찾을 수 없다.

이로 미루어 정이품송과 관련한 이야기는 입에서 입으로 전해져 내려온 전설임을 알 수 있다. 왜 이러한 전설이 수백 년 동안 사라지지 않고 오늘날까지도 전해지는 것일까? 누가 어떤 목적으로 이런 전설을 만든 것일까?

이와 같은 의문에 대한 설득력 있는 첫째 해석은 조선왕조가 소나무를 지키고 가꾸고자 만들어낸 상징이라는 것이다. 다시 말해 왕권의 상징(정이품 벼슬)을 소나무에 이입시켜 소나무를 지키고 보호하려는 조선 정부의 강력한 의지를 형상화했다는 것이다. 둘째는 소나무 벌채에 대한 조선 정부의 엄격한 법 집행에 두려움을 느낀 백성이 소나무를 벼슬을 가진 왕권의 상징으로 형상화한 것이라는 해석이다. 조선 정부는 궁궐 내의 소나무를 벤 자는 변방으로 무기한 귀양을 보냈으며, 한성 국도 주변 10리 이내의 소나무를 임의로 자른 자는 곤장 100대와 3년의 감옥형을 내렸고, 특히 금산에서 소나무를 몰래 벤 자는 사형은 면하되 귀양을 보냈다는 기록이 있다. 그러니 소나무는 일반 백성이 함부로 베어 쓸 수 있는 나무가 아니었을 것이다.

8. 당산 어르신, 막걸리 한잔 올립니다

충청남도 홍성군 궁리 당산 소나무 | 당산나무

막대 알사탕 5개, 소주 1병. 충청남도 홍성군 서부면 궁리의 당산 소나무 앞에 놓인 제물은 초라했다. 의외의 광경에 서러웠다. 몇 해 전만 해도 이런 대접은 상상할 수도 없던 소나무를 생각하면 더욱 그랬다. 삼현육각의 흥겨운 굿거리장단과 함께 마을 사람들이 정성들여 마련한 제상 가득 채워진 갖가지 음식은 영험한 당산 소나무에게는 당연한 대접이었다. 300년 넘게 이 나무 앞에서 풍어와 안전한 바닷길을 기원하던 풍어제는 더 이상 존속될 수 없었다. 간척 사업으로 바닷길이 막히면서 당산 소나무 곁에는 지난 수백 년의 영화를 설명하는 표석만 덩그렇게 서 있을 뿐이었다.

조선 시대 솔숲의 흔적을 찾고자 충청남도 서해안을 찾은 우리는 몇 번씩이나 걸음을 멈추었다. 하늘로 웅비하려는 듯 모든 가지를 활짝 펼친 거대한 소나무가 시야에 들어왔을 때도 그랬다. 그 멋진 자태는 바쁜 걸음을 붙잡기에 충분했다. 당산 소나무에 얽힌 이야기를 들

◀ 충청남도 홍성군 궁리의 당산 소나무

으려고 궁리 산막마을의 마을회관을 찾았다. 마침 김청룡 부회장이 계셔서 당산나무의 옛 영화를 들을 수 있었다.

궁리에선 모두 네 방향에 당산을 모셨다. 동쪽과 남쪽에는 나무로 깎은 장승을 모셨고, 서쪽에는 아름드리 팽나무를 큰 당으로, 그리고 북쪽에는 바닷가 언덕 위 소나무를 당산으로 모셔서 해마다 음력 정월이면 당산제를 지냈다. 마을 사람들이 농사보다는 고기잡이에 더 많이 종사했기에 당산 소나무에게 올리는 정월 보름의 풍어제는 마을의 제일 큰 행사였다. 그러나 안전한 바닷길을 지켜주던 수호신은 1980년대 들어 처량한 신세로 전락하고 말았다. 풍어제도 사라지고 매일 들던 파도 소리도 사라졌다. 서산 A지구 방조제가 먼저 건설되고 뒤를 이어 아름답던 모래밭은 모두 논으로 바뀌고 말았다.

소나무는 지난 반만년 동안 이 땅에서 한민족과 삶을 함께하며 우리 주변을 면면히 지켜왔다. 알게 모르게 우리 정서에 깊숙이 뿌리내려서 우리 문화의 한 영역에 우뚝 자리 잡을 정도로 귀중한 나무가 되었다. 그래서 소나무는 우리 민속에 여러 상징적 문화 요소로 나타난다. 그 첫째 예가 궁리의 당산 소나무처럼 마을의 수호신, 신성수, 동신목, 당산목이다.

오늘도 소나무를 당산나무나 서낭나무로 섬기는 흔적을 나라 곳곳에서 쉽게 찾을 수 있다. 정이품송의 아내라고 알려진 충청북도 보은군 외속리면 서원리의 정부인송은 마을 사람들의 서낭나무로 오늘날에도 변함없이 추앙받는다. 마을의 화평이 이 나무 덕이라고 믿는 서원리 사람들은 해마다 정월 초이튿날에는 정부인송 앞에서 마을의 평안을 비는 제사를 지낸다. 특히 제주가 이틀 동안 술과 여자를 가까이하지 않고 얼음 깬 물에 목욕재계한 뒤 제사를 집전하는 전통도 이어

궁리의 당산 소나무
제물은 막대 알사탕 5개, 소주 1병으로 현대화했지만 나무에 쏟는 정성은 오늘도 여전하다.

안전한 바닷길과 풍어를 기원하는 당산나무

진다.

전라남도 해남군 해남읍 군청 안에 있는 수성송守城松도 당산나무
(신목)처럼 마을을 지키는 소나무로 추앙받는다. 이 소나무는 임진왜란
이 일어나기 전인 1555년(명종 10년)에 왜구들이 병선 60여 척을 이끌
고 전라도에 쳐들어와 노략질한 변란과 관련이 있다. 당시 왜구는 장
흥부사와 강진병영의 병마절도사를 죽이고 영암군수를 사로잡는 등
살인과 약탈을 거듭하였지만 해남읍성만은 끝내 침입할 수 없었다. 변
란이 끝난 뒤 군민의 용맹으로 끝까지 성을 지킨 공훈을 길이 기리고

자 동헌 안에 심었던 수성송은 450년 전의 역사를 여전히 기억하면서 오늘날도 해남의 수호수守護樹로 추앙받는다.

골매기 서낭(성황城隍)이 된 소나무 이야기도 흥미롭다. 동해 포구 감포마을을 수호하는 신은 서낭당 옆을 지키는 소나무로 이 마을 사람들은 수서낭 또는 할아버지 신으로 모신다. 별신굿 형식으로 진행되는 마을굿은 골매기 나무인 소나무 앞에 제물을 차리고 제관과 유지들이 차례로 절을 올리는 것으로 시작된다. 절을 하는 동안 무녀는 소지를 올리면서 마을의 평화와 바닷길의 안전을 축원한다.

동해안 지역에 골매기 서낭이 된 소나무처럼 강원도 산간에는 '산 멕이기' 풍습도 있다. 산멕이기는 이름 그대로 산에 무엇인가를 먹이는 신앙, 즉 산을 대접하는 의례다.

강원도 명주군 옥계면 주민들은 소나무를 개인의 수호신으로 모신다. 이 고장에서는 매년 단옷날이면 동틀 무렵에 마을 앞산에 가서 산멕이기를 하는데, 부녀자들이 한 해 동안 부엌에 매달아두었던 '산'을 각자 자기 소나무에 묶고 제물을 올려 가족의 안녕과 소원을 기원한다. '산'이란 부엌에 걸린, 왼새끼를 꼬아 만든 금줄을 말한다. 외부에서 음식물이 들어오면 음식 일부나 전부를 먼저 '산'에 꽂아 신에게 바치는 절차다. 집집이 소나무를 개인의 신목으로 삼고, 집안의 수호신이나 조상신으로 숭배하는 예라고 볼 수 있다. 마을 사람 모두가 소나무 한 그루씩을 각자의 신체神體로 보듬고 사는 셈이다.

내게도 비슷한 경험이 있다. 해마다 정월 보름이 다가오면 어머니는 장독간에 치성을 드리는 공간을 만들었다. 가까운 산으로 가서 솔가지를 꺾고 황토를 퍼 오는 것은 언제나 나의 일이었다. 장독간에 만들어진 좁은 공간에 황토를 깔고, 솔가지를 꽂고, 그 솔가지에 소지燒紙

강원도 명주군 삼산리의 당산 소나무. 제단 위에 놓인 제물은 오직 술 한 병뿐이다. 이 소나무는 고사하여 2008년 천연기념물 350호에서 해제되었다.

를 매달면 어머니의 치성 공간은 완성되었다. 황토를 퍼 오는 일은 산신을 집으로 모시는 일이었고 솔가지를 장독대의 황토 위에 세우는 일은 당산나무를 집으로 모시는 일과 다르지 않았다. 음력 정월 보름부터 시작된 어머니의 축원은 집안의 부정을 가셔내고, 가족의 화평과 건강을 기원하는 것이었다.

소나무는 이렇게 한 마을의 수호신이나 한 집안의 조상신 또는 산신의 신격을 지니고 우리 곁에 있었다. 소나무는 동신洞神과 수호신인 동시에 제의나 의례 때 부정을 물리치는 도구로 사용되었다. 그 현장은 먼저 혼례식의 초례청에서 찾을 수 있다. 초례상 한쪽 꽃병에 꽂힌 소나무 가지와 대나무의 상징적 의미는 신랑 신부가 소나무와 대나무처럼 굳은 절개를 지키라는 뜻이다. 산모의 출산 때나 장을 담글 때 솔가지를 끼운 금줄을 치는 이유도 잡귀와 부정을 막는 의식이었다. 동지에 팥죽을 쑤어 삼신과 성주에게 빌고, 병을 막고자 솔잎으로 팥죽을 사방에 뿌리는 것에도 벽사와 정화의 뜻이 있다. 이렇게 액막이를 뜻하는 소나무의 상징성은 우리 민속 군데군데 뿌리박고 있다.

궁리의 당산 소나무 앞에서 생각했다. 비록 초라한 제물일지언정 일각을 다투는 정보 혁명의 시대에 당산 소나무를 향한 그 애틋한 정성이 오늘날도 이어지는 까닭은 무엇일까? 우리에게 소나무란 과연 무엇일까?

민간 생활과 소나무

안면도의 소나무숲에서 쉽게 발견할 수 있는 송진 채취 흔적

소나무는 한민족의 수호신이자 생존을 위한 생명수였다. 소나무는 농경 문화의 삶을 유지하는 데 없어서는 안 될, 그리고 버릴 것이 없는 나무였다. 소나무는 식량과 연료와 재목과 약제의 공급원이었다. 소나무와 관련된 지명이 619곳에 이르고 특허청에 출원된 상표 이름도 860건임에 비추어보면, 우리가 얼마나 소나무에 의존해 살아왔는지 엿볼 수 있다. 민간 생활과 관련 있는 소나무의 활용법을 살펴보면 다음과 같다.

소나무는 예로부터 중요한 보조 식품이었다. 소나무의 속껍질(백피)은 구황 식품으로 활용되었는데, 수액이 유동할 때 채취하여 그대로 먹거나 말려서 보관하였다가 가루를 내 송기떡을 해 먹었다. 초근목피草根木皮란 말이 칡뿌리(초근)와 목피(소나무의 속껍질)에서 유래한 사연만 봐도 확연히 알 수 있다.

불가의 고승들은 솔잎차를 즐겨 마셨고, 민간에서는 한기를 느끼거나 몸이 허약할 때 솔씨 가루를 꿀에 버무려 먹었다. 솔잎은 '신선들이 먹는 식품이라 장기간 생식하면 늙지 않고 몸이 가벼워지며 힘이 나고 흰머리가 검어지고 추위와 배고픔을 모른다'고 알려져 있다. "솔잎은 풍습창을 다스리고 머리털이 나며 오장을 편하게 하고 곡식 대용으로 쓰인다."라는 『동의보감』의 내용처럼 오늘날에도 솔잎이 젊음을 유지해준다는 민간요법을 믿는 사람이 많다.

솔잎은 그대로 먹거나 죽을 쑤어 먹었고, 불린 콩을 갈아 콩즙을 만들고 솔잎즙을 내어 섞어 먹는 소나무 음식도 불가에서 전해 오는 선식의 일종이다. 송홧가루는 예로부터 기를 보호해준다는 음식이다. 꿀에 버무린 송홧가루는 청혈 강장 식품이 되어 송화다식이란 이름으로 오늘날에도 사랑을 받는다.

소나무의 새순, 잎, 솔방울, 옹이, 뿌리는 술을 만드는 재료로 사용되어 송순주松筍酒, 송엽주松葉酒, 송실주松實酒, 송절주松節酒, 송하주松下酒라는 이름으로 사랑을 받았다. 이 술들은 머리를 맑게 하며 중풍과 치매 같은 성인병을 예방한다고 알려진 민속주다.

송홧가루를 조청에 버무려 만든 송화다식

소나무숲에서는 복령이라는 약재가 생산되는데, 이것은 소나무 뿌리에 공생하는 외생균근이 만든 혹에서 생긴 것이다. 예로부터 사람들은 이 혹을 소나무의 정기가 모인 것이라 여겨 좋은 약재로 생각했다. 그 밖에 외생균근과 관련 있는 것으로 송이버섯을 들 수 있는데, 자세한 내용은 3부 「사라지는 천년 향기」 편에서 다룰 것이다.

한약재로 사용하는 복령은 소나무 뿌리에서 만들어진다.

송진 역시 한약재로 사용되었으며, 비행기 연료로 사용되기도 해 일제 강점기에 이 땅의 많은 소나무가 수난을 겪었다. 오늘날도 오래된 소나무숲에는 당시 송진을 채취한 흔적이 남아 있다. 한편 땅속으로 들어간 송진이 오랜 세월이 지나 만들어진다는 호박은 장식재로 우리의 사랑을 받는다.

땔감이 귀하던 시절 솔가리는 훌륭한 보조 연료였고, 기름진 관솔가지는 횃불이나 등불로 사용되었다. 그 관솔불을 송명松明이라 했다. 송매松煤, 송연松烟이라고도 불리던 먹墨은 소나무를 태운 그을음을 아교로 반죽하여 만들었다.

이 밖에 민간에 전해지는 소나무와 관련한 내용은 다음과 같다. 솔잎과 박하 잎을 섞어 만든 베개를 베고 자면 신경쇠약증을 치료할 수 있고, 솔잎을 깔고 한증을 하면 신경통이나 풍증을 치료할 수 있으며, 송진이 밴 소나무 가지의 속줄기를 햇볕에 말려서 붙여주면, '풍습을 없애고, 경련을 멈추게 하며, 경락을 통하게 한다'는 것 등이다.

9. 소나무로 지세地勢를 바꾼다

경상남도 하동 송림 | 액막이

하동 송림은 광양만의 갯바람과 섬진강의 모래바람을 막아주는 바람막이이며 물난리를 막고자 만든 마을 숲이다. 이 솔밭은 영조 대(1745)에 전청상 도호부사가 광양만에서 불어오는 해풍과 섬진강의 모래바람, 또 섬진강의 범람으로부터 하동읍을 보호하고자 소나무 1,500여 그루를 심은 것이 시초라고 알려져 있다. 270여 년 전 소나무를 직접 심어서 만든 마을 숲의 전형을 찾아서 하동으로 향했다.

섬진강을 끼고 펼쳐진 솔밭은 아름다웠다. 섬진강 푸른 물과 흰 모래밭을 벗하면서 자라는 소나무들은 그 긴 세월 숱한 바람을 막고 홍수를 견뎌낸 백전노장답게 당당하게 자리를 지켰다. 세찬 강바람도 700여 그루 노송이 한꺼번에 토해내는 지난 세월의 외침을 잠재우지 못하는 듯했다.

200년이 넘는 세월의 무게를 무시할 수 없어서인지, 아니면 급격한 산업화의 부작용 때문인지 몰라도 솔밭을 지키는 소나무가 그사이

◀ 섬진강의 모래바람과 범람을 막고자 270여 년 전에 조성된 하동 송림

하동 송림에는 곧은 소나무보다 굽은 소나무가 더 많다.

에 절반으로 줄어든 것이 마음에 걸린다. 마을이 해체되면 마을 숲도
사라지는 세태에 그나마 자리를 지키는 하동의 송림에서 마을 숲의 의
미를 새롭게 정리해보았다.

　마을 숲은 마을의 문화와 역사와 전통을 담은, 마을의 또 다른 얼
굴이다. 조상의 정신세계를 담은 마을 숲은 마을의 정체성을 나타내는
다목적 복합 공간이다. 마을 숲의 정의는 학자에 따라 제각각이다. 광
의로 해석하는 쪽은 '마을 주민들의 필요에 따라 인위적으로 조성 보
호하는 숲'으로 그 기능을 폭넓게 아우르는 반면, 협의로 해석하는 쪽
은 '엽승厭勝(액막이)이나 비보裨補와 같은 풍수 목적으로 조성 관리하
는 숲'으로 그 기능을 좁게 제한한다. 엽승은 불길한 기운을 누른다는
뜻이고, 비보는 모자라는 지세를 인공적으로 채워준다는 뜻의 풍수 용

어다.

그러나 나라 전역의 풍속과 환경이 같지 않고, 마을마다 문화적 전통이 다르기에 이 땅 곳곳에는 어느 한 기능만을 얻고자 조성한 마을 숲도 있고, 또 다양한 기능을 함께 얻고자 조성한 숲도 적지 않다. 따라서 어느 특정한 정의를 모든 마을 숲에 기계적으로 적용하기에는 무리가 따른다.

조상들은 풍수 사상에 따라 허약한 지형을 보완하고자 비보림裨補林이나 수구水口(마을 앞의 열린 공간)막이 숲을 만들었고 동제, 당산제, 서낭제 같은 토속 신앙을 집전할 성황림城隍林이나 신림神林을 모셨다. 또 강바람이나 바닷바람을 막고 수해를 방지하고자 보안림을 만들었으며, 마을의 기원이나 전설을 담은 역사림歷史林이나 아름다운 풍광을 연출하고자 경관림景觀林도 만들었다. 수천 년 동안 농경문화를 일군 민족답게 이 땅에는 다양한 종류의 마을 숲이 있다.

마을 숲을 신앙과 놀이와 휴양과 자연재해 방지를 위한 복합 공간이라고 일컫는 이유도 이처럼 다양한 기능을 수행했기 때문이다. 숲을 도구로 삼아 모자라는 지세를 인공적으로 채우거나 불길한 기운을 억눌러서 살기 좋은 마을로 만든 조상의 지혜는 오늘날 새롭게 그 가치를 인정받는다. 산림청이나 문화재청에서 경관이 아름답거나 문화적 가치를 지닌 마을 숲을 발굴하여 상을 주고, 문화재로 지정·보호하려고 노력하는 것도 마을 숲이 지닌 생활 환경이나 문화유산적 가치를 높이 평가하기 때문일 것이다.

마을 숲과 관련하여 흥미로운 사실은 소나무로 구성된 마을 숲이 적지 않다는 점이다. 2003년 문화재청이 발주한 마을 숲에 대한 연구는 조사 대상 24곳 중에 17개소가 소나무(한 곳은 곰솔)숲임을 밝혔다.

하회마을의 만송정비
건너편 부용대 절벽의 나쁜 기운을 가라앉히고자 소나무 1만 그루를 심었음을 밝혀두었다.

이는 상대적으로 산지가 많은 강원도와 경상남북도 지역을 대상으로 삼았기 때문인지도 모를 일이다.

한경대학교 김학범 교수 팀이 수행한 이 연구는 소나무로 구성된 마을 숲의 주 기능은 자연재해를 막거나 허약한 지세를 보완하는 것으로 나타났다. 그리고 보조적인 기능은 아름다운 경관을 유지하거나 역사적 의미를 담는 것이었다. 관심을 가져야 할 부분은 소나무로 구성된 마을 숲이 주로 바람, 바닷물, 홍수 등의 자연재해를 막는 데 활용된다는 점이다.

왜 소나무가 마을 숲의 주요 수종이 되었을까? 먼저 수명이 길다는 점을 들 수 있다. 소나무는 느티나무나 팽나무처럼 오래 사는 나무로 수백 년을 이어야 할 마을 지킴이로 적당한 수종이다. 600~700년을 산다는 것은 마을의 무궁한 번성을 기원하기에 더할 나위 없는 덕목이었으리라.

그다음으로, 좋지 않은 환경에서도 살아갈 수 있다는 점을 들 수 있다. 소나무는 척박한 환경에 잘 적응하는 강인한 수종이다. 햇볕만 충분하다면 때때로 범람하는 계곡이나 하천가에서도 잘 자랄 뿐 아니라 뿌리를 땅속 깊이 내리기 때문에 상대적으로 토양을 안정시킨다.

우리 조상은 이런 특성을 지혜롭게 활용하여 파도나 강물의 침식으로부터 마을을 지키고자 강변이나 해안에 소나무를 심었다. 낙엽활엽수와 달리 일년 열두 달 잎을 달고 있는 상록성 교목이어서 강바람이나 바닷바람을 막는 데도 적합하다.

여기에 더해 비보나 액막이용· 마을 숲도 소나무로 조성한 이유는 무엇일까? 역시 소나무의 생육 특성이나 소나무가 간직한 상징성으로 설명할 수 있다. 사철 푸른 상록성이나 강인한 생명력을 지닌 솔숲은 지기地氣(땅의 기운)가 빠져 나가는 마을 앞의 열린 공간(수구水口)을 차폐하거나 불길한 기운을 내리누르는 액막이에 적합하다고 믿었던 것은 아닐까?

안동시 풍천면 하회동의 만송정萬松亭은 소나무로 조성된 대표적 엽승림厭勝林이다. 만송정은 하회마을 맞은편에 거칠게 자리 잡은 부용대 절벽을 가리려고 만든 숲이다. 겸암 류운용(1539~1601)은 부용대에서 나오는 기가 너무 세어 마을에 좋지 않다고 생각했고, 그 기를 가라앉히려고 소나무 1만 그루를 심었다고 한다.

겨울이면 세찬 북서풍의 모래바람이 불고, 여름이면 낙동강이 범람할 위험이 있는 곳에 자리 잡은 하회마을에서 이 숲은 실제로 방풍림과 방사림防沙林은 물론이고 방수림防水林 구실도 한 셈이다. 오늘날의 만송정 솔숲은 약 100년 전에 다시 조성된 것이며, 겸암의 16대 후손이 만송정비를 세워 그 사실을 기록으로 남겼다. 밀양강의 범람을 막고자 19세기 말에 조성한 밀양시의 삼문동 솔숲도 만송정 솔숲처럼 방사림이다.

양양 조산리 동해 미솔밭도 엽승림의 또 다른 사례다. 조산造山이라는 마을 이름에서 알 수 있듯 설악산에서 뻗어 내리다 멈춘 맥을 이

으려고 인공적으로 언덕을 만들고, 그곳에 숲을 조성하여 마을의 발전을 염원한 대표적 엽승림이 동해 미솔밭이다.

수구막이 숲으로는 400년 전 조성된 함양 도천리 솔숲이 유명하다. 도천리 솔숲은 마을 앞이 트여 함양읍이 보이는 것이 마을에 좋지 않다고 여겨, 계곡 사이를 연결하듯 조성한 숲이다. 도천리 숲과 관련하여 전하는 이야기는 조상의 풍수적 자연관을 엿볼 수 있어서 흥미롭다. '도천리 주변의 능선은 고양이, 개, 호랑이형이며 이 세 동물이 먹이를 다투는 가운데 숲이 자리 잡았다. 따라서 도천리 솔숲은 세 동물의 평화와 안정을 확보하는 요충지 구실을 한다'는 내용이 그것이다.

마을 숲이 포용하는 수많은 사연과 의미를 생각하면 무관심하게 버려둘 수 없는, 소중한 생명 문화유산임을 깨닫게 된다. 지형적으로 부족한 부분을 소나무로 보완하고자 했던 조상의 지혜는 오늘도 이 땅 곳곳에서 푸른 솔숲으로 살아 있다.

소나무로 조성한 마을 숲

소나무로 조성한 마을 숲은 여러 군데다. 먼저 강원도 춘천시 동면 지내리의 송림은 방풍 겸 수구막이 숲이며, 춘천시 신동 올미마을의 송림은 방풍림 구실을 한다. 강릉시 초당동 송림은 동해안의 모래바람을 막아주는 방풍림이며, 강릉시 회산동 회산임수는 남대천의 제방을 보호하고자 조성한 호안 방풍림이다.

경상북도의 경우, 군위 대율동의 동림은 임진왜란 당시 의병의 훈련도장으로 사용한 숲으로 오늘날도 마을의 수호신을 모신다. 경주의 황성공원은 『동경잡기東京雜記』에 화랑의 훈련이나 수렵을 위해 조성

소나무로 조성한 마을 숲
❶춘천시 신동 올미마을의 송림은 방풍림 구실을 하는 마을 숲이다.
❷춘천시 지내리의 수구막이 송림은 방풍림 구실도 함께 한다.

된 숲이라는 기록이 있으며, 안동시 임하면 천전동의 개호송은 의성

김씨 문중에서 지켜오는 소나무숲이다.

10. 소나무를 찾아서
솔바람 모임

2004년 2월 어느 토요일 오후 2시, 경복궁 홍례문 앞. 어느새 서른 명이 모였다. 다섯 사람이 조출하게 경상북도 봉화와 울진의 솔숲을 찾았던 두 번째 행사와는 달리 꽤 많은 이가 참가했다. 솔바람 모임 (www.solbaram.or.kr)의 세 번째 행사는 먼저 우리 토종 소나무로 복원된 경복궁에서 시작하였다. 참석자 모두가 신응수 도편수의 자세한 설명으로 우리 소나무의 가치를 새롭게 느끼는 눈치다. 이어 다음 행사장인 삼청공원으로 향했다.

산과 물, 게다가 인심 또한 맑다고 하여 삼청三淸이라 하였다던가. 아니면 신선이 사는 태청太淸·상청上淸·옥청玉淸의 세 신전에서 유래했다던가. 무슨 상관이랴. 푸르디푸른 소나무들이 북악산北岳山에서 동쪽으로 뻗어 내린 기슭, 삼청동에 터 잡았는데. 멋지게 솟은 아름드리 노송들을 감상하면서, 모두 삼청동 소나무의 의미를 한마음으로 되새겼다. 서울 땅에서 이런 소나무를 볼 수 있는 곳이 몇 군데나 될까? 모

◀ 솔바람 춤에 앞서 오행음으로 천지의 기를 모으는 이애주 교수. 강원도 대관령 자연휴양림

두들 탄성이다.

삼청공원에서 감사원을 거쳐 헌법재판소로 향하는 가회동 길 역시 소나무 풍류를 즐길 수 있는 길이다. 너도 나도 한마디씩 보탠다. 어서 어서 씩씩하게 자라 멋진 자태를 뽐내길 비는 간절함이 각자의 가슴 속에 스며든다. 마침내 헌법재판소의 백송白松 앞에 섰다. 재동 백송에 대한 박희진 시인의 시를 듣는 것으로 세 번째 솔바람 모임은 끝났다. 서울에서도 이렇게 소나무 풍류를 즐길 수 있다는 사실이 흐뭇하다.

소나무를 사랑하는 사람들

솔바람 모임을 계획한 것은 순전히 소나무를 사랑하는 몇몇 애호가의 애정 때문이었다. 시인과 화가, 작가, 문화예술인의 소나무 사랑은 소나무를 찾아 나서는 모임으로까지 발전하게 되었고 마침내 방방곡곡의 소나무를 찾아 나서게 만들었다.

옛 그림을 보면 소나무와 함께한 우리 선조의 풍류를 엿볼 수 있다. 청기靑氣와 은일隱逸의 즐거움이 그림에 녹아 있는 김수철의 〈청계한담도〉는 몇 그루 안 되는 소나무 밑에서 한담을 즐기는 선비들을 평화롭게 그렸다. '자연 회귀의 심성'이 녹아 있는 그림 속 풍경을 보면 소나무가 품은 상징적 의미를 다시 생각하지 않을 수 없다.

솔바람 모임은 우연히 이루어졌다. 나와 이호신 화백이 소나무를 찾아 나서는 여정에 꽤 많은 이가 동행을 원했다. 그러나 일정을 맞추기는 쉽지 않았다. 그래서 생각해낸 것이 우리 소나무의 아름다움을 많은 이가 공유할 수 있게 대표적 솔숲을 선정하여 함께 찾아가는 모임이었다. 그리고 이왕 소나무를 찾아 나선 걸음이면, 조선 시대 옛 그림에 나타난 문사들의 소나무 풍류를 21세기에 한번 재연해보자고 생각했다.

솔바람 모임의 첫 만남은 1박 2일의 일정으로 준비하였다. 우리의 첫 기행지는 선비 정신의 표상을 간직한 소수서원의 솔밭이었다. 영주의 소백 예다회 회원들이 정성스럽게 준비한 다회茶會는 뜻밖이었다. 아름드리 낙락장송 아래서 작설차와 함께 맛보는 송화다식은 유별났고, 운치는 각별했다. 먼저 소수서원 소나무 이야기를 박석홍 선생으로부터 들었다. 그리고 이동희 양의 가야금 연주가 이어졌다. 12줄에서 울려 퍼지는 황병기 선생의 〈숲〉은 솔숲과 잘 어울리는 천년의 소리였다.

김양동 교수와 조수현 교수의 현장 휘호가 이어질 때 이영복 화백과 이호신 화백은 솔숲 아래 펼쳐진 아름다운 정경을 화폭에 담았다. 가야금 소리와 묵향과 수묵의 색이 하나의 하모니로 승화되

솔바람 모임의 소나무 풍류
❶ 서울 재동 헌법재판소 구내의 백송(천연기념물 8호) 앞에서 개최한 시 낭송회
❷ 영주 소백 예다회가 소수서원 솔밭에서 개최한 다회
❸ 대관령 자연휴양림의 소나무숲에서 이애주 교수의 시범에 따라 모든 참가자들이 천지의 기를 모으고 있다.

조상들은 솔밭에서 현장 휘호를 하며 풍류를 즐겼다.
김양동 교수의 현장 휘호

는 솔숲은 정겨웠고 뜻깊었다. 소수서원 솔밭 사이로 지나는 바람 때문인지는 몰라도 소나무 아래서 한때를 즐기던 18세기 조선의 문사들이 떠올랐다. 모처럼 소나무를 즐길 줄 아는 시인 묵객들의 현대판 풍류를 소수서원 소나무도 함께 즐기는 듯했다. 몇백 년 만에 되살아난 소나무 아래의 풍류 아니런가.

두 번째 기행지는 처진 소나무가 500년째 터 잡아 사는 청도 운문사였다. 제 스스로 몸을 낮춰 더욱 존경과 사랑을 받는 처진 소나무의 겸양지덕을 설파하는 진광 스님의 말씀은 맑았다. 더불어 금남禁男의 집인 청풍료淸風寮가 우리 일행에게 개방된 것이나 학장 스님, 교수 스님과 함께 250여 학인을 모시고 우리 문화에 자리 잡은 소나무의 가치를 논한 것은 평생 기억해야 할 사건이 되었다. 4년 교육을 수료하면 이 땅 곳곳의 산천에서 소나무와 함께 살아갈 비구니 스님들 아닌가.

다음 날 아침 일찍 길을 나선 우리는 마침내 소나무와 하나가 되는 경험을 했다. 우리 일행을 맞아주는 안개 속의 대관령 소나무들은 당당했다. 이 솔숲을 처음 대면했던 지난 겨울이 떠올랐다. 나도 이 화백도 비탈에 선 소나무와 함께 대관령을 넘어오던 세찬 북서풍에 온몸으로 맞서야 했다. 어느 나무 한 그루도 굽힘 없이 당당한 그 모습에 감격했던 희열이 되살아났다. 우리 소나무의 참모습을 옳게 서술할 수 있게 힘을 주십사고 간절히 갈구하던 그 염원이 어제 일처럼 생생하게 떠올랐다. 용기와 희망이 절실히 필요하던, 곤궁하던 세월에 소나무가 안겨준 불가사의한 치유력은 얼마나 신묘했던가.

지기地氣와 천기天氣로 응축된 금강소나무들이 옹립한 숲길을 거니는데 박희진 선생의 시 「강송剛松 찬미」 한 구절이 떠올랐다.

> 강송의 숲에서는 일체 잡념을 버려야 한다.
> 오직 자연에의 외경畏敬 하나로 마음을 채우도록.
> 강송을 본떠 허리를 편 다음 가슴을 열고 심호흡해야 한다.
> 뿌리를 깊숙이 대지에 내렸기에 확고부동한 긍정의 자세와
> 찬미의 정성을 배워야 한다.
> 온갖 협잡의 유혹을 물리치고 상승일념의 집중과 지속력,
> 그 드높은 기개의 도덕성도.

시를 읊조리면서 나는 행복했다. 우리 소나무에 대한 더 이상의 찬사가 있겠는가. 소나무에 대한 시인의 예지력에 다시 한번 놀랐다. 그리고 지난 10년 세월을 기다리면서 우리 소나무에 쏟았던 '긍정의 자세와 찬미의 정성'이 결코 헛된 것이 아니었음을 절실히 깨달았다. 1993년 대관령 휴양림에서 개최된 소나무 학술 토론회 이후 한순간도 내게서 떠나지 않았던 것이 바로 소나무 아닌가.

평생을 한 분야에 헌신한 전문가의 이야기를 듣는 것은 새로운 경험이었다. 산림 공직자로서 느끼는 보람을 설파한 산림청 조연환 차장과 궁궐재로서 소나무 가치를 강조한 신응수 도편수의 이야기는 진솔

했다. 우리 숲을 만들고 가꾸는 데 젊음을 다 바친 공직자나 한평생 베어낸 소나무에 새로운 생명을 부여한 대목장의 이야기를 듣는 참석자들은 일순 숙연했다. 그리고 오늘의 우리 숲이, 우리 소나무의 가치가 저절로 생긴 것이 아님을 다시 한번 깨달았다. 이들이 바로 우리 숲과 우리 소나무의 산증인 아닌가.

마지막 행사는 이애주 교수 몫이었다. 한복을 차려입은 이 교수는 먼저 천지의 기를 불러 모았다. 오장에서 울려 나오는 오행음五行音은 하늘도 땅도 감응시키는 듯했다. 금방 비가 쏟아질 것 같던 대관령의 궂은 하늘도 일순 맑아졌다. 그리고 세찬 골바람도 어느새 잠잠해졌다. 앉은 자세로 천천히 두 팔만 움직이던 이 교수의 조용한 춤사위는 어느 순간 큰 동작으로 변했다. 두 손에 쥔 솔가지도 한 몸처럼 격렬하게 움직이기 시작했다. 땅바닥에 바짝 낮춘 몸이 하늘로 솟구칠 때는 모두가 숨을 죽였다. 한바탕 신명 끝에 '솔바람 춤'은 끝났다. 나의 눈에는 이 교수도 참석자들도 어느 틈에 모두 소나무로 변해 있었다. 춤꾼도 관객도 모두 대관령의 금강소나무처럼 멋진 기운을 뿜어내었다.

1박 2일 일정으로 40명이 '소나무를 찾아서' 나선 걸음은 대관령 휴양림의 소나무숲에서 이 교수의 '솔바람 춤'으로 대미를 장식했다.

2004년 2월에 시작한 솔바람 기행은 2019년 12월 현재 총 80회째 이어가고 있다.

소나무 축제

산에서 자라는 소나무가 문화라는 이름을 달고 사람들 곁으로 내려오게 된 것은 숲과 문화 연구회가 1993년에 대관령 자연휴양림에서 '소나무와 우리 문화'란 주제로 개최한 학술 토론회 덕분이라고 할 수 있다. 소나무와 각별한 인연을 맺은 산림학자와 함께 시인, 화가, 농부, 민속학자, 국문학자, 미학자, 도편수, 출판인과 많은 소나무 애호가들이 대관령 자연휴양림에서 3일 동안 숙식을 같이하면서 소나무의 가치와 아름다움에 대한 생각을 서로 나누는 축제의 자리였다. 이와 유사한 사례는 또 있었는데 2001년에 동부지방산림관리청이 주최한 강릉 지방의 소나무 축제, 2002년에 산림청이 주최한 정이품송 혼례식 등도 사람들이 소나무 곁으로 한 걸음 더 다가가게 하는 행사였다.

한 지방에서 지속적으로 개최하는 소나무 축제는 '춘양목 문화 축제'를 들 수 있다. '춘양목 문화 축제'는 경상북도 봉화군 춘양초등학교 동창회에서 2회까지 개최하다가 2003년 3회째부터는 춘양목발전회 이름으로 개최한다. '제2회 춘양목 문화 축제' 초청장에는 축제의 의의를 다음과 같이 밝혔다.

힘찬 정진을 상징하는 상하의 계절입니다. 태백산 정남향이며 경상북도 최북단의 산림 청정 지역에 위치한 심심산촌의 전통 고장인 춘양에서 전국의 산촌·산림 애호가 여러분과 춘양 지방의 주민 여러분 및 춘양초등학교 동문 여러분을 모시고 춘양목의 늠름한 기상, 곧고 꿋꿋한 삶의 의지와 강인한 인내심을 되새기며 모든 춘양인의 긍지요 동물들의 정신적 지주로 자리매김한 춘양의 정서와 향기를 마음껏 느껴보고자 제2회 춘양목 문화 축제 행사를 개최합니다. 부디 두루 오셔서 산촌 문화에 흠뻑 젖어주시기 기대하며 애향심과 고향에 대한 자긍심을 키우며 새로운 도약의 발판이 되시기 바랍니다.

소나무 축제
❶2001년 강릉에서 개최된 '강릉 소나무 축제'의 통나무 자르기 대회
❷'강릉 소나무 축제'의 솔방울 많이 줍기 대회
❸2003년 춘양목발전회가 개최한 '춘양목 문화 축제'의 식전 행사인 고유제

'제2회 춘양목 문화 축제'는 모두 4부로 진행되었고 제1부는 춘양목 양묘장 방문, 춘양목 전통 가옥과 정자 방문, 춘양목 군락지 걷기, 제2부는 춘양목 영상 자료 전시, 춘양목의 문화적 가치 특강, 제3부는 동창회 행사로 자랑스러운 만남, 제4부는 춘양목 축제의 밤으로 축시와 축제의 노래, 노래자랑 등으로 이어졌다.

비록 관에서 주관하는 문화 행사에 비해 짜임새는 부족했지만 '춘양목 문화 축제'는 춘양목을 통한 향토 사랑의 소박한 정성이 녹아 있는 지역의 잔치였다. 춘양초등학교 동창회가 개최했던 1, 2회와 달리 춘양목발전회가 개최한 '제3회 춘양목 문화 축제'의 백미는 솔숲 현장에서 이루어진 명사들의 주제 발표와 토론이었다. 특히 토론회가 기관장 중심보다는 참여자 중심으로, 서울의 전문가보다는 지역 전문가가 적극적으로 참여하는 행사로, 이벤트성 행사보다는 주민이 직접 참여하는 행사로 진행되어 더욱 큰 의미가 있었다. 관과 민이 합심하여 기획하고 추진할 때 소기의 효과를 얻을 수 있다는 결론을 도출한 것도 큰 성과였다.

3부 소나무를
알면
환경이 보인다

지구 온난화로 소나무숲이 사라지고 있다.
소나무가 살지 않는 곳에서는 인간도 살 수 없다.

—영양 답곡리 만지송

1. 1만 7,000년 전의 씨앗

강원도 속초시 영랑호 솔숲 | 한반도 식생 역사

우리 소나무의 뿌리를 찾는 일은 속초 영랑호에서 시작되었다. 솔숲의 근원을 산에서 찾지 않고 호수에서 찾은 이유는 영랑호가 이 땅 소나무의 성쇠를 가늠할 비밀을 간직하였기 때문이다. 그 비밀의 속내를 들여다보고자 미시령 고개를 넘었다.

영랑호 밑바닥에 수천 년 동안 켜켜이 쌓여 있던 식물의 화분(꽃가루)에 관심을 가진 이는 한·일 양국의 생물학자들이었다. 잎, 열매, 줄기나 뿌리 등 식물의 거대 화석은 수천만 년 또는 수백만 년 전의 지질사적인 연구에 응용되고 있다. 또한 꽃가루 같은 미세 화석은 현세와 가까운 식생의 발달 과정을 엿볼 수 있는 단서를 제공한다. 그래서 지난 1만 년 동안 한반도의 식생을 유추할 수 있는 비교적 쉬운 방법은 화분을 분석하는 것이고, 수천 년 동안 다양한 식물의 화분을 호수 밑 뻘 속에 저장한 영랑호는 소나무를 비롯하여 이 땅의 식생을 설명할 수 있는 출발점이라고 감히 말할 수 있다.

◀ 강원도 속초시 영랑호. 호수 바닥에 가라앉은 꽃가루 분석으로 과거 1만 7,000년 동안의 식생을 유추할 수 있다.

영랑호와 주변의 소나무숲

1만 년의 식생 분석은 꽃가루로

1978년 한·일 양국의 생물학자들은 강원도 속초시 인근의 영랑호 바닥을 지하 12미터까지 파 내려가 호수 바닥 퇴적물에 포함된 꽃가루를 분석하여 1만 7,000여 년 전부터 현재까지 한반도 산림의 변화 과정을 다음과 같이 보고했다.

1만 7,000년 전부터 1만 5,000년 전까지는 한랭 기후로 가문비나무속, 전나무속, 잣나무류, 낙엽송 등이 발달하였고, 그 후 1만 년 전까지는 늦은 빙기로 기후가 한랭했기 때문에 풀과 고사리류가 무성했으며, 1만 년 전에서 6,700년 전까지는 급격히 따뜻해져 온난하며 습도가 높은 기후로 중부 동해안 지방에는 참나무속 같은 온대성 낙엽활엽수가 차츰 증가하였다. 서늘한 기후를 선호하는 나무들은 8,000년 전

을 기점으로 급격히 감소했다.

또한 6,700년 전부터 4,500년 전까지는 온난 건조한 기후로 2엽소나무류, 참나무속, 서어나무속이 번성하였으며, 그 후부터 1,400년 전까지는 중부 지방에는 서늘한 기후를 선호하는 식물들이, 남부 지방에는 온난한 기후를 좋아하는 식물들이 각각 분포했다. 그 시기는 식생과 기후의 남북 차가 뚜렷하여 참나무속, 소나무류, 서어나무류, 개암나무, 느릅나무, 가래나무속의 시대였다는 것이다. 그리고 1,400년 전부터 오늘날에 이르기까지는 인간에 의한 산림 파괴로 소나무류와 풀꽃 등이 번성하였다고 밝혔다.

이에 따라 소나무는 한반도가 온난하며 건조한 기후로 바뀐 6,700년 전부터 우리 땅에 자리 잡아 4,500년 전까지 번성했다. 특히 농경

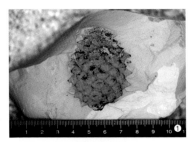
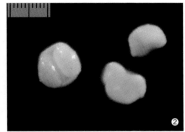

소나무의 식생 분석
❶ 포항에서 출토된 신생대 솔방울 화석
❷ 1,200배로 확대한 소나무 화분. 눈금 한 칸의 길이
　는 0.001밀리미터
❸ 노란색을 띤 소나무 화분. 꿀과 버무려 송화다식으
　로 만들기도 한다.

생활로 산림 파괴가 본격적으로 시작된 1,400년 전부터 오늘날까지는
다른 어떤 수종들보다 번성했음을 알 수 있다.

영랑호 한 지역의 화분 분석으로 나라 전체의 식생을 유추하기는
어렵다. 그러나 오늘날 우리가 쉽게 접하는 동해안 일대의 소나무숲이
적어도 1,400년 동안 대를 이어온 것이라는 사실을 확인할 수 있으며,
또한 남부 지방이나 서해안 곳곳에서 위용을 자랑하는 소나무들 역시
지난 천 년의 세월을 이어온 것임을 짐작할 수 있다.

소나무는 흔한 나무다. 흔한 만큼 이 땅에 뿌리박은 역사도 장구하
다. 그런 소나무를 주제로 시간 여행을 떠나보는 것은 의미 있는 일이
다. 소나무는 침엽수 중에 가장 오래전부터 이 땅에서 살아왔다. 소나
무류는 1억 년 전인 중생대 백악기에 출현했다. 지질사적으로 소나무
류는 당시에 이미 황해도에서 전라북도에 이르는 넓은 지역에 분포했

으며, 신생대 3기인 마이오세와 제4기인 플라이스토세를 거쳐 홀로세에 이르기까지 거대 화석으로 나타난다. 소나무류의 화석은 신생대 제4기 홀로세에 들어 강원도 속초와 주문진, 경상북도 포항과 울산 방어진 일대에 주요 수종으로 그 개체를 늘려갔고 그러한 추세는 홀로세 후기까지 이어졌다. 구석기 문화를 싹 틔운 우리 조상이 이 땅에 들어온 것이 약 100만 년 전임을 감안하면 소나무류는 장구한 세월 이 땅을 지킨 터줏대감인 셈이다.

한반도는 1만 2,000년 전에 있었던 지구상의 마지막 빙하기를 직접 겪지 않았다. 또한 지정학적으로 대륙성 기후와 해양성 기후가 만나는 환경 조건과 산이 많은 지형 조건 때문에 생물 다양성이 높았다. 오늘날도 1,000여 종의 나무가 자생하는 것을 보면 수천 년 전의 이 땅은 온대활엽수 극상림極相林(장기간 안정을 지속하는 상태로 군집을 이룬 숲)이었을 것이다.

솔숲은 농경 문화의 유산

그러나 이런 활엽수림은 인구가 한반도로 유입하면서 변할 수밖에 없었다. 우리 조상 역시 다른 문명권과 마찬가지로 숲을 이용하여 문명을 발달시켰기 때문이다. 조상은 수렵 채취하며 떠돌던 생활을 버리고 한곳에 정착했고, 농사를 짓기 위해 농경지를 비옥하게 만들어야 했다. 그 수단으로 가축이나 사람의 배설물, 온돌 아궁이의 재, 농가 주변에 있는 산에서 활엽수의 잎이나 풀을 썩혀 만든 퇴비를 사용했다. 그런데 배설물이나 나무와 풀을 태워 만든 재는 그 양이 얼마 되지 않아 자연스럽게 마을 주변에 있는 산에 자라는 활엽수의 잎이나 가지를 썩

산업화와 산불 피해로 영랑호 주변의 소나무숲이 많이 줄어들었다.

혀 만든 퇴비에 의지하게 되었다. 게다가 숲 바닥의 낙엽이나 유기물도 긴 겨울을 나기 위한 연료로 사용했다.

사람들은 이와 같은 방법으로 수백 년 동안 숲을 괴롭혔고 활엽수가 자라던 땅은 차츰 힘을 잃고 나빠졌다. 이렇게 나빠진 토양에서는 활엽수가 자랄 수 없어 마침내 나쁜 토양에서도 살아갈 수 있는 소나무들이 활엽수들이 자라던 곳을 차지하게 되었다.

다시 말해 농사를 지으려고 땅심(지력地力)을 키우고, 온돌 난방으로 추운 겨울을 넘기던 조상들이 농가 주변의 숲에서 낙엽활엽수를 몰아내고 소나무를 주요 수종으로 끌어들인 셈이다.

오늘날도 소나무가 농경 문화의 산물이라는 흔적은 쉽게 찾을 수 있다. 마을 주변에서는 쉽게 볼 수 있는 소나무숲을, 사람의 손길이 미치지 않는 깊은 산골에서는 볼 수 없기 때문이다. 이는 다시 말해 사람이 사는 동네 주변에 자라는 소나무숲이 사실은 저절로 만들어진 것이 아니라 끊임없는 인간의 손길 때문에 유지되어온 것이라는 뜻이다. 그

소나무 단순림
❶ 전라북도 남원 인월 부근 ❷ 공중에서 본 소나무 단순림. 강원도 강릉 부근

래서 독일 괴팅겐 대학교 임학과 얀 교수는 오직 소나무만으로 이루어진 마을 주변 솔숲을 인위적 극상림으로 표현한다. 사람의 힘으로 솔숲을 안정된 상태로 유지시켰다는 뜻이다.

소나무와 함께 태어나서 소나무 속에서 살다가 뒷산 솔밭에 묻힌 옛 풍경을 찾는 데는 오랜 시간이 필요하지 않았다. 아무리 압축 고도 성장의 거친 파도가 지난 40여 년 동안 이 땅을 망가뜨렸다 해도 우리 마음에 담고 있는 전형적인 고향은 아직도 건재했다.

영랑호 주변 솔숲을 거니노라니 소나무로 지은 집에서 태어나 소나무로 만든 농기구를 쓰면서 송편, 송화다식, 송기떡을 먹고 살다가 이승을 하직할 때는 송판으로 만든 관에 들어가 뒷산 솔밭에 묻힌 농사꾼 조상의 삶이 차례로 떠올랐다. 이 땅에 자라는 1,000여 종의 나무 중 소나무와 각별한 인연을 맺을 수밖에 없었던 것은 아마도 한민족의 숙명이 아니었나 싶다.

농가 주변 숲이 오로지 소나무숲(단순림)만으로 유지될 수 있었던 이유는 무엇일까? 여러 가지를 상정할 수 있겠지만, 숲에 계속된 인간의 간섭이 주된 원인이었을 것이다. 소나무는 숲 바닥을 긁어주어 토양 알갱이가 표면에 나타나야 종자의 싹을 틔울 수 있다. 바로 낙엽을 채취한 인간의 행위 덕분에 소나무숲에서 새끼 소나무들이 자랄 수 있었던 것이다.

문화가 발달함에 따라 더 많은 목재 자원이 필요해졌다. 고려 시대에 이어 조선 시대에도 인구는 계속 증가했고, 그에 비례해 소나무의 이용 가치도 더욱 커졌다. 궁궐이나 가옥을 짓는 데 필요한 건축재는 물론이고, 당시 가장 중요한 수송 수단이던 배를 만드는 목재로 충당되었다. 이 때문에 조선 왕실은 국용재 소나무를 원활히 조달하고자 솔숲을 엄중히 보호했고, 수백 년 동안 일반 백성이 소나무를 함부로 베지 못하게 했다. 대신 그 외의 나무는 쓸모없는 나무(잡목)로 취급했다. 그 결과, 백성은 잡목으로 취급된 활엽수를 자유롭게 이용할 수 있었고, 소나무숲에서 자라는 활엽수를 베어다 쓰고, 숲 바닥의 낙엽을 긁어 연료로 쓰는 인간의 간섭 때문에 소나무숲은 단순림으로 유지될 수 있었다.

2. 금강소나무는 환경이 만든다

강원도 외금강 온정리 창터 솔밭 | 지역에 따른 특징

'금강산 창터 솔밭에 뽀얗게 송홧가루가 피어오른다. 연기처럼 피어올라 안개처럼 휘감는다. 소나무와 소나무 사이를 기웃거리다 마침내 숲 바닥을 노랗게 적신다. 날 듯 말 듯한 송진 냄새가 코끝을 스친다. 버스를 타고 지나온 창터 솔밭이 못내 아쉬워 아주 천천히 신계사 터를 걷는다. 솔밭 언저리에 남아 있는 소나무일지언정 그 멋진 생김새를 가슴에 가득 심기 위해 한 장면 한 장면 마음으로 새긴다. 씩씩한 기상과 굳건한 절개를 상징하는 우리 소나무의 원형을 오래오래 간직하려는 듯이 보고 또 본다.'

몇 해 전 금강산을 찾았던 감회를 새롭게 되새겨본다. 창터 솔밭은 북한의 천연기념물 416호로 지정되어 보호받고 있다. 이곳 소나무들은 곧고 기품 있게 자라는 빼어난 자태 때문에 미인송이라는 별칭을 얻었다. 강원도나 경상북도 울진·봉화 지방에서 곧게 잘 자라는 소나무를 금강송金剛松이나 강송剛松이라고 부르는 내력은 창터의 소나무

◀ 금강산 구룡연 구역의 창터 솔밭. 북한 천연기념물 416호. 뒤로 보이는 봉우리가 문필봉이다.

들을 보면 금방 알 수 있다. 바로 같은 지역형이기 때문이다.

지역형에 의한 소나무 분류

금강송(강송)이란 별칭은 어디서 유래했을까? 송목松木, 황장목, 송전松田 따위 소나무와 관련된 용어는 고문헌에서 쉬이 찾을 수 있지만 금강송이나 강송이라는 단어는 찾을 수 없다. 따라서 금강송은 우리 조상이 창안한 소나무의 별칭이 아님을 알 수 있다.

금강소나무라는 용어는 일본인 산림학자 우에키 호미키植木秀幹 교수의 1928년 논문 「조선산 소나무의 수상樹相 및 개량에 관한 조림학적 고찰」에서 유래했다. 이 논문에서 우에키 교수는 개마고원을 제외한 우리나라 전역을 여섯 지역으로 나눠 그곳에 분포하는 소나무를 '동북형東北型', '중남부 고지형', '중남부 평지형', '위봉형威鳳型', '안강형安康型', '금강형金剛型'으로 분류하였다.

동북형은 함경도 일대의 소나무, 중남부 평지형은 굽었지만 가지들이 넓게 퍼져 자라는 인구 밀집 지역의 소나무, 중남부 고지형은 중남부 고지대에서 자라는 소나무, 위봉형은 전라북도 일부 지역에 자라는 소나무, 안강형은 경주와 안강 주변에서 가장 볼품없고 못생긴 형태로 자라는 소나무, 그리고 금강형은 줄기가 곧고 가지가 상부에만 좁은 폭으로 자라는 강원도와 경상북도 북부 지역의 소나무를 말한다.

금강소나무 또는 금강송은 우에키 교수의 '금강형'에서 유래하며, 강원도 금강군에서 경상북도 울진·봉화·청송에 이르는 강원도 산악 지역과 동해안에서 자라는 소나무를 일컬음을 알 수 있다. 바로 외금강 창터의 소나무들이 금강송이란 별칭이 나오게 된 이유라고 해도 과

경상북도 경주 선덕여왕릉 부근에서 자라는 안강형 소나무

소나무의 형태적 변이와 생육지 특성

구분	수형	기후	지질
동북형	줄기가 곧다. 수관은 난형이다. 지하고가 낮다.	기온이 낮다. 강우량이 적다. 건조하며, 날씨가 맑다. 저온이 급히 온다.	화강암, 편마암, 반암 등으로 되어 있다. 점토분도 많다.
금강형	줄기가 곧다. 수관이 가늘고 좁다. 지하고가 높다.	강우량이 많다. 습도도 높다. 태백산맥 능선부와 서쪽 사면에 적설량이 많다.	갈색 산림 토양군. 산림 생태계의 파괴가 비교적 적다.
중남부 평지형	줄기가 굽었다. 수관 두께가 얇다. 수관폭은 넓다. 지하고가 높다.	기온이 높고 건조하다.	적황색 산림 토양군. 중적토 지대가 많다.
위봉형	50년생까지 수형이 전나무처럼 원추형이다. 수관은 넓지만 신장은 늦다.	강우량이 1,300밀리미터 이상이다.	현무암, 반암(전라북도 위봉산) 등으로 되어 있다.
안강형	줄기가 굽었다. 수관의 폭과 넓이가 얇다. 노령목은 눈에 잘 띄지 않는다. 환경과 사람의 영향에 기인한다.	여름 강우량이 적다. 6월과 7월의 온도차가 가장 크다. 7월과 8월의 온도는 가장 작다.	회갈색 산림 토양군. 암적갈색 산림 토양아군. 산림 생태계 파괴가 비교적 심하다.
중남부 고지형	금강형과 중남부형의 중간형이다.	고도, 방위, 기후에 따라 금강형이나 중남부 평지형으로 분류된다.	갈색 산림 토양군.

(임경빈, 1983)

언이 아닌 셈이다.

아쉬운 점은 우에키 교수가 우리 소나무를 지역에 따라 여섯 가지로 분류한 지 90년이 지났지만 임학계에서는 아직도 이 틀을 변경하거나 또는 새로운 분류 체계를 제시하지 못했다는 사실이다. 그러나 분류 체계에 대한 새로운 시도는 없었을지라도 금강소나무에 대한 연구가 꾸준히 계속된 사실은 그나마 우리 소나무를 위해 다행스러운 일이다.

한편 학계 일각에서는 1960년대 들어 금강소나무의 우수성을 밝히고자 유전적 연구를 시작하였다. 1967년 서울대 현신규 교수와 안건용 선생 등이 금강소나무의 우수성이 '소나무와 곰솔(해송)의 잡종 강세 때문'이라고 발표했지만, 이 결과는 연구 방법상 문제가 제기되어 학계의 인정을 받지 못했다. 한편 1990년대 김진수 교수 등의 연구는 금강소나무가 다른 소나무와 비교했을 때 '품종'으로 인정할 만한 유전적인 차이가 없음을 밝혔다. 품종이란 바로 '우수성, 균일성, 영속성이 유전적으로 보존되어 고유의 특성이 다른 종들과 구별되는 단위'를 말한다.

그러니 우에키 교수가 엄밀한 의미에서 금강송이나 춘양목이 독립된 품종이라며 별도의 학명(*Pinus densiflora* Sieb. & Zucc. f. *erecta* Uyeki)을 부여한 것은 논리적 근거가 없는 셈이다.

금강소나무가 곧게 자라는 이유

그렇다면 금강소나무는 왜 다른 지역 소나무와 비교하여 줄기가 통직하고 세장細長하며, 수관樹冠이 비교적 좁고, 지하고枝下高(지면에서 수관

금강산 외금강의 창터 솔밭(1999년 5월). 작은 사진은 솔잎혹파리 때문에 죽어가는 창터 솔밭의 소나무들 (2004년 6월)

아랫가지까지의 높이로 높을수록 좋다)가 높으며, 재질이 치밀하고, 연륜폭은 좁은 형질을 가지고 있을까?

학계 일각에서는 그 답을 지리적 환경에서 찾으려고 하였다. 좋은 나무만 골라 베어내던 인구 밀집 지역과 달리 강원도와 경상북도 북부 지역은 지리적 여건 때문에 우량목만 선택적으로 벌채할 수 없던 곳이다. 또 금강소나무가 많이 자라는 태백산맥의 능선부나 서쪽 사면 지역은 대개 강우량이 많고, 습도 역시 높으며, 산림 생태계의 파괴가 적고, 소나무가 자라기에 적합한 갈색 산림 토양 지역이었기 때문이 아니었나 생각해볼 수 있다.

이러한 주장은 안강형 소나무와 비교해보면 그 타당성을 찾을 수 있다. 산림 생태계의 파괴가 극심했던 경주 인근 지역에서 자라는 안강형 소나무는 줄기가 굽고, 수관이 빈약하여 볼품이 없다. 금강형 소나무와 극명한 대비를 이루는 것이다. 또 경주와 안강 지역은 여름철 강우량이 적고, 6월과 7월의 일교차가 심하고, 수목 생장에 좋지 않은 회갈색 산림 토양으로 소나무가 잘 자랄 수 없는 환경이다.

이와 별개로 학계에서는 지리적으로 100여 킬로미터밖에 떨어지지 않은 경상북도 청송의 소나무와 경주의 굽은 소나무가 심한 형태 차이를 보이는 이유를 신라인들이 숲을 이용하던 방식에서 찾기도 한다. 다른 문명권과 마찬가지로 신라 역시 문명의 발달을 위해 숲을 희생시켰기 때문이다. 이러한 주장에는 다음과 같은 전제가 있다. 신라인들이 궁궐과 집을 짓고자 곧고 좋은 소나무만 골라 썼기 때문에 좋지 않은 나무만 남게 되었고, 좋지 않은 나무에서 생긴 나무 중 좋은 나무가 다시 베어지고 나쁜 나무만 남게 되는 일이 1,000년 넘게 반복되었다는 것이다. 그 결과, 오늘날 경주 인근에는 굽고 못생긴 소나무들만 남게 되었다는 해석이다.

　송홧가루 흩날리는 창터 솔밭의 풍광을 머릿속에 그려본다. 어느 틈에 솔잎을 가르는 송성松聲이 귓가를 맴돈다. 어울릴 것 같지 않은 짙은 녹색 솔잎과 붉은 껍질이 묘하게 조화를 이룬 아름드리 소나무들이 내 눈을 파고든다. 송진 냄새가 온몸을 감싼다. 그 솔숲을 마음 편히 거닐 날을 손꼽아 기다리면서 아쉬움을 달랜다.

소나무의 우수성을 판정할 수 있는 산지 시험

산지 시험産地試驗이란 전국 각 지역에서 소나무 종자를 채취하여 묘목을 양성하고, 그 묘목을 한 장소에서 키워 성장을 비교하는 시험을 말한다. 국립산림과학원에서 소나무 산지 시험을 한 결과 다른 지역 나무들은 비교적 곧은 형태로 자랐는데 유독 안강형 나무들만 굽은 형태를 보였다. 이는 형질이 나쁜 소나무는 유전적으로 그 나쁜 형질이 일정량 고정되는 반면, 금강소나무처럼 형질이 좋은 소나무는 일반 소나무와 비교해서 그 우량 형질이 하나의 품종으로 뚜렷하게 구분할 수 있을 만큼 유전적으로 고정되지 않았음을 뜻한다. 이와 유사한 결과는 금강형 소나무의 종자로 양성된 묘목을 각 지역에 심어도 어미나무처럼 우량한 형질을 가진 나무로 자라지 않는다는 사실에서 찾을 수 있다.

한편 우량 형질이 유전적으로 고정되지 않았다는 의미는 여타 지역 소나무들도 생육 환경이 비슷하면 금강소나무처럼 곧은 형태로 자랄 수 있다는 의미라고 주장하는 학자도 있다. 다시 말하면 금강소나무의 재질이 치밀하고 연륜폭이 좁은 것은 천천히 자란다는 것을 의미한다. 이는 모든 나무는 생육 밀도가 높은 곳에서는 천천히 자라기 때문이다. 따라서 나무를 촘촘히 심어서 나무들이 높이 생장을 경쟁하도록 유도하면 금강송처럼 통직하고 지하고가 높은 소나무로 유도할 수 있다는 주장도 설득력이 없는 것은 아니다.

소나무의 외형은 지역에 따라 다르고, 같은 지역이라도 뿌리내린 위치에 따라 다르다. 또한 나이를 먹어감에 따라 소나무의 수관 형태도 차츰 변한다고 알고 있다. 예를 들어 20~30년생 소나무 수관은 원추형인 반면, 60~80년생 소나무는 난형이나 타원형 수관을 갖는다고 보고된 바 있다. 지역에 따라 줄기(수간樹幹) 형태가 곧은 것에서 기형적으로 굽은 것에 이르기까지 변이가 크다.

소나무는 잣나무나 곰솔 같은 다른 소나무류에 비해 다양한 유전 변이를 나타낸다. 이런 변이는 대부분 멀리 떨어진 지역 간의 차이보다 같은 지역에 생육하는 개체들 간의 차이가 더 큰 것으로 밝혀졌다.

유전적인 영향을 많이 받는다고 알려진 솔잎의 길이, 폭, 숨구멍의 배열 수, 숨구멍 밀도 등을 조사한 결과 개체 간의 차이가 집단 간의 차이보다 큰 것으로 나타났으며, 위도가 높아질수록 숨구멍의 밀도도 더 커지는 것으로 나타났다. 종자의 길이도 위도, 해발고도, 해안까지의 거리에 따라 늘어나는 지리적 변이를 나타낸다. 한편

생육 지역에 따라 다르게 나타나는 생장 특성의 유전 여부는 산지 시험으로 판정할 수 있다.
❶우량 생장 ❷불량 생장

최근에 DNA 표지 유전자를 이용하여 소나무 천연림 집단 간의 변이를 조사한 결과, 천연 집단 간의 유전적 다양성이 높아 서로 상이한 유전 구조를 지니는 것으로 밝혀졌다.

3. 보호가 살 길이다

서울시 남산 솔숲 | 방치로 인한 쇠퇴

현장을 확인할 생각을 하니 불안하고 불편했다. 눈을 감고 귀를 막아서 피할 수만 있으면 피하고 싶었다. 그러나 그럴 수는 없었다. 이 땅의 소나무를 이야기하면서 '남산 위에 저 소나무'를 어떻게 배제한단 말인가. 곤궁에 처한 우리 소나무의 위상을 그대로 보여주는 남산 소나무를 서술하는 일은 서글프지만 건너뛸 수도 없는 형편이었다.

장맛비가 쏟아지는 날, 남산을 향했다. 먼저 광복 50주년 기념 사업의 일환으로 한남동 외인아파트 터에 조성된 남산 소나무 복원 현장을 둘러보았다. 1,100평의 공원 부지에 조성된 팔도 소나무들은 쇠퇴일로에 있는 우리 소나무의 운명을 암시라도 하듯 괴로워 보였다. 강원도 산악 지대에서 보던 푸르고 싱싱함은 어디에서도 찾을 수 없고, 모든 소나무가 피곤에 찌들었다. 남측 산책로 주변에서 비루먹은 듯한 소나무들을 만났을 때 안타까움은 비통함으로 변했다.

이렇게 남루한 소나무가 과연 남산 소나무의 본모습일까? 애국가

◀ 남산의 소나무숲. 적극적인 보호와 관리의 손길이 필요하다.

남산타워 주변의 왜소한 소나무숲

에 나오는 '남산 위에 저 소나무'는 모두 어디로 사라진 것일까? 변치 않는 지조와 충절, 군건한 기상을 나타내는 상징으로 우리 가슴 깊숙이 각인된 '철갑을 두른 듯, 바람 서리 불변하던' 남산 소나무는 상상 속의 소나무인가? 왜 이런 부조화가 생겨났을까? 그 답을 찾는 일은 우선 소나무와 사람의 관계에서 시작하는 것이 좋다.

남산 소나무의 유래

남산의 소나무는 자연이 만든 것이라기보다는 사람의 손길로 만들어진 것이다. 그와 같은 기록은 『조선왕조실록』에서도 찾을 수 있다.

『태종실록』(1411)에는 남산과 태평로 북쪽 산지에 3,000명의 경기도 장정이 20일 동안 100만 그루의 소나무를 심었다는 기록이 있으며, 『세조실록』(1468)에서는 한성 천도 후 70여 년 동안 잘 가꾼 100만 그루의 남산 소나무가 남벌로 수천 주밖에 남지 않았으니 소나무를 각별히 보호해야 한다는 왕명도 볼 수 있다. 또 『경국대전』(1467)에서도 남산의 소나무를 보호하기 위해 병조에서 감역관과 산지기를 두어 관리토록 하였다는 기록을 찾을 수 있다. 이 밖에도 임진왜란(1592)이 일어난 다음 해 10월에 서울로 돌아온 선조는 궁궐이 전란으로 소실되어 임시 거처를 만들어야 하지만 남산의 소나무를 잘라 이용하는 일은 없게 하라는 교시를 내렸다는 기록도 있다. 이렇게 남산 소나무를 지키는 일은 예로부터 나라의 중요한 과업이었다.

태조를 비롯한 역대 왕들이 남산의 소나무를 각별히 보호했던 이유는 무엇일까? 그것은 풍수적 관점으로 보면 남산이 궁궐 건너편에 자리 잡은 한양의 안산案山이기 때문이다. 풍수 사상을 신봉했던 태조가 1394년 개성에서 한양으로 천도하면서 가장 먼저 한 일 중 하나는 한양 땅의 정기(地氣)를 길러 국력을 왕성케 하고자 도성 내외의 네 산에 소나무를 심는 것이었다. 남산은 북악산, 낙산, 인왕산과 함께 도성 안의 네 산이었고, 그 밖에 북한산·관악산·용마산과 고양의 덕양산이 도성 밖의 네 산이었다.

안산인 남산에 소나무 식재를 명했던 이유는 비보술裨補術을 믿은 데다 왕조의 생명 나무였기 때문이다. 소나무를 심어 왕도의 기운을 왕성하게 유지하기를 원했던 태조의 비보술은 이후 정조가 소나무의 기운으로 새롭게 건설한 화성의 번영을 꾀하고자 노송 지대에 소나무 식재를 명했던 것과 다르지 않다.

철갑을 두른 듯 씩씩한 기상의 소나무는 이렇게 왕조의 엄격한 보호를 받았기에 '남산 위에 저 소나무'로 존재할 수 있었음을 알 수 있다. 그러나 오늘날은 남산 소나무에 관심을 가지는 이가 없다고 해도 과언이 아니다. 조선 태조처럼 소나무 비보술을 믿으라고 강요할 수는 없지만, 오늘날 위정자나 정치인들은 우리 문화와 정신에 자리 잡은 남산 소나무의 중요성을 옳게 인식하지 못한다. 광복 50주년 기념 사업의 일환으로 팔도의 소나무를 남산에 옮겨 심는 1회성 이벤트가 있었을 뿐 남산 소나무를 살리려는 근본적인 대책은 수립한 적이 없다.

남산 소나무의 쇠퇴 원인

남산 소나무가 차츰 쇠퇴하는 원인은 무엇일까? 남산 소나무의 쇠퇴 현상에 대한 평가는 다양하다. 국민대 김은식 교수는 남산 소나무의 쇠퇴 원인을 소인素因, 유인誘因, 동인動因으로 구분하여 설명한다. 서울 일원의 대기 오염과 산성비가 남산 소나무 쇠퇴의 소인으로 작용하며, 산성화한 남산의 토양 상태와 주변 아까시나무 등에 의한 피압 현상이나 솔잎혹파리의 창궐 등이 장기적으로 영향을 끼치는 소인과 단기적 충격을 주는 유인으로 작용한다고 밝힌 그는 전반적인 고사 현상이 나타나지 않았기 때문에 소나무 쇠퇴의 직접적인 동인은 아직 크게 부각되지 않았다고 주장하면서 전반적으로 남산 소나무의 활력은 좋지 않다고 결론지었다.

남산의 소나무숲

❶점차 활력을 잃어가는 남산의 소나무 ❷남산 야외식물원에는 광복 50주년을 기념해 전국 각지의 소나무를 옮겨 와 조성한 '팔도소나무림'이 있다.

국립산림과학원 이천용 박사는 남산에서 소나무들이 차츰 사라지는 주요 원인으로 대기 오염과 산성비를 든다. 주요 대기 오염원은 자동차의 내연 기관에서 발생하는 질소산화물이며, 이 오염 물질은 단독으로, 또는 안개, 비, 눈과 만나 산성비로 변해서 소나무의 생육에 나쁜 영향을 끼친다고 주장한다. 산성비는 솔잎을 보호하는 왁스층을 파괴하고, 그다음에는 잎파랑이가 많이 함유된 엽육세포를 파괴해서 솔잎을 누렇게 만든다. 해를 입은 솔잎들은 광합성을 효율적으로 할 수 없고, 조기 낙엽으로 이어져 생장 장애를 초래한다. 산성비는 토양 속의 독성 알루미늄 이온을 활성화해 뿌리의 영양분 흡수를 방해하여 소나무의 생육을 저해한다. 대기 오염과 산성비로 활력을 잃은 소나무들은 종국에는 주변의 다른 수종들과 활기차게 경쟁할 수 없고, 차츰 쇠퇴하고 만다.

남산 소나무 보존 대책

남산 소나무를 건강하게 지킬 수 있는 방법은 무엇일까? 장기적으로는 서울의 대기 오염을 줄여 강한 산성비를 막아야 할 것이다. 소나무는 사람의 간섭이 사라지면, 식생의 천이 과정에 따라 숲의 조성 구조가 바뀌고 마침내 사라지는 것이 자연스러운 과정이다. 따라서 건강한 남산 소나무를 지키는 방안은 사람의 적절한 간섭이다.

구체적인 방법은 먼저 병든 소나무가 활력을 회복할 수 있게 토양을 개량하고 영양분을 공급하는 것이다. 또한 소나무가 살아가는 데 유리한 생육 환경을 조성하기 위해 소나무 생장을 방해하는 주변의 경쟁목(아까시나무나 다른 활엽수류)을 적절하게 제거하는 작업도 필요하다.

한편 자연의 재생 능력을 존중하여 남산 소나무숲을 식생의 천이에 따라 그대로 방치하자는 주장을 펴는 학자도 없지 않다. 그러나 이런 주장에는 동의할 수 없다. 남산 소나무는 우리의 정체성을 지배하는 상징적 문화 요소다. 마치 우리 정신을 지배하는 민족혼이나 정체성이 녹아 있는 우리말과 우리글을 지켜야 하는 것처럼 '남산 위에 저 소나무'도 우리의 민족혼을 지키는 정신이나 정서를 담고 있기 때문에 소중하게 가꾸어야 한다.

자연의 복원력으로 쇠퇴 위기에 놓인 소나무숲

나라 전역의 소나무숲이 남산 소나무와 비슷한 처지에 놓여 있다. 이 땅 대부분의 소나무숲에는 본래의 상태(참나무나 단풍나무 따위의 활엽수 숲)로 돌아가지 못하게 방해하던 사람의 힘은 차츰 약해지고, 본래 숲으로 되돌아가려는 자연의 힘은 점차 커진다. 그 이유는 산업화와 도시화 때문에 농촌에 사는 사람이 줄어들고, 또 주변 소나무숲에서 자라는 활엽수나 솔가리를 채취하여 땔감으로 이용하는 대신에 석유와 석탄 같은 화석 연료를 쓰는 행위에서 찾을 수 있다. 이런 변화는 마을 주변 소나무숲에 지속적으로 가해지던 인간의 간섭이 줄어들게 만들었고, 그 결과 산림 토양은 차츰 비옥해져 소나무와 경쟁할 수 있는 다양한 활엽수들이 살아가는 데 적당한 환경으로 바뀌었다.

그 결과, 숲 바닥에는 낙엽이 쌓이고, 토양 알갱이가 노출되지 않아 소나무는 씨앗을 틔우지 못하고, 활엽수들이 숲 바닥에 그늘을 만들어 햇볕을 좋아하는 어린 소나무들이 자랄 수 없는 환경으로 변하고 말았다. 따라서 사람의 힘으로 지켜오던 소나무숲은 자연의 힘(식생 천이)에 따라 활엽수림으로 바뀐다. 이처럼 자연의 재생 능력을 인간들이 가로막지 않게 되면서 이 땅의 소나무는 점점 쇠퇴한 것이다.

서울의 소나무숲

서울에는 남산 외에도 몇몇 장소에 소나무들이 자란다. 먼저 왕릉 주변의 소나무숲으로 태릉의 솔숲을 들 수 있고 태릉만큼 울창하지는 않지만 헌릉과 인릉도 솔숲을 즐길 수 있는 곳이다. 그 밖에 좋은 솔숲으로 우이동 솔밭공원을 들 수 있다. 이곳은 '국내 유일의 도심 속 소나무 집단 자생 지역을 시민을 위한 공간으로 만든 곳'으로 100년생 소나무 1,000그루가 자란다. 삼청동 삼청공원의 소나무도 멋지며, 북한산 국립공원 진달래 능선 주변의 소나무숲도 아름답다.

❶ 서울 우이동 솔밭공원의 소나무 ❷ 서울 북한산 국립공원 진달래 능선의 소나무

4. 사라지는 천년 향기

경상북도 봉화군 춘양 송이밭 | 공멸하는 송이버섯

경상북도 봉화군 춘양 읍내 양묘 사업장에서 서벽으로 가는 지방도를 달린 지 10여 분 만에 경사가 급한 소나무숲에 도착했다. 몇 년째 벼르고 벼르던 송이산 답사는 순전히 춘양 지방 산림 공직자들의 도움 덕분이었다. 이곳저곳 수소문한 끝에 산판에서 숲 가꾸기 작업 중인 김현식 반장과 연락이 닿았고, 그는 금세 달려왔다.

김 반장은 밤새 자란 송이를 보통 아침이면 따는데, 오늘은 우리 일행을 만나려고 그랬는지 좀 더 자라게 할 요량으로 따지 않았기에 현장을 보여줄 수 있다면서 차를 몰았다.

서울에서도 꽤 여러 곳에 부탁을 해두었지만 계속된 가을 가뭄으로 송이 채취 현장 답사 기회는 좀처럼 오지 않았다. 그러나 그 기회는 우연찮게 '춘양목 문화 축제'와 함께 왔다. 봉화군은 울진군과 함께 국내에서 송이를 가장 많이 생산하는 군이며, 매년 송이 축제를 개최한다. 또한 송이와 함께 지역 특산물인 춘양목의 가치를 고양하고자 춘

◀ 경상북도 봉화군 춘양의 송이밭. 솔가리를 뚫고 하얀 갓을 둘러쓴 송이가 자라고 있다.

양읍에서 열리는 춘양목 축제를 지원한다.

오늘날에도 그렇지만 송이는 예로부터 귀하게 여겨졌다. 이인로의 『파한집』(1260)에는 "송지松芝라 하여 맛이 신비하며, 소나무가 없는 곳에서는 나지 않고 복령의 향기가 있다."라고 송이를 설명했다. 또 『세종실록지리지』(1454)와 『신증동국여지승람』(1530)에는 '경상도에서 송이가 가장 많이 나고 그다음으로 강원도, 경기도, 충청도, 전라도 순이며 함경과 평안은 빈도가 적고, 제주에서는 나지 않는 것'으로 기록되어 있다. 허준의 『동의보감』(1613)에서도 "송이는 성질이 평하고 맛이 달며 독이 없다. 매우 향기롭고 솔 냄새가 난다. 이것은 산에 있는 큰 소나무 밑에서 솔 기운을 받으면서 돋는 것인데 나무버섯 가운데 제일이다."라는 기록을 찾을 수 있다.

송이밭으로 오르는 길은 험했다. 가뭄 탓에 걸음을 옮길 때마다 비탈길의 굵은 마사토(화강암이 풍화하여 생긴 모래)가 먼지를 일으켰다. 솔숲 사이로 난 비탈을 10여 분 올랐을까, 어느새 주변은 50년쯤 묵은 소나무들로 빽빽했고 숲 바닥에 솔가리들이 쌓여 있었다. 가쁜 숨을 돌리는데 김 반장이 걸음을 멈추었다. 그가 가리키는 솔가리 속에 하얀 갓을 둘러쓴 송이가 있었다.

김 반장은 먼저 면장갑을 꺼내 끼고 솔가지를 꺾어서 작은 막대기를 만들었다. 맨손으로 송이를 뽑으면 손에 있는 각종 세균이 송이로 옮아 신선도가 떨어지기 때문에 송이 채취의 제1수칙은 사람의 손이 직접 버섯과 접촉하지 않도록 하는 것이라고 한다. 막대기로 갓머리 주변의 솔가리와 낙엽을 조심스레 파헤치자 선명한 은백색 자루가 나타났다. 막대기를 송이자루 밑으로 찔러 넣고 조심스럽게 들어올리니 뿌리까지 달린 완전한 송이버섯이 눈앞에 나타났다. 송이 뿌리 주변에는 온통 백색의 균사菌絲 덩어리가 뻗어 있었다. 송진이나 순한 계피향 같은 감미로운 냄새가 코끝을 스쳤다. 김 반장은 들쑤신 곳을 흙으로 덮은 후 조심스럽게 다지고 솔가리를 덮어주었다. 다음 해에도 송이를 얻으려면 송이 균사를 보호하는 일을 등한히할 수 없다는 것이다.

소나무와 송이균의 신비로운 공생

우리가 버섯이라고 부르는 것은 곰팡이(균류)가 포자(씨)를 맺고자 만든 생식기관이다. 그러니 송이버섯 자체는 송이균의 생식기관을 일컫는 말이다. 송이균은 살아 있는 뿌리와 함께 살아가는 특성 때문에 균근균菌根菌이라고 불린다.

소나무와 송이의 관계는 아직도 신비 속에 감추어져 있다. 소나무는 송이균에 특수한 탄수화물을 공급하여 번식 기회를 부여하고, 송이균은 땅속에서 수분과 양분을 흡수하여 소나무에 공급하는 것으로 추측하지만 그 정확한 공생 관계는 아직 밝혀지지 않았다. 이런 사정 때문에 여태 송이를 인공 재배 하지 못하는 것이다. 반면 표고나 느타리버섯처럼 유기물 분해균은 죽은 식물의 셀룰로오스나 리그닌을 분해하여 필요한 에너지를 얻는 과정이 밝혀졌기 때문에 인공 재배가 가능하다. 송이버섯은 다른 버섯과 달리 소나무 뿌리와 송이균이 신비로운 공생으로 피워낸 독특한 산물이어서 '버섯의 왕'이라는 이름을 얻었는지도 모를 일이다.

송이는 소나무숲에서만 나지만 그렇다고 모든 소나무숲에서 자라는 것은 아니다. 너무 어리거나 오래 묵은 솔숲에는 송이가 나지 않고 대체로 20년부터 80년생 소나무숲에서 많이 난다. 또 이런 조건을 갖

송이는 송이자리(송이균환)에서 생산된다. 송이자리는 보통 지표면 아래로 깊게는 40센티미터까지 들어가고, 매년 10~20센티미터씩 동그라미 물결 모양으로 퍼지면서 생장한다.

춘 솔숲이라도 '송이자리'에서만 난다. 학술적으로 송이균환松栮菌環이라고도 불리는 '송이자리'는 소나무의 균근과 송이균사와 흙이 매우 치밀하게 얽혀 있는 흰색 덩어리다.

새로운 '송이자리'는 몇 단계에 걸쳐 발달한다. 성숙한 송이가 포자를 터뜨리면, 포자는 바람에 날려 숲 바닥에서 발아시킨다. 포자에서 발아하여 나온 균사가 소나무 뿌리를 만나 균근을 형성하고, 그 균근이 소나무로부터 탄수화물을 원활하게 공급받아 성장하여 송이자리로 발달한다. 따라서 송이 생산의 지속성은 전적으로 송이자리(송이균환)에 달려 있는 셈이다.

'송이자리'는 땅속으로 지름 1.5미터의 작은 원형에서 시작하여 10여 미터의 큰 원형으로 자라며, 수십 년이 지나면 중간중간 끊어져 소멸한다. 송이자리는 보통 지표면 아래로 깊게는 40센티미터까지 들어

가고, 매년 10~20센티미터씩 동그라미 물결 모양으로 퍼져 생장하면서 송이를 생산한다. 그러나 송이균환이 지나간 부분은 차츰 사멸하여 송이를 생산할 수 없게 된다.

송이와 나의 인연은 1977년도로 거슬러 올라간다. 대학 졸업 후 첫 직장인 임목육종연구소에서 내가 맡은 일은 지역별 소나무의 유전적 특성을 밝히는 데 필요한 솔잎 시료를 채취하는 것이었다. 따라서 강원도 곳곳의 솔숲에서 솔잎을 채취해야 했다.

새벽 기운이 아직도 산자락에 남아 있는 이른 아침에 나무들 사이에 간격을 넉넉히 두면서 솔잎을 따려고 숲속을 헤매다가 숲 바닥에 거적 같은 것을 둘러쓰고 앉아 있는 노인을 발견했다. 송이를 지키려고 밤새 찬이슬을 맞으며 숲에서 밤을 새운 송이 채취꾼이었다. 솔숲과 함께 송이 채취 노인에 대한 기억이 가슴속에 깊이 각인되었음은 물론이다.

송이는 산촌 주민의 주요 수입원

예나 지금이나 송이는 산촌 주민의 주요 수입원이다. 오죽하면 '임종 머리에서나 송이밭의 정확한 위치를 자식에게 들려준다'거나 '송이산을 돌아다닐 두 다리만 있으면 추석을 전후하여 한 달 동안 1년치 생활비를 벌 수 있다'는 이야기가 오늘날에도 회자될까? 사실이다. 소나무를 몇십 년 키워도 송이로 수익을 얻기 쉽지 않다. 따라서 송이의 경제적 가치는 소나무숲이 생산하는 산물 중에서 가장 중요한 항목이 되었다.

산림조합중앙회에서 발표한 2019년도 송이 공판 현황을 보면 1등급 송이 1킬로그램을 가장 싼 값에 사들인 것이 26만 원(9월 30일)이며, 가장 비싼 값에 사들인 것은 47만 원(9월 20일)이었다. 송이 값이 이렇게 비싸고 등락이 심한 이유는 송이 채취량을 예측하기 쉽지 않고, 채취한 송이 대부분이 고가로 일본에 수출되기 때문이다.

송이는 오늘날 1킬로그램에 평균 130달러로 수출되며, 연간 100~500톤을 채취하여 1,300만~6,500만 달러를 벌어들인다. 특히 유통 마진이 높은 일반 농산물과 달리 송이는 유통 마진이 20퍼센트 정도이기 때문에 100억~500억 원의 소득이 그대로 산촌 주민들 것이 된다.

봉화군에서는 약 1,920헥타르에서 매년 80여 톤의 송이를 채취하며 전국 채취량의 약 10퍼센트를 차지한다고 김 반장은 말했다. 한창 출하할 시기인데도 가을 가뭄 덕에 송이 값이 엄청 올랐다고 하면서 정품 1등급 1킬로그램이 40여 만 원에 거래된다고 했다. 송이버섯은 갓이 피지 않아 갓 둘레가 자루보다 약간 굵고 은백이 선명한 것일수록 좋은 제품이다. 두껍고 단단하며 향이 진하고 자루 길이가 길고 밑부분이 굵을수록 좋은 송이다.

산림조합중앙회에서 정한 기준 등급에 따르면 최상품인 1등급 송이는 길이 8센티미터 이상이고 갓이 펴지지 않은 것으로, 자루 굵기가 균일하고 정상적으로 성장한 것이다. 2등급은 길이가 6~8센티미터이며, 갓이 3분의 1 정도 펴진 것이고, 3등급은 길이가 6센티미터 미만이며 갓이 3분의 1 이상 펴진 것이다. 등외품은 기형으로 자랐거나 파손되거나 벌레 먹은 것으로 분류한다.

송이 채취
❶ 김현식 반장은 송이 채취권의 임대료를 산주에게 지불하고 지정된 솔숲에서 독점적으로 송이를 채취한다.
❷ '춘양목 문화 축제' 참가자가 송이를 채취하며 즐거워하고 있다.

철 송이와 본 송이

송이는 주로 가을에 나는데 가장 많이 나는 시기는 보통 9월 말이다. 이때의 송이를 보통 '철 송이', '가을 송이' 또는 '본 송이'라고 부른다. 그러나 6월에도 송이가 조금씩 난다. 이런 송이를 '6월 송이' 또는 '여름 송이'라 부른다. 여름 송이가 나는 이유는 땅속의 기온이 일시적으로 섭씨 19도 이하로 떨어지면 송이의 원기가 형성되기 때문이다. 그러나 여름 송이는 향취가 적어서 수출품으로는 크게 인기를 끌지 못한다. 봉화 지방의 송이는 보통 백로 전후(9월 8일)부터 한로 전후(10월 9일)가 적기라고 한다.

송이 생산량은 가을철 강우와 온도의 영향을 많이 받는데, 특히 강우의 영향이 크다. 그 단적인 사례는 가뭄이 극심했던 2001년 가을에는 160톤의 송이를 딴 반면, 비가 많이 내린 2000년에는 650톤까지 땄다는 보고를 통해서도 알 수 있다.

송이산에 대한 여러 궁금증 중에 먼저 소유권에 대해 물었다. 김 반장은 산주는 다른 사람이며, 매년 송이 채취권의 임대료로 300만 원을 지불한다고 했다. 보통 송이 생산액의 3분의 1~5분의 1을 지불하는데,

그것은 매년 기복이 심한 송이 생산 때문이란다.

송이 채취로 얻는 실제 수입을 묻는 짓궂은 질문에 김 반장은 아들 딸을 대학 공부까지 시킬 수 있었던 것은 순전히 송이 덕분이라는 말로 답을 대신했다. 그러나 해가 갈수록 송이 생산량이 감소하여 이 일도 언제까지 할 수 있을지 모르겠다는 부언은 송이산에 삶을 의탁한 산촌 주민의 어려움을 대변하는 것 같아 씁쓸했다.

지난 50여 년 사이에 소나무숲은 산림 식생의 천이나 병충해, 산불로 인해 절반 남짓 줄어들었다. 잣나무나 곰솔 숲에서도 송이가 생산되는 일본과 달리 우리나라는 오직 소나무숲에서만 송이가 생산되기 때문에 솔숲 면적의 감소는 송이 생산 감소로 이어질 수밖에 없다. 오늘날 송이는 태백산맥과 소백산맥 지역, 즉 강원도와 경상북도에서 대부분 생산되며 충청북도나 경상남도의 생산량은 소량일 뿐이다. 그러나 옛 기록에는 경상도와 강원도에 이어 경기도가 세 번째로 언급될 정도로 경기도에서도 적지 않은 송이가 생산되었다. 솔잎혹파리에 극심한 피해를 본 경기도는 솔숲 면적이 급격하게 감소했고, 그 여파로 송이 생산이 중단되었다. 이러한 상황은 오늘날 충청남도나 전라북도에도 그대로 적용된다.

오늘날 이 땅의 송이는 소나무의 쇠퇴와 함께 사라질 운명에 놓여 있다. 특히 산불과 병충해에 의한 솔숲의 감소, 식생의 천이, 하층 식생의 증가, 토양 유기물층의 발달 등은 모두 송이 생산을 방해하는 요소다. 소나무를 지키지 못하면 송이도 사라지는 냉엄한 현실을 춘양의 송이산에서 다시 한번 확인할 수 있었다.

송이 산의 관리
송이 생산은 소나무숲의 관리와 밀접한 관련이 있다. ❶송이 산의 낙엽 긁기 ❷물 주기 ❸불필요한 식생 제거

송이 생산과 소나무숲 관리

송이 전문가들은 송이 생산의 감소를 자연적인 요인과 인위적인 요인으로 나누어 설명한다. 자연적인 감소 요인으로는 솔숲의 감소, 하층 식생의 변화, 토양 유기물층의 발달, 송이균환 자체의 사멸을 들 수 있고, 인위적 요인으로는 피지 않은 일등품 송이 채집, 송이산의 방치, 무책임한 채집 때문이라는 설명이다.

자연적인 요인은 오늘날 소나무숲에서 복합적으로 진행되는 현상이다. 즉 산업화로 농촌 인구가 감소했고, 농촌 인구의 감소는 솔가리나 어린 활엽수의 채취로 땔감을 해결하던 오랜 관행을 중단시켰다. 그 결과, 소나무숲 바닥에 잡초와 잡목이 무성해져 토양 유기물층이 두꺼워졌으며, 이로 인해 토양은 비옥해졌으나 송이균에 좋지 않은 해로운 균이 증가하면서, 메마르고 깨끗한 토양을 좋아하는 송이균은 소멸했다. 송이균 역시 소나무의 생태적 특성과 마찬가지로 유기물이 많지 않은 척박한 토양에서는 잘 번식하지만, 임산 연료를 채취하지 않아 비옥해진 산림에서는 오히려 균환菌環이 줄어 송이가 감소하는 것이다.

소나무숲의 수종 변화도 송이 생산 감소에 한몫을 했다. 점점 두꺼워진 토양 유기물층은 솔씨 발아를 방해한 반면, 활엽수 생장을 적극 도와 하층 식생을 발달케 했다. 특히 솔잎혹파리 등으로 쇠약해진 소나무들은 하층 식생으로 자라던 신갈나무 같은 활엽수에 서식 공간을 내주었고, 종국에는 소나무와 활엽수의 혼효림으로 변해갔다. 소나무숲에 무성해진 활엽수들의 증산 작용은 송이 생장에 필수적인 토양 수분을 빨리 소비해 송이 생산을 방해하고, 압박을 받은 소나무는 광합성이 약해져 송이균의 생장에 필요한 탄수화물 생산이 줄어들어 새로운 균환 생성을 하지 못하고 종국에는 송이 생산에까지 영향을 끼치게 되었다.

송이 전문가들은 송이가 사라지게 된 인위적인 요인으로는 포자(씨)를 맺기 전에 채 피지 않은 송이를 채취하는 행위를 든다. 포자를 맺기 전의 송이는 일등품 송이로 값을 많이 받을 수 있지만 다른 한편으로는 송이 포자의 생산과 전파를 막아 종국에는 송이 발생지를 감소시키는 주 요인으로 작용한다.

송이는 대부분 배수가 잘 되는 비탈이나 능선부의 소나무숲에서 많이 생산되며, 특히 소나무 외에 큰 나무가 적고 낙엽층이 얇으면서 상대적으로 밝은 곳에 많다. 송이가 이렇게 한정된 지역에서만 나는 현상은 송이산인 소나무숲의 방치와 관계가 깊다.

송이의 운명도 소나무의 운명과 다르지 않다. 자연 쪽에서 보면 식생의 천이 과정에 따라 차츰 활엽수림으로 변하는 소나무숲이 정상적이지만, 송이 생산자 쪽에서 보면 비옥해진 산림 토양과 솔숲을 침범하는 활엽수들은 송이 생장을 방해하는 요인일 뿐이다. 송이 생산은 균환이 없으면 불가능하다. 그러나 현재의 지식과 기술로는 새로운 균환을 인위적으로 만들어줄 방도도 없다. 따라서 송이산에 있는 균환을 보호 육성하는 방법을 찾는 것이 송이를 지속적으로 생산할 수 있는 방법이다. 소나무숲의 대를 이어가려면 잡목을 적절하게 베어내는 식생 정리 작업과 과도하게 쌓인 썩은 낙엽을 제거하는 땅긁기 같은 지표면 정리 작업이 필요하다. 이러한 작업이 송이산에서도 필요함은 재론할 여지가 없다.

5. 지구 온난화의 현장

제주도 한라산 영실 소나무 | 생육 부적합 지역의 확대

이 땅의 가장 높은 곳에서 자라는 소나무를 보려고 한라산 영실靈室로 갔다. 영실은 한라산을 오르는 가장 짧은 등산 코스의 출발점이며, 제주도에선 드물게 일 년 열두 달 물이 흐르는 계곡과 주변의 기암괴석으로 관광객의 사랑을 받는 곳이다. 그러나 다른 한편 영실은 이 땅의 가장 높은 곳에서 소나무들이 자생하는 현장이자 지구 온난화로 인한 식생 변화의 추이를 지켜볼 수 있는 현장이기도 하다.

영실의 소나무는 해발 1,200~1,800미터에서 자란다. 뭍의 소나무는 이렇게 높은 지역에선 살지 못한다. 소나무의 수직적 분포는 위도가 올라갈수록 특히 고도의 제한을 받는다. 남쪽 한라산의 경우 1,200~1,500미터에 주로 분포하며, 북쪽 백두산에서는 해발 300미터 이하에 분포한다.

영실의 소나무는 외관상으로는 뭍의 소나무들처럼 잘 자라는 듯했다. 곧은 줄기와 선명하게 붉은 수피는 대관령이나 울진의 소나무와

◀ 한라산 영실의 소나무

한라산 영실 일대의 소나무숲

다르지 않았다. 그러나 조금 더 자세히 살펴보니 낙엽활엽수인 서어나무, 단풍나무, 물참나무, 졸참나무들이 지나치게 많았다. 특히 뭍의 다른 솔숲과 마찬가지로 하층 식생이 촘촘히 들어찬 숲 바닥에는 어린 소나무가 전혀 없었다.

　이런 현장을 볼 때마다 과연 몇 세대 뒤의 우리 후손이 소나무숲다운 숲을 볼 수 있을까 하는 걱정이 앞선다. 이는 부질없는 걱정이 아니다. 소나무라고 해서 오늘날 이 땅에서 벌어지는 식생 천이의 급격한 변화를 피해 갈 수 없기 때문이다.

지구 온난화와 소나무의 쇠퇴

그러나 이런 걱정보다도 더 큰 생태 변화가 소나무를 위협한다. 그 직접적인 위협은 바로 지구 온난화이다. 한국환경정책·평가연구원 전성우 박사 팀은 2001년에 실시한 〈기후 변화에 따른 생태계 영향 평가 연구 보고서〉에서 앞으로 100년 이내에 기온 상승으로 이 땅의 소나무 서식 면적이 급격하게 감소할 것이라고 밝혔다.

전 박사 팀이 수행한 기온 상승에 대한 소나무의 적응성 평가 연구는 우리 소나무에겐 불길하지만 피할 수 없는 내용을 담고 있다. 전 박사 팀의 연구는 평균 기온이 섭씨 1도 상승하는 2050년이 되면 남한 소나무 생육지의 절반 이상(55퍼센트)이 생육 부적합 지역으로 변하며, 북한은 38퍼센트가 부적합 지역이 될 것으로 예측한다. 이렇게 되면 오늘날 소나무는 남한 산림 면적의 25퍼센트에서 16퍼센트로 줄어든다.

또 평균 기온이 섭씨 2도 상승하는 2100년이 되면, 2050년에는 수종 변화가 없던 지역들도 대거 생육 부적합 지역이 되어 한반도 전체 면적의 23퍼센트만 생육 적합 지역으로 남게 될 것이라고 한다. 다시 말하면 2050년쯤에는 소나무의 생육 적합지가 중·남부 지방에서 북·중부 지방으로 옮겨 가며, 2100년께는 더 북쪽으로 옮겨 가 대부분의 남부 지방에서는 소나무가 자랄 수 없게 될 것이라는 예측이다. 반면 함경도나 두만강 이북 지역이 새로운 생육 지역이 될 것으로 분석한다. 남한 산림 면적의 단 7퍼센트에서만 소나무가 자라는 상황이 되는 것이다.

100년 뒤에 일어날 산림 생태계의 변화 추이를 예측한다는 것이 그리 쉬운 일이 아니라며, 혹 이런 예측에 쉽게 동의하지 않을 수도 있다. 그러나 한라산의 구상나무를 보면 기후 온난화에 의한 생태계의 변화가 그저 이론만은 아님을 알 수 있다.

구상나무는 지리산과 한라산의 고산 지대에서 자라는 아한대성 수종으로 한국 특산 수목이다. 구상나무는 지금부터 1만 2,000년 전 빙하기가 끝난 후 한반도에 퍼진 가문비나무나 분비나무에서 분화한 것으로 학계는 추정한다. 구체적 분화 과정은 아직도 밝혀지지 않았지만 구상나무는 지리산과 덕유산, 한라산 등 아고산대에 고립된 채 적응하면서 하나의 독립된 종으로 분화해 생겨난 것으로 본다.

한라산 국립공원 부설 한라산연구소의 연구에 따르면 한라산의 구상나무는 개체수와 서식 면적이 차츰 줄어들며, 날씨가 따뜻해지면서 차츰 정상 쪽으로 서식지를 옮기고 있다. 서늘한 한라산의 정상부 주변으로 서식지를 옮기는 구상나무의 원 서식지가 오래전에는 바닷가 주변이었다는 이야기는 귀담아 들어야 할 내용이다.

한편 박원규·공우석 교수의 한라산 구상나무에 대한 연륜연대학적 연구에 따르면 조사 대상 나무의 95퍼센트 이상이 나이테 생장을 제대로 못 하였다. 그런데 그 원인이 기온 상승으로 증발산량蒸發散量이 급증하면서 광합성에 필요한 수분을 제대로 공급해주지 못했기 때문이라고 한다.

이런 결과로 비추어볼 때, 한라산의 소나무 역시 한라산 정상 쪽으로 서식지를 옮길 것으로 예측할 수 있지만 앞서 설명한 것처럼 숲 바닥에 흙 알갱이가 노출될 경우에나 가능하지 지금처럼 하층 식생이 빽빽한 상황에서는 도저히 기대할 수 없는 일이다.

온난화로 인한 생태 변화를 우려하는 것과 달리, 소나무의 서식 환경이 난대와 온대라는 견해를 피력하는 학자도 없지 않다. 그러나 이

한라산 1,500미터 고지의 소나무

러한 견해는 독립수 또는 정원수로 생육하는 소나무 개체목에 적용할 수 있는 것이지 종자를 맺어 대를 이어가면서 서식 영역을 확장하는 숲에는 적용할 수 없다.

제주도에서 자라는 소나무를 볼 때마다 떠오르는 의문은 제주도에는 소나무와 곰솔이 모두 자라는데, 울릉도와 홍도에는 소나무만 자생하고 곰솔은 왜 자생하지 않았는가 하는 점이다. 오늘날 울릉도의 곰솔은 뭍에서 유입된 것으로 알려져 있다. 그러나 지질학적으로 예부터 뭍과 연결되었기 때문인지, 아니면 다른 생태적 특성 때문인지는 아직도 명확하게 밝혀진 것이 없다.

제주도는 지금으로부터 약 200만 년 전에 화산 활동으로 생성된 섬이다. 또 제주도는 빙하기와 간빙기를 거치면서 해수면의 변동과 지각 운동으로 대륙과의 연결·단절을 되풀이했다. 오늘날 뭍에 있는 다양한 식생과 함께 소나무나 곰솔이 제주도에서 자라는 이유나, 일본이나 중국에서도 소나무가 자라는 이유는 지질사적으로 신생대 제3기와 제4기에 한반도와 일본과 중국이 연결되어 있었기 때문이다.

영실의 소나무숲을 거닐면서 식생의 천이에 따라 우리 곁을 떠나게 될 소나무의 운명이 떠올랐다. 인간의 산업 활동이 유발한 지구 온난화라는 재앙은 우리 소나무도 피할 수 없는 위협임이 분명하다. 과연 오늘의 우리가 소나무를 위해서 할 수 있는 일은 무엇일까? 그것은 현존하는 소나무라도 가꾸고 지키는 일에 최선을 다하는 것이리라.

산천단의 곰솔

제주시 아라동에 자리 잡은 산천단山川壇에는 하늘과 땅을 잇는 거대한 곰솔이 자란다. 다른 곳에 더 굵은 나무가 있을지 몰라도 28미터에 이르는 거대한 키는 어느 곳에서도 찾을 수 없으리라. 거대한 덩치와 함께 줄기를 감싸는 단단한 껍질은 마치 철갑을 두른 듯하다. 그 견고함이 저절로 경외심을 불러일으킨다. 산천단 주변에는 천연기념물 160호로 지정된 곰솔 8그루가 자라고 있다.

고개를 쳐들어야 간신히 전체 모습을 사진기에 담을 수 있는 곰솔을 찍는데, 건너편 산자락에 있는 간이식당 '소낭'의 주인이 차를 한잔 권한다. 산천단 곰솔의 신통력 때문에 당을 모시고 산다는 주인의 이야기는 살아 있는 나무 신앙의 실천 도량이었다.

산천단은 예로부터 한라산신묘漢拏山神廟와 농사의 재해 예방을 기

곰솔
❶ 우리나라의 곰솔 중에서 가장 큰 제주도 산천단의 곰솔
❷ 거북 등처럼 갈라진 산천단 곰솔의 수피
❸ 서해안의 곰솔 숲. 충청남도 태안군

원하는 포신묘醐神廟가 있던 곳으로, 산천제나 기우제를 올렸다. 길이
험하고 날씨도 나빠 백록담에서 천제天祭를 올리기 힘들면 제주 목사
들이 이곳에서 제사를 지냈다는 이야기가 전해 내려온다. 하늘의 신이
제단 근처의 가장 큰 나무를 타고 내려온다는 믿음 때문이었다. 그래

서인지 잠시 머무는 동안에도 그 신통력을 믿는 사람들이 '소낭'을 들락거리면서 제물을 준비하는 광경을 볼 수 있었다.

곰솔 잎은 소나무 잎보다 억세다. 또 소나무의 겨울눈은 붉은색인데 비해 곰솔은 회백색이며, 줄기 껍질의 색도 소나무는 적갈색인데 곰솔은 흑갈색이다. 이곳 산천단의 곰솔처럼 한라산에 있는 소나무와 곰솔은 분포 경계가 다르다. 곰솔은 한라산 중턱(550미터)까지만 자라지만, 소나무는 1,200미터부터 1,500미터까지 분포한다.

소나무와 곰솔이 항상 따로따로 분포하는 것은 아니다. 서·남해안은 물론이고 동해안에서도 소나무와 곰솔은 어울려 산다. 해송은 경기도 남양만(37°20′) 부근에서 남해안을 거쳐 경상북도 울진 부근까지 해안가를 따라 자란다. 충청남도 태안 지방은 곰솔의 서해안 쪽 북방 한계선인 경기도 남양만과 가깝지만, 소나무와 함께 자란다. 동해안 쪽 북방 한계선과 가까운 울진의 월송정에서도 소나무와 곰솔은 멋지게 어우러지며 자란다.

곰솔의 수평적 분포를 보면 서해안이나 동해안의 경우 해안에서 2킬로미터 이내지만, 남해안의 경우 4킬로미터 이상 떨어진 곳에서도 자란다. 전라북도 익산 지방의 평지에 해송이 보이는데 그것이 자생인지 식재한 것인지는 분명치 않다. 만일 자생적인 곰솔이라면 해안에서 가장 내륙 깊숙이 들어온 경우일 것이다.

해안가 솔숲에는 소나무와 해송의 잡종도 있다. 자연 잡종이 된 경우로 곰솔 암꽃에 소나무 화분이 교잡되면 간흑송, 소나무 암꽃에 곰솔 꽃가루가 교잡되면 간적송이 된다.

수직적 분포의 경우, 해송은 위도가 올라갈수록 높은 곳에서는 자라지 못한다. 200미터 이하의 낮은 산이나 해안 평지에 많이 난다. 그러나 한라산에서는 해발 550미터에서도 자란다.

해송은 난류가 지나는 바닷가의 사질 토양에서 잘 자란다. 해풍을 견디면서 모래땅에서 잘 자라는 특성이나 검은 수피 때문에 예로부터 우리 조상은 해송海松이나 흑송黑松이라 불렀고, 방풍림防風林이나 방조림防潮林으로 많이 심었다.

6. 적송 망국론이 나라를 망친다

강원도 고성군 명파리 산불 피해지 | 인공 조림

허리를 곧게 편다. 곡괭이를 잠시 내려놓고 뒤를 돌아본다. 줄지어 서 있는 어린 묘목들 뒤로 멀리 동해 바다가 눈에 들어온다. 아직도 산록 이곳저곳에는 3년 전에 화마가 할퀴고 간 상처가 그대로 남아 있다. 다시 구덩이를 힘차게 판다. 2년생 소나무 묘목을 심고 그 뿌리에 흙을 덮고 정성스레 밟는다.

소나무가 조림 수종으로 그 가치를 인정받아 이 땅 제일의 용재수로 복권되는 현장을 강원도 고성군 현내면 명파리에서 직접 지켜보는 감회는 복잡했다. 지난 세월 수많은 고난을 이겨내고 마침내 제자리로 돌아온 소나무의 끈질긴 생명력을 생각하면 기뻤다.

지난 30년 동안 이 땅에서 소나무만큼 극명한 애증愛憎의 대상이 된 나무는 없다. 소나무는 우리 국민이 가장 좋아하는 나무다. 10년 주기로 3차례 실시한 '나무에 대한 국민의식 조사' 결과는 모두 같았다. 그러나 소나무가 정서적인 국민의 사랑은 독차지했지만, 이성적인 산

◀ 2000년에 발생한 강원도 삼척 일대의 산불 피해지

림 관료나 산림 전문가로부터는 철저히 무시되거나 기피의 대상이 되었다. 사랑과 미움을 동시에 받은 나무, 관심과 무시의 대상이 된 소나무의 영욕을 산불 피해지 복구 현장에서 다시 한번 떠올렸다.

오도된 적송 망국론

산림 관료들이 소나무를 기피한 이유는 무엇일까? 먼저 30년 이상 계속된 병해충 피해와 오도된 '적송 망국론赤松亡國論'을 들 수 있다. 소나무는 이 땅의 수목 중에서 병해충의 피해를 가장 많이 본다. 특히 소나무 3대 해충인 솔잎혹파리, 솔껍질깍지벌레, 소나무재선충은 지난 30년 동안 전국의 솔숲을 유린하며 엄청난 피해를 초래했다. 비록 줄어들었지만 오늘날도 계속되는 해충의 활동은 소나무를 쓸모없는 나무로 치부하게 만드는 데 일조했다. 그러나 이들 해충은 모두 외래종이다. 원래는 이 땅에 없던 해충들로 인간의 왕래 때문에 유입된 것이지 우리 소나무가 원인 제공자는 아니다.

3대 해충에 의한 솔숲의 극심한 피해는 잘못된 적송 망국론으로 이어졌다. '소나무가 성하면 나라가 망하기 때문에 이 땅의 소나무를 모두 없애고, 대신 다른 수종을 심어야 한다'는 이야기가 한때 아무런 의심 없이 사람들 입에 오르내렸다.

적송 망국론은 1922년 일본인 임학자 혼다 세이로쿠本多靜六가 『동양학예잡東洋學藝雜』이란 잡지에 「일본의 지력 쇠퇴와 적송」이란 글을 발표하면서 세상에 알려졌다. 그의 글 요지는 다음과 같다.

소나무는 지력이 약한 곳에서도 잘 자라고 건조한 땅에서도 잘 견

소나무를 심은 고성 산불 피해 복원지

딘다. 산지는 원래 비옥하고 생산적인 것이었다. 이렇게 비옥한 상
태에 있으면 자연의 힘으로 말할 때, 소나무는 자랄 수 없고 다른
나무가 자리를 차지하게 된다. 만일 인간이 자연의 숲을 파괴한다
면 지력이 낮아지게 되고 자연히 소나무가 들어온다. 다시 말하면
소나무는 그곳의 지력이 척박하다는 것을 나타내는 지표 수종인
것이다. 오늘날 국세國勢가 약한 나라는 일반적으로 황폐하기 때문
에 그곳에는 소나무밖에 생육하지 못하며, 따라서 소나무의 번성
은 국세가 쇠약해졌음을 말해준다. 소나무가 서 있는 자연을 더 파
괴하면 결국 사막으로 변할 것이다.

혼다의 논리에 따르면 소나무는 원인이 아니라 결과라고 할 수 있

산불 피해지의 소나무 인공 조림
❶고성군 명파리 산불 피해지 ❷고성군 명파리 산불 피해지의 소나무 묘목 식재 광경
❸소나무 묘목으로 조성한 강원도 고성군 산불 피해 복원지

다. 따라서 적송 망국론은 혼다의 글을 잘못 이해하거나 의도적으로 잘못 해석한 것이라고 볼 수 있다.

소나무는 치산 녹화 실적 달성만을 중시하던 압축 성장기 관료에게는 적합한 수종이 아니었다. 갓 조성된 어린 솔숲이 외래 해충 때문에 훼손되었을 때, 실적을 중시하는 관료에게 책임 문제가 뒤따름은 당연하다. 자연스럽게 소나무는 산림 조성 사업의 기피 수종이 되었고, 오도된 적송 망국론은 아주 좋은 핑곗거리였다.

소나무에 대한 식재 기피는 냉엄한 현실로 나타났다. 3차에 걸친 치산 녹화 사업을 통해 정부는 100억 그루의 나무를 심어 국토를 녹화했다. 그러나 대부분의 용재림은 낙엽송, 리기다소나무 같은 외래 수종이나 잣나무 등으로 조성되었을 뿐이다. 소나무로 조성된 면적은 겨우 1만 7,000헥타르였으며, 그나마 대부분 솔잎혹파리 때문에 사라졌다. 90여 년 전에 씨를 뿌려 조성한 대관령 솔숲은 인공림의 전형으로 부각되는 반면, 정작 지난 20~30년 사이에 만든 소나무 인공림을 쉬이 찾아볼 수 없는 것은 이런 이유 때문이다.

소나무 육성에 대한 정부의 새로운 의지

소나무의 가치를 무시하고 식재를 기피한 결과는 솔숲의 급격한 감소를 가져왔다. 1970년대 중반에 323만 헥타르였던 솔숲은 2016년에 156만 헥타르로 줄어들었다. 해충과 산불과 수종 갱신에 의한 자연 감소도 무시할 수 없지만, 산림 당국의 조림 기피 정책에서 더 큰 이유를 찾을 수 있다.

산림 당국의 소나무 기피 정책은 소나무와 관련된 연구에도 영향을 끼쳤다. 국가 임업 연구를 총괄하는 부서의 연구 수행 실적 중 솔숲을 새롭게 조성하고 경영하기 위한 것은 지난 90년 동안 단 2과제뿐이었다. 그나마 한 과제는 80년 전 것이고 다른 한 과제는 25년 전의 결과물이었다. 우리 산림의 4분의 1이 솔숲임을 인식하면 솔숲의 조성과 경영을 연구하는 전담 부서가 존재하지 않거나 연구 인력이 전무한 것은 비정상적인 일임이 틀림없다.

오늘날 특별법을 제정해서라도 소나무를 지켜야 한다는 학계의 주장과 함께 산림 당국도 소나무에 대한 인식을 바꾸고 있다. 산림청은 2017년부터 소나무숲의 유형별 맞춤 관리 체계를 구축하고자 경상북도(42만 헥타르), 강원도(26만 헥타르), 경상남도(14만 헥타르) 지역을 포함하여 모두 100만 헥타르의 솔숲을 보전·관리 지역으로 설정하였다. 보전·관리 사업의 핵심 내용은 백두대간 지역을 비롯한 경제림 육성 단지 일대(52.5만 헥타르)는 중·대경재 생산을 위해 집중 관리하며, 경관 및 생태적 보전 가치가 있는 국립공원(6만 2,000헥타르)과 문화재보호구역(6,000헥타르)의 소나무 역시 지속적으로 보호한다는 것이다. 그 밖에 소나무 유전자원보호구역(1만 3,000헥타르)의 솔숲도 그 기능이 최대한 발휘될 수 있도록 필요한 조치를 강구한다는 것이다.

명파리 소나무 조림지는 고성 산불의 피해지 복구 현장이었기에 복구 방법에 대한 현장 토론이 있었다. 1년 남짓한 조사 연구 끝에 산림청은 산불 피해지가 '척박한 경우는 인공 복구하며, 비옥하면 자연 복원'이라는 원칙을 수립했다. 그러나 최근의 한 연구 결과를 인용한 언론 보도는 복구 사업에 땀 흘리는 산림 관계자들의 원성을 사기에 부족함이 없다. 산불 피해지 복구 원칙은 거두절미하고 피해지에 인공적으로 심은 조림목은 불과 몇십 센티미터 자라는 데 그쳤지만 자연

활엽수로 복원된 산불 피해지
❶❷ 1996년도 고성 산불 피해지의 자연 복원 광경
❸ 강원도 삼척의 산불 피해지 활엽수 식재

복원지는 1.6미터나 자랐다는 기사가 그것이다.

비옥지의 피해목이 온전한 뿌리 덕분에 움싹을 1~2미터 키울 수 있는 것이나, 척박지에 새로 심은 묘목이 뿌리 활착에 시간이 걸려 몇 십 센티미터밖에 자라지 않은 것은 모두 정상이다. 그러나 토지의 생산력이나 나무의 상태를 무시한 채 인공 복구보다 자연 복원이 더 좋다는 단순 논리를 근거로 이런 결과를 내세우는 것은 연구자의 참 의도라기보다는 숲을 볼모로 한 정부 기관의 치졸한 밥그릇 싸움일 뿐이다.

화마가 할퀴고 간 죽음의 땅에 희망의 싹을 심는 일은 즐거웠다. 이 소나무들이 자라서 멋진 솔숲을 이룰 것을 생각하니 가슴이 벅찼다. 해충이나 산불의 피해를 이겨내고 송이도 자라고 멋진 용재도 생산할 수 있는 솔숲으로 자라길 간절히 빈다.

솔숲 조성에는 사람이 직접 종자나 묘목을 심어서 만드는 방법(인공 조림)과 자연의 힘을 이용하여 솔숲을 만드는 방법(천연 조림)이 있다. 인공적으로 솔숲을 만들고자 하면, 먼저 나무들이 자라는 데 지장을 주는 식생을 제거하는 작업(정리 작업)이 필요하다. 정리 작업이 끝난 식재 장소에는 보통 2년생 묘목을 심는다. 묘목은 1.8×1.8미터의 간격으로 열과 줄을 맞추어 심어야 자란 후 효율적으로 숲 가꾸기 작업을 할 수 있다.

인공 조림은 보통 1헥타르(3,000평)에 3,000그루를 심기 때문에 한 평에 한 그루씩 심는 셈이다. 그러나 외국의 경우 1헥타르에 6,000~9,000그루까지 심어 높이 경쟁을 유도한다.

심은 후 첫 몇 해 동안은 묘목 주변의 풀이나 잡목을 제거(풀베기 작업)해야 하며, 20여 년 후에는 적당히 솎아주어(간벌 작업) 나무들이 자라는 데 필요한 생육 공간을 더 넓혀주어야 한다. 솎아주기 작업은 벌채하기 전까지 계속하며, 솎아주기에 적당한 시간 간격은 가지들이 서로 맞닿기 시작하는 때가 좋다. 3,000그루를 심으면 최종 벌채목이 300그루 내외가 될 때까지 여러 번 솎아주어야 한다.

소나무는 입지에 따라 그 자람이 각기 다르다. 계곡부의 습하고 비옥한 장소에서는 60년 정도 자라면 높이가 35미터에 이르기도 한다. 그러나 사면부 척박지에서 자라는 소나무는 최대한 자라도 20미터 정도에서 그친다. 따라서 좋은 입지에서 자랄 경우 60년을 키우면 벌채하여 이용할 수 있고, 입지가 좋지 않을 땐 100년 이상 키워도 사용할 수 없는 경우도 있다.

7. 어제 심고 오늘 가꾸어 내일 거둔다

강원도 강릉시 어흘리 대관령 솔숲 | 직파 조림

백두대간 마루금(산마루와 산마루를 잇는 선)인 대관령에 올라앉아 동쪽을 바라보면 강릉시와 동해가 한눈에 보이고, 발아래에는 울창한 소나무숲이 융단처럼 펼쳐진다. 솔숲은 대관령 옛길을 따라 해발 841미터의 제왕산까지 400헥타르나 펼쳐졌으며, 행정구역으로는 강원도 강릉시 성산면 어흘리 일대다.

겨울이 한창일 때 우리는 대관령 휴양림 솔밭에 섰다. 세차게 불어오는 칼바람을 헤치면서 서향 사면 비탈에 선 장대한 소나무들을 만났을 땐 감격에 겨워 할 말을 잊었다. 눈앞에는 지금껏 보아온 왜소하고 굽어 볼품없던 소나무와는 전혀 다르게 생긴 소나무들이 장쾌하게 펼쳐져 있었다. 세차게 불어오는 강한 북서풍 때문에 몸을 제대로 가누기도 쉽지 않았지만, 아름드리 소나무들이 쭉쭉 곧은 자세로 세찬 북서풍에 당당히 맞선 광경은 상상도 할 수 없던 새로운 풍광이었다. 어느 하나도 굽은 나무가 없는 그 광경이 놀라웠다.

◀ 1920년대에 솔씨를 직접 뿌려 만든 대관령 자연휴양림의 소나무숲

강원도 가리왕산의 하안미리 소나무숲도 1920년대에 조성한 직파 조림지다.

    이 솔숲은 1988년 전국 최초의 자연휴양림으로 지정되면서 시민
들에게 공개되었다. 1988년 '문화재 복원용 목재 생산림' 지정, 2000
년 '22세기를 위해 보존할 아름다운 숲'에 이어 2017년 산림청의 '10
대 명품 숲'에 선정되는 영예도 얻었다. 익히 알려진 이런 상찬과는 별
개로 이 솔숲의 숨은 진가는 다른 데 있다. 그것은 이 솔숲의 유래에서
찾을 수 있다.

솔씨를 직접 뿌려 만든 숲

이 소나무숲은 사람이 직접 씨를 뿌려 만든 숲이다. 믿기 어렵지만 사실이다. 산림청 기록에는 정확히 1922년부터 1928년 사이에 사람이 일일이 솔씨를 심어 숲을 만든 것으로 나와 있다. 임업 기술이 발달한 오늘날도 종자를 직접 임지에 심어 만든 숲은 흔하지 않다. 그런데 90여 년 전에 묘목도 아닌 종자를 심어서 이렇게 멋진 솔숲을 만들었다는 사실이 놀랍다. 이렇게 직접 종자를 심어서 숲을 만드는 방법을 직파直播 조림이라 한다. 직파 조림 현장은 강원도 가리왕산 하안미리에도 있다. 역시 1927년도에 솔씨를 직접 파종하여 만든 솔숲이며, 오늘날 대관령의 솔숲처럼 위용을 뽐낸다.

조성 경위가 정확하게 기록으로 전해지는 이 두 곳의 솔숲을 찾을 때마다 나는 스스로 되묻곤 한다. 일제 강점기의 임업인들은 어떤 의도로 직파 조림을 시도했을까? 왜 하필이면 소나무를 택했을까? 왜 영동 지방의 대관령과 가리왕산을 대상지로 삼았을까? 다른 지방에는 이런 숲이 없을까? 90년 전에는 직파 조림으로 솔숲을 만들었는데 왜 오늘날은 잘 되지 않는 것일까? 의문은 끝이 없었지만 아쉽게도 어느 것 하나 명확한 답을 얻을 수 없었다.

그러나 분명한 사실은 90여 년 전 직파 조림으로 만든 아름다운 솔숲이 우리 눈앞에 하나의 실체로 존재하지만, 오늘의 직파 조림 기술로 만들어진 솔숲은 우리 주변에서 찾을 수 없는 것이 현실이다. 아무튼 이 문제는 임학계가 풀어야 할 숙제임이 틀림없다.

일제 강점기에 영동 지방의 국유림을 경영하고자 1926년 개설한 강릉영림서의 맥을 잇는 동부지방산림관리청에서 옛 조림 기록을 접했을 때도 답답하기는 마찬가지였다. 직파 조림 방법에 대한 구체적 기록을 찾고자 옛 조림대장을 들추었지만 조림 연도만 명시되어 있을 뿐이었다. 얼마만 한 간격으로 솔씨를 심었는지, 한 장소에 몇 개의 솔씨를 심었는지에 대한 구체적인 기록은 어디에서도 찾을 수 없었다.

나의 이런 의문에 대해 독일 프라이부르크 대학교에서 조림학을 전공한 국립산림과학원 배상원 박사는 "몇 년 전 울진 소광리와 광릉에서 실시한 소나무 직파 조림의 시험 사업을 보면, 80여 년 전의 직파 조림도 나무를 베어낸 자리에 마치 논에 모를 심듯이, 줄을 맞추어 적당한 간격마다 솔씨를 심었을 것"이란 의견을 제시했다. 배 박사는 수종은 달라도 직파 조림을 할 때는 독일에서도 줄에 맞추어 일정한 간격으로 종자를 직접 심는다는 기술적 근거를 제시하기도 했다. 그가 제시한 의견은 비록 추정이었지만 나름대로 설득력이 있었다.

문화재 복원용 소나무

직파 조림을 위해 모든 산지에 종자를 흩뿌리는 방법도 상상할 수 있지만, 종자가 엄청나게 많이 필요할 뿐 아니라 발아한 어린나무의 관리도 쉽지 않아 설득력이 없다.

이 숲의 숨은 진가는 또 있다. 산림청에서 브랜드 가치로 내세우는 '문화재 복원용 대경재 생산 기지'가 그것이다. 곧고 굵은 소나무인 대경재는 고건축 문화재 보수나 천년 궁궐의 복원에 필수적이다. 어제의 세대가 만든 민족 문화유산이 오늘의 세대 손으로 보수 복원되어 다시 내일의 세대로 이어지는 그 중심에 이렇게 소나무가 있는 것이다. 이런 사실을 인식하면, 대관령의 솔숲은 더 이상 평범한 솔숲이 아니다.

오늘날 이 솔숲은 평균 수령 90년, 나무높이 20미터, 가슴높이둘레

금강송의 자태를 고스란히 간직한 대관령 직파 조림지의 소나무들

1.2미터, 헥타르당 축적 250세제곱미터로 임업 선진국 못지않다. 앞으로 20여 년을 더 키우면 높이 26미터, 직경 56센티미터, 한 그루당 재적이 2.44세제곱미터에 달해 현 시세로 그루당 70여 만 원을 받을 수 있을 것이다.

앞에서도 살펴봤지만 대관령 솔숲과 달리 우리 솔숲이 당면한 현실은 썩 밝지 않다. 한때 산림의 60퍼센트 이상을 차지하던 이 땅의 소나무숲은 솔잎혹파리, 소나무재선충, 산불 및 수종 갱신 등으로 급격히 줄어들고 있다. 2016년 현재 소나무(곰솔 포함)숲은 산림의 25퍼센트밖에 안 된다. 더욱 안타까운 사실은 기존 소나무 장령림壯齡林에는 대를 이어갈 어린 소나무들이 잘 자라지도 않는다는 것이다. 이런 추세가 계속되면 앞으로 100년 뒤에는 이 땅에서 소나무를 볼 수 없으리라는 예측도 가능하다. 수백만 년 이 땅을 지켜온 소나무들로서는 엄청난 시련이고 수난이다.

400헥타르라는 대규모 단지를 이루는 대관령 휴양림 소나무숲이 주는 교훈은 많다. 어떤 나무를 심어놓고 20~30년밖에 안 된 상태에서 그 숲에 대하여 왈가왈부하는 인간들에게 좀 더 기다리라는 무언의 가르침을 던진다. 대관령 솔숲은 또 차츰 쇠잔해가는 이 땅의 소나무에게 주는 희망의 메시지다. 인간의 의지에 따라 적절한 기술을 바르게 적용하면 훌륭한 솔숲을 만들어낼 수 있음을 증명하기 때문이다.

어제의 세대가 심고, 오늘의 세대가 가꾸고 이용한 덕분에 내일의 세대로 민족의 문화유산이 면면히 이어진다는 것을 인식하면 우리가 왜 소나무를 지키고 가꾸어야 하는지를 다시 한번 가슴에 새길 수 있다.

강릉시의 소나무
❶ 강원도 강릉시 초당동의 솔밭 ❷ 강릉고등학교 구내에 세워진 율곡의 호송설비護松說碑
❸ 강릉고등학교 구내의 솔숲

강릉시 초당동 솔밭은 시민들의 휴식 공간이기도 하다.

강릉 시민의 소나무 사랑

소나무에 대한 강릉 시민의 열기를 대관령 휴양림 솔밭에서 경험할 수 있었다. 솔바람 모임의 일행에게 대관령 소나무의 특성을 설명하면서, 산림청이 이 지역을 문화재 복원용 목재 생산 기지로 지정했다는 이야기를 들려주었다. 그때 자리를 함께했던 신응수 선생은 난색을 표하면서, 그것은 산림청의 계획일 뿐이지 강릉 시민들의 생각은 다를 것이라는 의견을 내셨다. 진정 그럴 계획이라면 산림청은 강릉 시민을 먼저 납득시켜야 할 것이라며 소나무를 대하는 시민들의 태도가 다른 지방과는 전혀 다름을 알려주었다.

강릉 시민들이 소나무를 아끼는 마음은 하루아침에 생긴 것이 아니다. 우선 허균과 허난설헌의 생가 터가 있는 초당동을 생각하면 쉽게 이해할 수 있다. 해안 방풍림 구실을 하는 이 솔숲은 특히 이율곡의 호송설護松說과 연관이 있어서 더욱 애틋한 사랑을 받는지도 모를 일이다.

호송설은 율곡 이이와 강릉의 금산마을 뒷산에 살던 임경당 김열의 대화에서 유래한 것이다.『율곡전서』에 나오는 내용을 그대로 옮긴다.

> 임경당 김열은 집 주위에 소나무를 심었는데 그늘이 수백 이랑이나 되었다. 김 군이 이를 가리키며 나에게 "이는 선친께서 심으신 것으로 우리 형제가 이를 보며 어버이를 그리워합니다. 세대가 멀어지면 베어질까 두려워 그대의 몇 마디를 얻어 가묘의 벽에 걸어 자손에게 보이려 하오." 나는 웃으며, "그대의 자손이 그대의 뜻을 알아 백세 후라도 뜻으로써 전하면 영원히 없어지지 않겠지요. 만일 어버이의 뜻을 명심하여 효제를 일으키면 선조의 하찮은 물건

이라도 소중히 간직하여 공경할 것인데, 하물며 손수 심으신 나무야 어떠하겠소? 말로 가르침은 몸으로 가르침만 못하고, 글로 전함은 뜻으로 전함만 못하니 말이 어찌 보탬이 되겠소." 하였다. ……선조의 고생과 노력이 한 세대를 기약하여야 가업을 이룸과 같이 소나무도 심은 지 수십 년이 지나야 큰 나무가 되는데 베어버리면 하루아침에 없어질 터이니 어찌 이것이 가업을 이루기는 어렵고 파괴는 쉬운 것과 같은 것이 아니리오. 아! 내가 이 글을 지음은 느낌이 있음이라. (국역『율곡전서』3권)

전 강릉고등학교 교장 남규호 선생은 이 내용을『숲과 문화』통권 2호(1993년 3월호)에 소개하면서 특히 1991년 졸업 20주년 기념 행사의 일환으로 졸업생들이 모은 성금으로 호송설비護松說碑가 강릉고등학교 교정에 세워진 유래를 설명했다.

왜적을 물리친 소나무 이야기도 강릉 지방에 전해오는데, 이것 역시 강릉 시민의 소나무 사랑을 엿볼 수 있기에 흥미롭다. 이야기의 전말은 이렇다.

'도요토미 히데요시의 누나는 점치기를 즐겼다. 도요토미가 조선 침략에 앞서 작별 인사차 누나를 방문했을 때, '소나무 송松 자를 조심하라'는 섬괘를 들려주었다. 도요토미는 누나의 점괘를 부하들에게 들려주고, 조선에 가면 소나무를 조심하라는 명령을 내렸다. 그 후 조선에 상륙한 그의 군사 일부가 대관령에 이르러 강릉 지방을 내려다보니 붉은 옷을 입은 수많은 군사가 바닷가에서 소나무를 배경으로 질서 정연하게 훈련받는 광경이 눈에 들어왔다. 그것을 보고 왜군은 강릉으로 진군하지 못하고 되돌아갔다는 이야기다. 그러나 붉은 옷을 입은 군사

들은 실은 마침 가을이어서 수수를 베어 말리고자 소나무에 걸어놓은 것이었다고 한다.'

이런 배경을 볼 때, 강릉 시민의 가슴에는 소나무에 대한 이런저런 옛이야기들이 대를 이어 전승되고 있음이 틀림없다.

8. 가꿀 수 없다면 어미 소나무라도 남겨라

경상북도 봉화군 대현리 솔숲 | 모수 조림

국도 35번과 36번이 교차하는 현동에서 청옥산 늦재(해발고도 896미터)
를 넘는 도로변 곳곳에는 어린 소나무들이 씩씩하게 자라고 있었다.
급한 비탈길을 조금이라도 넓히려고 도로 주변을 깎아낸 곳에는 저절
로 싹을 틔운 어린 소나무 천지였다. 구불구불 고갯길을 내려선 어느
지점에서 영주 국유림관리소 문성부 소장이 차를 세웠다. 그러고는 낙
엽송 바다 속에 외딴 섬마냥 소나무로 뒤덮인 건너편 봉우리 둘을 가
리켰다. 그곳에는 25년 전에 어린 묘목을 직접 심어 만든 울창한 소나
무숲이 있었다. 경상북도 봉화군 석포면 대현리의 소나무 인공 조림지
는 그렇게 숨어 있었다. 이 땅 곳곳을 찾아 헤매다가 마침내 조림 역사
가 분명한 솔숲의 현장을 경상북도 최북단 오지에서 두 눈으로 확인하
는 기분은 묘했다. 문 소장이 입을 열었다.

"당시 낙엽송 대신 소나무를 심었더라면 눈앞에 보이는 모든 낙엽
송 숲이 엄청난 돈이 되었을 것입니다." 하는 언급에는 회한이 배어 있

◀ 강원도 평창군 가리왕산의 소나무 모수 작업 현장. 어미 소나무 밑에서 자라는 어린 소나무들이 사랑스럽다.

쉽게 볼 수 없는 소나무 인공 조림지. 경상북도 봉화군 석포면 대현리

었다. 솔잎혹파리가 침범할 위험이 큰 소나무는 치산 녹화 사업의 조기 완수가 지상 과업처럼 여겨지던 압축 성장기의 조림 수종으로는 당연히 배제되었다. 그런 상황은 오늘날 우리 주변을 온통 낙엽송이나 잣나무 숲으로 만드는 데 일조했다.

그러나 솔잎혹파리에 대한 한풀이나 당시의 조림 관행에 대한 후회막급의 한탄만 계속할 수는 없었다. 우리의 원래 목적지는 소나무 인공 조림지보다는 천연 갱신지天然更新地였기에 길을 서둘렀다. 천연 갱신지란 자연의 힘으로 숲이 만들어진 곳을 말한다.

자연의 힘으로 만든 솔숲

소나무 천연 갱신지를 찾는 것은 소나무 인공 조림지를 찾는 것만큼 이나 어려웠다. 산림청에서 제공한 조림 사업에 관한 지난 30년 동안 의 기록에도 그런 장소는 없었다. 그런데 애타게 찾던 현장 정보를 아 주 우연한 기회에 얻게 되었다. 소나무에 대한 신문 연재가 끝난 뒤, 이 곳저곳에서 특강 요청이 이어졌다. 그중에는 산림청도 있었다. 강의가 끝난 뒤 산림 공직자들과 환담하는 자리에서 화제는 단연 소나무였다. 나는 평소 궁금하게 여기던 것을 물었다.

"소나무 인공 조림지나 천연 갱신지를 보고 싶은데, 어디에서 찾을 수 있겠습니까?"

'경상북도 봉화군 석포면에 그런 현장이 있으니 언제든 연락만 하 면 안내하겠다'는 문성부 소장의 이야기는 현장 확인에 목말라 있던 산림학도에게는 한 모금의 감로수였다.

소나무 천연 갱신지는 솔숲이 줄어드는 오늘날엔 쉽게 찾을 수 없 지만, 30년 전만 해도 일상적인 모수 작업母樹作業의 현장이었다. 모수 작업이란 소나무를 벌채할 때, 솔방울이 잘 열리는 어미나무(모수母樹) 를 몇 그루 남겨두고 나머지 나무는 모두 베어내는 작업을 말한다. 모 수 선정 기준은 솔방울도 잘 열려야 하지만 줄기가 곧고, 곁가지가 많 지 않은 우량한 형질에 두었음은 물론이다. 벌채 작업으로 흙 알갱이 가 노출된 임지에서는 남겨둔 모수에서 떨어진 솔씨가 제 스스로 싹을 틔우고 자라서 마침내 성숙한 숲으로 이어지기에 모수 작업이 시행된 곳을 흔히 천연 갱신지라고 부른다.

꾸불꾸불한 임도를 한 시간 남짓 달려서 도착한 곳은 석포면 반 야골이었다. 눈에 들어온 주변의 모든 숲은 어느 틈에 녹색 천지의 솔

수관 위로 머리를 내민 채 우뚝 솟아 있는 큰 소나무들이 어미 소나무이고, 그 주변은 어미 소나무의 솔씨가 떨어져 싹을 틔워 자란 어린 소나무들이다. 경상북도 봉화군 반야골 일대의 국유림

숲으로 변해 있었다. 차에서 내린 우리는 문 소장의 설명에 귀를 기울였다.

"봉화군 석포면 반야골 38-42 임반(564헥타르)의 소나무숲은 1971년부터 1973년도까지 벌채되었고, 우리 눈앞에 들어오는 소나무숲은 모두 모수 작업으로 천연 갱신한 솔숲입니다. 건너편 산자락의 숲은 소나무만 자라는 단순림입니다만, 자세히 보면 임지 곳곳에 우뚝 솟은 소나무들을 찾을 수 있습니다. 바로 30년 전에 모수 작업을 하면서 남겨두었던 어미나무들입니다. 솔숲 곳곳에 남겨두었던 모수들이 몇 해에 걸쳐 솔씨를 떨어뜨렸고, 떨어진 솔씨들이 싹을 틔워 사람의 도움 없이도 저기 보이는 멋진 솔숲을 만든 것입니다. 반야골에는 30년 정도 묵은 솔숲이 504헥타르(89퍼센트)이고, 50년 묵은 솔숲은 60헥타르

(11퍼센트)에 이릅니다. 영주 국유림관리소에서는 이 숲을 문화재 복원용 소나무 산지로 육성하고자 육림 계획에 따라 연차적으로 숲 가꾸기 작업을 하고 있습니다. 기본 작업은 빽빽하게 자라는 나무들을 적절히 솎아 나무들의 생육 밀도를 조절하는 것입니다. 또한 솎아낸 간벌재間伐材를 십분 활용하기 위해 임업 기계 장비를 이용하여 산물을 수집하고 있습니다. 이런 일은 국고 수입을 늘리는 지름길입니다. 전문 영림단이 이 작업을 전담하는데, 산림 기능인 교육을 이수한 노숙자들도 있습니다."

문 소장의 설명을 듣고 우리는 작업 현장으로 들어갔다. 현장은 기계톱 소리와 베어낸 나무를 끌어내는 굴삭기의 굉음으로 시끄러웠다. 솔잎혹파리가 지나간 솔숲에서 흔히 나타나는 참나무나 단풍나무 같은 활엽수들은 보이지 않았고, 주변은 온통 소나무뿐이었다. 임도 곁에 서 있는 500년생 노거수는 높이 22미터, 가슴높이직경 80센티미터의 위용(재적 4.47세제곱미터)으로 이 숲의 오래전 명성을 말없이 알리고 있었다.

모수 작업

모수 작업은 도대체 어떤 작업이었을까? 말처럼 그렇게 단순한 작업일까, 아니면 우리가 간과한 특별한 기술이 있는 것일까? 30년 전에는 쉬웠던 모수 작업에 의한 소나무의 천연 갱신이 왜 오늘날엔 현장에서 잘 이루어지지 않는 것일까? 이런 생각으로 내 머릿속은 복잡해졌다. 그리고 지금껏 보고 들었던 지식을 중심으로 평소 가졌던 모수 작업에 대한 의문점을 물었다. 문 소장은 이야기를 계속했다.

"오늘날 우리 눈앞에 전개되는 봉화, 울진, 삼척의 솔숲은 대부분 20~30년 전에 모수 작업이나 개벌천연하종皆伐天然下種 갱신 작업으로 이루어진 천연림입니다. 그러나 그 방법이나 절차는 물론이고 언제 벌채를 했는지 정확한 기록이 없습니다. 그러나 이곳 석포 반야골의 솔숲은 국유림이기 때문에 벌채 기록이 남아 있고, 그 기록에 따라 지금 소나무 천연 갱신의 현장을 확인할 수 있게 되었습니다."

모수 작업이나 개벌천연하종 갱신 작업에 의한 천연 갱신은 우리 조상들이 지난 1,000여 년 동안 이 땅의 소나무숲에 적용했던 독특한 산림 재생 방법이다. 개벌천연하종은 일정한 면적의 솔숲을 모두 베어 내면(개벌 작업), 주변 솔숲에서 날아온 종자들이 새롭게 숲을 만드는 방법(천연하종)이다. 그 구체적 흔적은 다산의 『목민심서』에서도 찾을 수 있다. 다산은 『목민심서』「공전육조工典六條」 산림山林 조에 솔숲의 재생에 대한 단편적인 생각들을 다음과 같이 서술하였다.

"생각건대 바람이 불면 솔씨가 떨어져 자연히 송림을 이루니 금양만 하면 되는 것인데 무엇 때문에 심을 것인가?"

그렇다. 천연 갱신 작업은 산판 작업을 하는 누구나 아는 방법이었다. 너무나 상식적이고 당연한 방법이기에 그에 대한 기록을 남길 필요조차 없었으리라. 다산은 비록 천연 갱신이라는 기술적 용어를 사용하지는 않지만, 솔씨가 떨어져 자연히 송림을 만드는 조상의 산림 작업을 정확하게 이해하였다. 참고로 모수 작업이나 개벌천연하종 갱신 작업이라는 용어는 200여 년 전에 독일에서 발달한 산림 작업의 이론을 일본이 받아들였고, 우리는 그것을 일제로부터 받아들여 사용한 것이다.

소나무숲의 천연 갱신
❶농부가 만든 소나무 천연 갱신지. 강원도 강릉시 연곡 ❷도로 절개지의 노출된 토양에서 갱신된 어린 소나무들 ❸숲 가꾸기 작업의 일환으로 간벌 작업을 실시하는 반야골의 소나무 모수 작업지

소나무 천연 갱신이 어려워진 이유

천연 갱신에 대한 나의 관심은 1988년으로 거슬러 올라간다. 강원도 연곡에 소재한 임업기계훈련원에서 학생들의 현장 실습이 있었다. 2주간 학생들과 체류하면서 소나무 천연 갱신에 대한 흥미로운 경험을 할 수 있었다. 그것은 배움이 없는 농부의 솔숲은 성공적으로 천연 갱신한 반면, 수십 년간 임업 현장에 근무했던 임업 기술자의 시험림은 천연 갱신에 실패한 현장 확인이었다. 임업 기술자의 자존심에 관한 문제였기에 현장에서 실시한 우리의 토론은 격렬했다. '선택성 제초제를 살포하거나 임지를 긁어주는 등 여러 방법을 모두 적용했지만 별다른 성과가 없었다'는 답변에 우리도 할 말을 잊었다.

중턱에 자리 잡은 시험지를 뒤로하고, 인가 주변에 자리 잡은 농부의 천연 갱신 현장을 살펴보았다. 임업에 대한 지식이라곤 없는 농부가 솔숲을 멋지게 일구어낸 천연 갱신 현장을 바라보는 우리의 심정은 착잡했다. 그때부터 천연 갱신에 대한 의문이 나의 뇌리에 깊숙이 박혔다.

하나의 상식으로 1,000여 년 동안 통용되어 내려오던 소나무 천연 갱신이 오늘날 잘 적용되지 않는 이유는 무엇일까? 먼저 지난 30여 년 동안 진행된 산림 이용 방법의 변화에서 그 답을 유추할 수 있다. 앞서 설명한 것처럼 인간의 간섭이 줄어들자 자연의 복원력이 회복되어 식생의 천이 과정이 진행되었기 때문이다.

지리적인 여건 때문에 산중턱에 자리 잡은 시험지에는 인간의 간섭이 더 빨리 사라졌고, 인가 주변의 솔숲에는 인간의 간섭이 조금 더 오래 계속되었다는 이유로 농부의 숲은 천연 갱신이 쉽게 되었고, 기술자의 시험지는 오히려 천연 갱신이 어려웠던 것이다.

소나무의 천연 갱신
노출된 토양에서 싹을 틔워 자라는 어린 소나무. 경상북도 울진군 소광리

인간의 간섭으로 이루어지던 솔숲의 천연 갱신이, 인간의 간섭이
사라지자 자연의 복원력이 발휘되어 천연 갱신에 실패한 그 현장에서
소나무를 위해서 우리가 할 수 있는 일은 과연 무엇일까?

세 가지 시나리오를 상정할 수 있다. 먼저 자연의 힘에 따라 천이가 계속되도록 방치하는 것이다. 그러면 솔숲은 차츰 쇠퇴하여 이 땅에서 사라질 것이다. 학계 일각에서는 2100년께가 되면 소나무가 사라질 것이란 예측을 이미 하고 있지 않은가.

다음으로 상정할 수 있는 것은 현 상황을 유지하는 것이다. 그러나 156만 헥타르에 달하는 소나무숲 전부를 지키는 일은 현실성이 없다. 재원과 인력의 부족 때문에 소나무의 에이즈라는 재선충 방제조차 제대로 하지 못하는 실정임을 감안하면 더욱 그렇다.

마지막으로 상정할 수 있는 방안은 지켜야 할 부분만이라도 철저히 지키는 것이다. 구호뿐인 소나무 보호 정책을 지양하고, 솔숲을 가꾸고 지키는 데 필요한 정책을 수립하고 적절히 투자하는 것이 가장 현실성 있는 방법이라고 할 수 있다.

'삿갓재로 이어진 임도를 따라 계속 올라가면, 울진 소광리 솔숲이 나온다'는 문 소장의 이야기는 우리 소나무의 자존심이 걸린 경상북도 북부 오지에 자리 잡은 국유림의 중요성을 다시 한번 상기시켜주었다. 조상의 지혜가 응축된 산림 작업 현장을 지켜야만 할 당위성을 부여하는 솔숲이었기에 더욱 그랬다.

천연 조림은 자연의 힘을 빌려서 숲을 만드는 방법이다. 기존 숲에서 자연적으로 공급된 종자나 임목 자체의 재생력(움싹 생산 능력)으로 숲이 새롭게 만들어지도록 처리하는 것을 말하며, 천연 갱신 작업이라고도 한다.

천연 갱신 방법에는, 조성하고자 하는 숲의 나무를 모두 잘라낸 후, 주변 숲에서 종자가 떨어져 숲을 조성하는 개벌천연하종 갱신법, 남겨둔 몇 그루의 어미나무에서 씨가 떨어져 숲을 조성하는 모수 작업, 몇 차례 벌채를 하고 남아 있는 모수에서 종자가 떨어져 숲을 조성하는 산벌傘伐 갱신법, 성숙한 나무만 골라 벤 후 그 자리가 갱신되게 하는 택벌천연하종擇伐天然下種 갱신법 등이 있다.

개벌천연하종 갱신법이나 모수 작업은 우리 조상들이 오래전부터 시행하던 천연 갱신법이다. 개벌천연하종 갱신법은 베어낸 자리 주변의 솔숲에서 바람에 날려 온 종자가 싹을 틔워 숲을 조성하는 방법이며, 모수 작업은 벌기伐期에 도달한 솔숲을 베어내면서 임지 곳곳에 형질이 우수한 어미 소나무를 적당히 남겨두는 방법이다. 가을철에 떨어진 솔씨는 겨울철 벌채 작업으로 인해 노출된 토양 알갱이 속에 쉽게 묻히고 이듬해 봄에 싹을 틔울 수 있다. 솔씨는 낙엽이나 다른 유기물이 쌓인 토양에서는 싹을 틔울 수 없지만 산림 작업으로 숲 바닥이 훼손되면 오히려 쉽게 싹을 틔울 수 있다. 우리 조상들은 소나무 종자가 바람에 의해 멀리까지 전파되는 특성과 소나무만의 독특한 발아 특성을 솔숲 조성에 이용한 셈이다.

9. 정이품송과 미인송의 결혼식

강원도 삼척시 활기리 준경릉 | 혈통 보존

솔숲에서 개최된 진기한 혼례식에 초대받았다. 외딴곳인데도 하객은
많았다. 전통 혼례 의식에 따라 청·홍 초를 밝히고, 전안례奠雁禮와 교
배례交拜禮가 이어질 때는 자못 엄숙했다. 이어 신랑 혼주인 보은군수
가 주례를 맡은 산림청장에게 꽃가루함을 전달하고, 주례는 다시 신부
혼주인 삼척시장에게 그 함을 전달했다. 주례와 혼주 측의 인사말에
이어 하객들의 주시 속에 방합례房合禮가 이어졌다.

　방합례는 나무를 잘 타는 인부의 도움을 받았다. 정이품송의 송홧
가루가 든 함을 바지춤에 찔러 넣은 인부가 30미터가 넘는 미끈한 미
인송을 탈 때는 모두 숨을 죽였다. 오르기를 계속하던 인부는 암꽃이
달린 가지에서 멈추고, 조심스럽게 씌워두었던 비닐 봉투를 열었다.
다음 바지춤에 넣어 온 정이품송의 꽃가루를 붓 끝에 묻혔다. 그리고
한국 제일의 미인소나무 암꽃 머리 위에 조심스럽게 정이품송의 꽃가
루를 묻혔다. 그리고는 다른 꽃가루의 오염을 막고자 암꽃이 달린 가

◀ 정이품송의 신부로 간택된 준경릉의 미인송

소나무로 둘러싸인 준경릉. 강원도 삼척시 활기리

지 위에 조심스럽게 다시 비닐 봉투를 봉했다. 이제 방합례는 끝났다.

하객들의 탄성과 축하 박수가 이어졌다. 진기한 장면을 기록하고자 자리를 함께한 기자들의 카메라 플래시가 일제히 터졌다. 2001년 5월 8일 강원도 삼척시 미로면 활기리 준경릉에서 한국 제일의 미인소나무에게 장가든 정이품송의 혼례식 장면이다.

이 혼례식을 참관하면서 여러 의문이 떠올랐다. 도대체 한국인의 정서 속에 자리 잡은 소나무는 어떤 의미일까? 산림청과 지방자치단체의 수장들이 첨단 정보화 시대에 자칫 고루해 보이는 나무 혼례 행사에 정성을 쏟고, 또 언론이 관심을 갖는 이유는 무엇일까?

정이품송은 한국인이면 누구나 아는 우리나라의 대표적인 소나무다. 특히 1464년 세조가 이 나무 아래를 지날 때 나무가 가지를 스스로 쳐들어 그 행차를 도왔다고 해서 오늘날 장관급인 정이품 벼슬을 내렸다고 전해지는 이야기는 나무를 사람처럼 생각한 조상의 정서를 엿볼 수 있는 예다. 그러나 이 이야기는 사실이 아니다. 『조선왕조실록』 어디에도 세조가 소나무에게 정이품이라는 벼슬을 하사한 기록은 없다.

정이품송을 인위적으로 교배한 직접적인 이유는 600살이나 먹은 정이품송의 혈통을 보존할 필요가 있었기 때문이다. 특히 정이품송은 지난 20여 년 동안 솔잎혹파리와 응애의 공격을 받아 수세樹勢가 약해지고 아래 세 가지가 꺾여 고사 위기를 맞고 있다.

그러나 이런 표면적인 이유보다는 숨은 배경이 오히려 더 중요할 것 같다. 그것은 이 소나무에 얽힌 전설을 사실처럼 믿는 국민의 정서를 자극하여 차츰 사라지는 소나무에 대한 우리 사회의 관심을 다시 한번 환기시켰으면 하는 산림 당국의 염원이라고 해석해도 좋을 것이다.

준경릉의 소나무가 미인송으로 간택된 이유

이 땅에 하고많은 소나무 중 준경릉의 소나무가 한국 제일의 미인송으로 간택된 까닭은 무엇일까? 미인과 미인송의 선발 기준은 다를 수밖에 없다. 미인 대회의 선발 기준이 이목구비가 뚜렷하며 날씬한 몸매와 지성미라면, 미인송의 선발 기준은 곧은 몸통, 큰 키, 맨 아래가지에서 지면까지의 높이(지하고枝下高, 높을수록 좋다) 등을 들 수 있다.

임업계에서는 임목의 형질을 개량하고자 오래전부터 우량한 나무를 간택하는 방법을 사용했다. 선발 육종이라고 일컫는 이 방법은 이웃 나무들과 비교해서 월등히 뛰어난 나무를 선정하고, 선정된 나무의 종자를 길러서 그런 형질이 유전되는지 확인한 다음 육종 사업을 위해 우수한 나무로 지정하여 특별 관리한다. 한국 제일이라는 준경릉 미인송도 그렇게 특별 관리하는 소나무 20여 그루 중에 하나로 수형樹形이나 건강도가 특히 뛰어나 꽃가루받이로 간택된 것이다.

겨울철에 다시 찾은 준경릉의 솔숲은 송홧가루가 날리는 5월과는 또 달랐다. 새벽길을 재촉하여 당도한 준경릉의 하늘은 여명 속에 있었다. 차가운 아침 공기는 푸른 솔숲이 내뿜는 서기로 충만했다. 세태에 찌든 심신을 그 서기로 정화하고 싶어 솔숲 사이로 난 오솔길을 말없이 걸었다. 준경릉에 당도한 우리는 누가 먼저랄 것도 없이 한국 제일의 미인송 앞에 두 손을 모으고 경배를 했다. 깊고 푸른 하늘을 배경으로 아침 햇살 속에 자태를 나타낸 미인송은 마치 수호신장처럼 준경릉을 지켰다.

박희진 시인은 준경릉 소나무숲을 이렇게 노래한다.

준경묘 본 뒤 뇌리엔 자나 깨나 금강 장송림長松林
나 못 잊겠네 죽죽 뻗은 그 자태 하늘 향하여
백 년 또 백 년 오로지 상승上昇 한 길 신송神松 될밖에
하늘 땅 솔이 합심해 이룩해낸 신성神聖의 영역
상상만 해도 고개가 숙여지네 반만년 노송老松

그렇다. 주변에서 흔히 보던, 왜소하고 굽은 소나무는 눈을 씻어도

정이품송 혼례 행사

❶ 준경릉 소나무 혼례 행사. 산림청장의 집전으로 삼 척시장과 보은군수가 혼주로 예식을 거행했다.

❷ 2001년 정이품송 혼례 행사로 탄생한 소나무 묘목 은 유전자 지문 감식까지 받았다. 수원 국립산림과 학원 산림유전자원부의 묘포장

❸ 합방 행사(인공 교배)를 지켜보는 하객들

❹ 나무 타는 인부가 꽃가루를 가지고 미인송을 오르 는 광경

찾을 수 없다. 100년생 이상의 장대한 나무들이 쭉쭉 뻗은 숲은 장관이다. 높이 30여 미터, 가슴높이직경 70센티미터에 달하는 소나무 수백 그루가 촘촘히 서 있는 광경을 접할 수 있는 곳은 이 땅에 많지 않다. 그런 숲에서 한나절을 보낸 것은 축복이다.

준경릉 소나무들이 곧고 우람한 이유는 무엇일까? 그것은 태조의 5대조인 양무 장군의 묘를 모셨기 때문이라고 할 수 있다. 조선 시대의 왕권은 막강했다. 그 왕권을 상징하는 왕릉 주변은 화전, 벌채, 입장, 개간 등 산림을 훼손하는 일체의 행위가 철저히 금지되었다. 무려 500여 년간. 그 결과, 본래의 우량한 형질을 그대로 보전할 수 있었다. 게다가 준경릉의 위치가 인간 송충이로부터 벌채의 화를 면할 수 있었던 점도 소나무의 우량한 형질 보전에 일조했을 것이다. 따라서 준경릉 소나무는 우리 토종 소나무의 특성을 그대로 간직한다고 봐도 좋다.

소나무 개량 – 선발 육종

소나무 개량 사업
❶ 국립산림과학원 산림유전자원부에 조성된 소나무 클론 뱅크
❷ 국립산림과학원 산림유전자원부에서 안면도에 조성한 소나무 채종원

우수한 소나무를 개량하는 방법은 유전적으로 우량한 나무를 골라내는 일이다. 그러나 유전적으로 우량한 나무를 골라내는 것은 간단한 일이 아니다. 어느 나무가 유전적으로 우량한지 외형만 보고는 알 수 없기 때문에 더욱 그렇다. 그래서 가장 먼저 시도하는 일이 전국의 우량 소나무 산지에서 곧게 자라며, 재질이 좋고, 지하고가 높고,

병해충에 강한 나무를 고르는 것이다. 이런 나무는 주위의 나무들보다 직경이나 나무 높이가 평균 15퍼센트 이상 큰 나무다. 외형적으로 우수한 형질을 나타내는 나무라 하여 전문 용어로 수형목秀形木이라 한다.

이렇게 선발되었지만 그 나무가 자라는 환경이 좋아서 좋은 생육 특성을 나타낸 것인지, 아니면 우수한 유전자를 갖고 있어서 잘 자라는 것인지 그 진위가 확실하지 않은 상태다. 임업적 관점에서 소나무 개량 사업은 좋은 유전자를 가진 종자로 우리가 원하는 우량 형질의 솔숲을 조성하자는 것이니만치 선발된 수형목의 유전적 우수성은 확실히 검정되어야 한다.

유전적 우수성을 검정하는 과정은 다음과 같다. 다양한 지역의 수형목에서 채취한 종자로 소나무 묘목을 길러낸 후, 이들 묘목을 같은 곳에서 키워본다. 그러면 각 지역에서 선발한 수형목이 과연 유전적으로 우수한 것인지를 판명할 수 있다. 어떤 수형목에서 유래한 묘목이 생육 환경이 다른 조건에서도 여전히 좋은 생장을 보인다면 그 수형목은 유전적으로도 우량한 나무라 할 수 있다. 이렇게 선발된 수형목의 차대次代(실질적인 종자)로 수형목 자체의 유전적 우수성 여부를 검정한다고 하여, 이를 차대검정次代檢定이라고 한다. 차대검정을 통해서 유전적 우수성이 검정된 수형목은 정영수精英樹라고 부른다. 채종원採種園은 이런 나무들만 모아서 유전적으로 우량한 종자를 생산해내는 과수원이라고 할 수 있다.

소나무 채종원에서 생산한 종자는 일반 소나무 종자보다 9퍼센트 더 무겁고, 발아율이 13퍼센트나 더 높다는 보고와 함께 13년생의 생장량은 1.3배나 더 좋다는 보고가 있다.

소나무의 개화와 결실

소나무는 암꽃과 수꽃이 한 나무에 달리는 자웅동주雌雄同株다. 보통 암꽃은 가지 끝에 붙어 있다. 그러나 수꽃은 가지 아래 쪽에 새끼손가락처럼 길쭉한 모양으로 촘촘히 모여 있다. 꽃이 다 자라면 암꽃은 자줏빛을, 수꽃은 노란빛을 띤다. 소나무는 5월 초순에서 6월 상순에 바람의 힘으로 가루받이(受粉)를 하는데, 연두색을 띤 송홧가루가 암꽃에 붙는 것으로 끝난다. 그러나 암꽃이 같은 나무 수꽃의 송홧가루를 받는 일은 드물다.

가루받이를 한 암꽃은 조금씩 자라 가을이 되면 밤톨만 한 연둣빛 솔방울이 된다. 연둣빛 솔방울은 다음 해 5~6월에 수정受精하고 본격적으로 자라 가을에는 갈색으로 영근다. 수정한 솔방울의 비늘잎 하나하나에는 씨가 2개씩 들어 있으며, 솔방울 한 개에는 200여 개의 씨가 들어 있다. 또 각각의 씨는 바람에 쉽게 날아갈 수 있게 비늘날개를 갖고 있다.

정이품송이 어미가 되어 솔씨를 얻어 대를 이어갈 수도 있지만, 주위 소나무에서 자연 상태로 가루받이가 된 씨를 얻기 때문에 혈통을 밝히기 어렵다. 또 벼슬을 가졌다고 의인화된 정이품송은 남성인 아비 역을 하는 것이 어미 역을 하는 것보다 더 자연스럽다고 할 수 있다. 이런 이유로 정이품송의 송홧가루는 혼례 행사가 있기 며칠 전에 미리 채취해 건조 저장해두었다.

한편 한국 제일의 미인송으로 간택된 소나무의 암꽃은 주변의 꽃가루로부터 오염되는 것을 방지하기 위해 사전에 비닐 봉투(교배대)를 씌워두었다. 이런 인위적인 과정을 인공 교배라 부르는데, 임목의 형질 개량에 일반적으로 사용하는 방법이다.

10. 우리 소나무가 죽어간다

경상남도 진주시 솔숲 | 소나무의 4대 해충

이 땅의 모든 솔숲이 재선충 때문에 조만간 사라질 수도 있다는 경보음을 들은 뒤 그대로 있을 수가 없었다. 소나무를 지키려는 인간과 소나무의 수액을 섭취해 생명을 유지하려는 솔수염하늘소 간에 치열한 다툼이 벌어지는 현장을 찾아 나섰다.

소나무재선충이 창궐하는 현장은 진주에서 문산으로 향하는 국도변이었다. 소나무로 뒤덮인 야트막한 구릉 지대 군데군데에서 잎들이 모두 붉게 변한 병든 소나무들이 눈에 들어왔다. 그 현장을 가까이서 지켜볼 양으로 솔숲으로 들어갔더니 기계톱을 든 일꾼들이 굉음을 내면서 온몸이 붉게 변한 소나무의 둥치를 잘라내고 있었다. 기계톱의 톱날이 소나무의 몸통을 가르는 데는 그다지 오랜 시간이 필요하지 않았다. 잘린 소나무 줄기는 다시 짧게 토막 났고 가지 역시 짤막짤막하게 잘렸다. 일사불란하게 움직이는 일꾼들의 손놀림은 더욱 빨라져 자른 나무들을 한자리에 모았다. 차곡차곡 쌓인 가지와 줄기 위에 농약

◀ 내설악 백담계곡의 솔잎혹파리 피해지(1990년대)

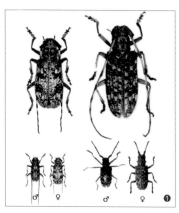

소나무재선충병

❶ 소나무에 재선충병을 옮기는 북방수염하늘소(왼쪽)와 솔수염하늘소(오른쪽)

❷ 일본 효고현의 소나무재선충 피해지. 모든 소나무가 피해를 입었다.

을 쏟아붓고 비닐로 단단히 덮은 후 훈증 처리를 하는 광경은 마치 소나무의 장례 의식처럼 비장했다. 일꾼들의 바쁜 손놀림이 지나간 자리에는 하나둘 솔 무덤이 생겨났다.

아름드리 둥치가 잘려 종국에 솔 무덤으로 변하는 광경을 곁에서 지켜보는 심정은 비통했다. 아니 이럴 수는 없었다. 송충이나 솔잎혹파리의 공격을 받은 소나무들도 이런 대접은 받지 않았다. 적어도 재목이 되어 마지막 체통은 지킬 수 있었고, 소나무란 이름의 자존심도 지킬 수 있었다. 비록 생명은 다했을지언정 기둥으로, 들보로 한몫을 할

수 있었기 때문이다. 그러나 솔수염하늘소가 가져온 피해는 마지막 자존심조차 지키지 못하게 했다. 도대체 어떤 사연이기에 이런 짓을 하는지 궁금했다. 그런 궁금증은 방제 현장에 동행한 병충해 전문가의 설명으로 풀렸다.

소나무재선충병은 1988년 부산에서 최초로 나타났으며, 일본에서 건너온 것으로 추정된다. 현재는 부산, 울산, 구미, 목포 등지로 확산되며, 15년 만에 피해 면적이 1,800배나 늘어났고 계속 번지고 있다. 일

경상남도 진주시의 소나무재선충 피해지. 곳곳에 붉게 변한 소나무가 눈에 띈다.

본은 1905년 처음 발생한 후 67년이 지난 1972년에야 재선충임이 확인되어 동북 지방의 솔숲을 전멸시켰다. 1982년 난징시에서 처음 발생한 중국의 피해 면적은 우리나라 전체 산림 면적 642만 헥타르보다 더 많은 700만 헥타르였으며, 불과 20년 사이에 중국 전역의 솔숲이 전멸했다.

재선충병의 발병 원인과 방제 방법

소나무재선충병은 매개충인 솔수염하늘소가 재선충을 옮겨서 발병한다. 워낙 작아서 맨눈으로는 볼 수도 없는 소나무재선충은 솔수염하늘소와 공생 관계에 있다. 하늘소가 새순을 갉아먹을 때 소나무 몸체에 침입하는데 한 쌍의 재선충은 스무 날 만에 20만 마리로 늘어난다. 이렇게 늘어난 재선충은 영양분과 물의 이동 통로를 파괴하여 잎을 시들게 하고, 종국에는 소나무를 붉게 태워 죽인다. 이런 병징은 솔수염하늘소가 소나무의 푸른 순을 갉아먹은 지 엿새 만에 나타나는 것으로 알려진다. 먼저 하늘소가 갉아먹은 상처 주변의 솔잎부터 시들기 시작해 스무 날이 지나면 모든 잎이 시든다. 그리고 한 달이 지나면 마침내 잎이란 잎은 모두 붉은색으로 변하고, 죽음의 징후가 현실로 나타난다.

소나무재선충병은 지금까지 약제에 의한 치유나 천적으로 방제할 수 있었던 다른 병해충과 달리 천적이나 치료약이 없다. '소나무의 에이즈'라고도 불리는 이유도 발병 후 1년 안에 모두 죽기 때문이다. 병충해 전문가들은 '소나무재선충병을 지금 잡지 못하면 20년 이내에 국내의 모든 소나무가 사라질 것'이라고 주장한다.

방제는 조기 예찰에 의한 확산 방지가 최선책이다. 현재까지 병든 나무를 토막 내 훈증 처리하거나 태우는 것이 가장 효과적이다. 그러나 병든 나무 전체를 태우는 소각법은 산불로 번질 위험 때문에 현장에서는 별로 채택하지 않는다. 차선책으로 매개충인 솔수염하늘소를 항공 방제로 박멸하는 방법이 있지만 환경 단체가 반대해 원활하게 시행하지 못하는 실정이다.

병충해 전문가들은 소나무재선충을 방제하는 데는 일손이 많이 가는 훈증 처리보다 항공 방제가 효과적이라고 주장한다. 그러나 '항공 방제에 따른 생태계 파괴와 환경 오염에 비해 재선충 방제 효과는 크지 않다'는 환경 단체의 주장도 있다. '잔류 농약이 생태계에 끼치는 여러 문제점 때문에 도저히 항공 방제에 찬성할 수 없다'는 것이다. 농약 살포로 숲에 서식하는 조류나 곤충, 근처 하천의 수서곤충이나 어류가 폐사하거나 그 밀도가 감소할 수 있다는 우려가 배경에 깔려 있다.

그러나 환경 단체의 주장에 대한 반론도 만만치 않다. 병해충 전문

소나무재선충병의 방제
❶ 소나무재선충병이 침범한 솔숲에는 곳곳에 솔 무덤이 만들어진다. ❷ 피해목으로부터 솔수염하늘소의 확산을 막기 위해 채택하는 훈증 처리 방법

가는 '방제 효과가 입증되었을 뿐 아니라 저독성 농약을 사용해 부작용은 크지 않다'며 소나무재선충 피해림을 대상으로 항공 방제를 실시한 2차 연도에 생태계의 영향을 조사한 결과, 숲이나 하천에서 서식하

는 생물의 밀도 감소 현상은 우려할 정도가 아니었다고 주장한다.

동행한 진주시 산림 공무원은 항공 방제 정책이 좋은데 환경 단체의 반대에 부닥쳐 쉬이 추진하지 못함을 아쉬워했다. 그 이유는 부산에서 겪은 뼈아픈 실패 때문이다. 소나무재선충병은 1988년 부산 금정산에서 최초로 발생한 이후 그동안 지속적인 방제로 소멸 단계에 이르렀으나, 항공 약제 방제가 생태계 파괴라는 환경 단체의 주장에 밀려 방제 시기를 놓치는 바람에 1998년 272헥타르였던 피해 면적이 2002년에는 3,186헥타르로 4년 동안 10배 이상 급속하게 확장된 것이다.

안타깝게도 소나무재선충병에 의한 피해는 줄어들지 않고 있다. 산림청의 최근 보고에 의하면, 재선충병에 의한 소나무 피해는 2014년 218만 본, 2015년 174만 본, 2016년 137만 본, 2017년 97만 본의 고사목이 발생하고 있으며, 피해 지역도 64개 시군(2014년)에서 79개 시군(2017년)으로 확산일로에 있다. 특히 제주, 구미, 포항, 안동, 경주 일대는 극심 지역으로 관리 중이다.

다행인 것은 행정 당국의 방제 의지에 따라서 완전 방제도 가능하다는 점이다. 전라남도 구례군이 적극적 방제책을 강구하여 소나무재선충병을 조기에 박멸한 경우가 좋은 사례라 할 수 있다. 한편 훈증 처리를 선호하는 환경 단체가 필요한 일손을 제공하여 소나무재선충 방제 작업을 민관이 합동으로 펼치는 일본의 사례도 참고할 필요가 있다.

소나무 무덤이 즐비한 솔숲을 거닐면서 소나무가 되어 항공 방제에 대한 찬·반 주체들이 제기한 주장을 곱씹어본다. 수백만 년의 생존 터전에서 영원히 사라질 위기에 처한 소나무가 되어 생각했다. 이보다 큰 생태계 재앙이 있을까? 분명한 사실은 시민 사회가 합심하여 민족 수를 살리기 위한 지혜를 모아야 할 때라는 것이다.

소나무 4대 해충은 재선충과 솔잎혹파리, 솔껍질깍지벌레, 솔나방이다.

솔잎혹파리

솔잎혹파리의 피해는 1929년 전라남도 목포와 서울 창덕궁 후원에서 처음 보고되었으나 1920년대 초반에 이미 발생한 것으로 추정된다. 그 후 1982년까지 남부 지방과 서울, 경기도 일원, 강원도 동해안으로 확산되었고, 1990년도에는 제주도와 울릉도에서도 솔잎혹파리가 보이더니 오늘날엔 전국적으로 발생한다.

솔잎혹파리의 피해 양상은 유충이 솔잎 밑에 벌레혹(충영)을 만들고, 그 속에서 수액을 빨기 위해 솔잎에 상처를 주면 솔잎은 생장을 멈추고, 그해 안에 색이 붉게 변하면서 마침내 낙엽으로 떨어진다. 심하지 않을 경우에는 일정한 시간이 지나면 회복하지만, 심하면 나무가 죽기도 한다.

솔잎혹파리는 자기 힘으로 400미터까지 날아갈 수 있지만, 바람이나 흐르는 물을 타면 더 멀리 이동할 수 있다. 먼저 한 나무에 자리를 잡은 후 급격히 번식하여 결국은 숲 전체로 퍼지는데 솔잎혹파리가 서식하기 좋은 조건의 임지에서 서식 밀도가 급격히 증가하면 피해가 커진다.

최초 침입 후 약 7년이 경과하면 솔잎혹파리 피해가 최고조에 달해 나무가 죽기 시작한다. 그러나 그 후에는 천적과 소나무의 저항성 발현, 방제에 의한 밀도 저하 등으로 차츰 회복하는 경향을 보인다. 따라서 최초 발생 후 약 10년이 되면 대부분 안정 상태를 회복한다. 최근엔 금강산 일대에도 솔잎혹파리 피해가 발생하여 남북한이 외금강 일대에서 공동으로 방제 사업을 펼쳤다.

솔껍질깍지벌레

솔껍질깍지벌레는 소나무와 곰솔에 해를 입히는 곤충으로 알려져 있지만 주로 해안 지방의 곰솔에 더 큰 해를 끼친다. 국내에는 1963년 전라남도 고흥군 도양읍 비봉산에서 처음 발생한 것으로 추정된다. 20여 년이 지난 1983년에 소나무 고사 원인이 솔껍질깍지벌레인 것으로 판명되었다. 1990년대 초에 전라북도와 경상남도에서 솔껍질깍지벌레의 알주머니가 발견되었고, 요즘은 남해안 일대에서 발생한다.

외국의 경우 일본에서는 1905년 최초로 마쓰무라깍지벌레 피해가 보고되었고,

솔잎혹파리의 피해

❶ 솔잎혹파리가 침범한 소나무 가지. 경상북도 안동시 대방리 ❷ 솔잎혹파리 피해가 극심하여 고사 중인 소나무들. 경상북도 안동시 대방리 ❸ 내설악 백담사 계곡의 솔잎혹파리 피해지 ❹ 금강산 창터 솔밭의 솔잎혹파리 피해

미국에서는 1944년부터 레지노사소나무에 대한 깍지벌레 피해가 있었다. 1950년 이후엔 중국 동부 지방에 마쓰무라깍지벌레 피해가 확산되었다. 깍지벌레 암컷이 곰솔의 줄기껍질 밑에 정착하면 암컷의 부화약충(부화한 작은 벌레)이 가늘고 긴 입으로 나무의 수액을 흡수하여 곰솔에 피해를 준다. 피해목은 대부분 아랫가지부터 적갈색으로 고사하며 3~5월에 가장 심하다.

솔나방

송충이가 우화하여 성충이 된 것이 솔나방인데 보통 7월 하순에서 8월 중순에 우화한다. 성충의 수명은 9일 내외로 2밀리미터 크기의 알을 낳는다. 이 알은 약 320일 간 유충으로 지내며 다음 해 4월 상순에서 7월 상순, 또는 8월 상순에서 11월 상순에 걸쳐 솔잎을 먹어 치운다. 겨울을 난 유충이 솔잎을 먹는 시기(4월 중순~6월 중순)나 어린 유충 시기(9월 상순~10월 하순)에 살충제나 병원성 세균을 살포하는 것이 효과적이다.

봄철에 소나무 잎을 갉아먹는 유충이나 7월 초나 중순에 솔잎에 붙어 있는 고치가 쉽게 발견되므로 솜방망이에 석유를 묻혀 죽이거나 집게 또는 나무젓가락으로 잡는다. 성충 활동 시기(7월 하순부터 8월 중순)에는 피해 임지 주변에 등불을 밝혀 나방을 잡는다. 다른 방법은 유충이 월동하기 위해 줄기를 따라 내려오기 이전인 10월 중에 나무줄기에 월동처를 만들어주고 이듬해 이른 봄 유충이 활동하기 전에 이를 제거하여 소각하는 방법이다.

부록

우리 소나무는 생태 특징이 어떠하며, 어디에서 살며,
다른 소나무류와 어떻게 다른가

—괴산 청천면 소나무

소나무류의 식물 분류학적 특성

소나무류는 겉씨식물(나자식물) 중 방울열매(구과毬果)를 맺는 식물에 속한다. 방울열매를 맺는 구과식물에는 소나무과, 낙우송과, 측백나무과, 개비자나무과가 있으며, 소나무과에는 전나무아과, 잎갈나무아과와 함께 소나무아과가 속해 있다. 흔히 소나무아과에 속하는 수종들을 소나무라고 부르며, 소나무*Pinus densiflora* Sieb. & Zucc., 곰솔*P. thunbergii* Parl., 백송*P. bungeana* Zucc., 잣나무*P. koraiensis* Sieb. & Zucc., 섬잣나무*P. parviflora* Sieb. & Zucc. 등이 모두 소나무아과에 속하는 수종이다. 소나무아과에 속하는 110여 종의 소나무류는 모두 상록성 수목이다.

소나무속은 잎 안에 있는 유관속維管束의 수에 따라 다시 두 개의 아속으로 나눌 수 있다. 잎의 유관속은 동화산물同化産物의 이동 통로인 체관과, 수분과 영양분의 이동 통로인 물관으로 이루어져 있다. 잣나무, 스트로브소나무, 섬잣나무, 백송처럼 잎 안에 유관속이 하나만 존재하는 소나무류는 단유관속아속이며, 소나무나 해송처럼 잎 안에 유관속이 쌍으로 존재하는 것은 복유관속아속으로 분류한다. 110여 종의 소나무 중에 30여 종이 단유관속아속이며, 나머지 70여 종은 복유관속아속이다.

한편 복유관속아속의 소나무와 해송은 송진과 같은 수지가 흐르는 통로(수지구樹脂溝)의 위치로 분류하기도 한다. 소나무의 수지구 모두는 표피에 접해 있는 반면 곰솔의 수지구는 육엽세포 내에 자리 잡고 있다. 소나무와 곰솔의 잡종인 간흑송은 수지구가 엽육세포 속과 표피에 접한 것이 섞여 있다.

소나무는 지역 특성이나 수관 특성, 수간 특성, 침엽 특성 등에 의해서 몇 가지 품종으로 나뉘기도 한다. 우에키 호미키 박사는 우리 소

소나무의 수고 생장

소나무의 수고 생장은 제각각이다. 브리슬콘소나무(왼쪽)는 5,000여 년을 살아도 15미터가 채 안 되는 반면
폰데로사소나무(오른쪽)는 150년생일 때 70미터의 수고로 자란다.

나무의 품종을 38종으로 분류했지만, 학계에서는 반송 *P. densiflora* f.
multicaulis Uyeki과 처진 소나무 *P. densiflora* f. *pendula* Uyeki만 품종으로 인정
하며 금강송 *P. densiflora* f. *ercta* Uyeki이나 황금송 *P. densiflora* var. *aurea* Uyeki
을 비롯한 나머지는 품종으로 인정하지 않는다.

소나무류의 외부 형태적 특징

수고 생장   소나무류의 외부 형태적 특징은 수고 생장에서 쉽게 찾을
수 있다. 생육 상황을 가장 손쉽게 구별할 수 있는 수고 생장의 경
우, 4,000년 이상 생존해도 15미터 이상 자라지 않는 브리슬콘소나무

잎 수에 따른 소나무류의 분류

소나무류의 잎 수는 한 속에 하나부터 다섯까지 제각각이다. 한 속에 솔잎 하나를 가진 단엽송❶, 둘인 소나무❷와 곰솔❸, 셋인 리기다소나무❹와 백송❺, 넷인 사엽송의 외형❻과 솔잎❼, 다섯인 잣나무❽와 섬잣나무❾의 솔잎

P. aristata Engelm. var. *longaeva* (D. K. Bailey) Little가 있는가 하면 100~200년 만에 70여미터까지 자라는 폰데로사소나무*P. ponderosa* Laws.도 있다. 우리나라에 자생하는 소나무와 곰솔과 잣나무는 대개 30미터까지 자랄 수 있으며, 섬잣나무와 눈잣나무는 크게 자라지 않는다.

<u>잎수</u>　잎 수는 소나무의 종류를 구별하는 표식으로 활용되기도 한다. 소나무류는 한 속束에 잎이 하나인 미국산 단엽소나무*Pinus monophylla* Torr. & Frem., 둘인 소나무·곰솔, 셋인 백송(중국)·리기다소나무*P. rigida*

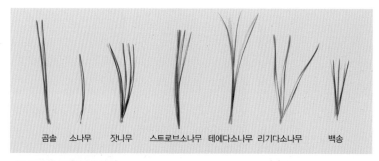

곰솔 소나무 잣나무 스트로브소나무 테에다소나무 리기다소나무 백송

자생 소나무와 도입 소나무의 잎

잎 길이에 따른 소나무류의 특성
❶방크스소나무의 잎은 1~2센티미터로 짧다. ❷왕솔나무의 잎은 40센티미터 내외로 아주 길다. ❸왕솔나무의 외형

Mill.(미국)·테에다소나무*P. taeda* L.(미국), 넷인 사엽송*Pinus quadrifolia* Parl.(멕시코), 다섯인 잣나무·섬잣나무·스트로브소나무(미국) 등이 있다.

<u>잎의 길이</u> 잎 길이도 변화가 다양하다. 단엽소나무나 방크스소나무처럼 1~2센티미터의 짧은 잎에서부터 왕솔나무*P. palustris* Mill.(미국)처럼 40센티미터가 넘는 긴 잎을 가진 소나무도 있다.

<u>겨울눈의 색</u> 다음 해에 가지와 잎으로 자랄 겨울눈(동아 冬芽)의 색깔도 소

소나무의 눈
겨울눈도 소나무를 분류하는 기준
이 될 수 있다.
❶ 소나무
❷ 곰솔
❸ 잣나무
❹ 섬잣나무
❺ 리기다소나무
❻ 테에다소나무
❼ 백송
❽ 스트로브소나무

나무의 종류를 구별하는 표식으로 활용되는데 대표적인 것이 붉은 동
아를 가진 소나무와 흰 동아를 가진 곰솔이다. 잣나무, 섬잣나무, 스트
로브소나무의 겨울눈은 대체로 적갈색을 띠며, 백송과 리기다소나무,
테에다소나무의 겨울눈은 황갈색을 많이 띤다.

<u>수피</u> 소나무류의 수피도 무늬, 색, 두께 등에서 다양한 면을 나타내고
있어서 종을 구별하는 하나의 요소로서 활용된다. 그중에서 가장 특징
적인 요소는 수피의 색이다. 소나무처럼 붉은색을 띠는 수피가 있는가

수피 색에 따른 소나무류의 분류
❶소나무는 붉은색을 띠는 수피로 적송이라는 향명을 얻었다. ❷백송은 흰색을 띠는 수피로 백골송이라고도 불린다. ❸곰솔은 검은색을 띠는 수피로 흑송이라는 향명을 얻었다.

하면 곰솔처럼 검은색을 띠는 수피도 있으며, 백송처럼 흰색(또는 옅은 연두색)을 띠는 수피도 있다.

구과 크기에 따른 소나무류의 분류
❶무고소나무의 구과는 무게 1.7그램, 직경은 2~3센티미터로 작다. ❷무고소나무의 외형
❸슈가소나무의 구과는 무게 900그램, 직경 50센티미터 이상으로 크다. ❹슈가소나무의 외형

구과와 종자의 크기　소나무류가 맺는 씨방울(솔방울)의 크기 역시 다양한데 직경 2~3센티미터의 작은 구과(무게 1.7그램)를 맺는 무고소나무*P. mugo* Turra가 있는가 하면, 50센티미터 이상의 구과(무게 900그램)를 맺는 슈가소나무*P. lambertiana* Dougl.도 있다. 구과의 크기만큼이나 종자의 크기도 다양한데 방크스소나무처럼 2~3밀리미터의 작은 종자에서부터 사비니아나소나무*P. sabiniana* Dougl.처럼 20밀리미터 정도의 큰 종자도 있다. 구과(씨방울)를 맺는 시기도 3~4년 만에 맺는 리기다소나무가 있는가 하면, 40~80년이 지나야 맺는 슈가소나무도 있다.

국내 자생 소나무류와 도입 소나무류의 구과
❶잣나무 ❷테에다소나무 ❸소나무 ❹곰솔 ❺섬잣나무 ❻리기다소나무 ❼백송 ❽스트로브소나무

성숙한 구과의 다양한 형태

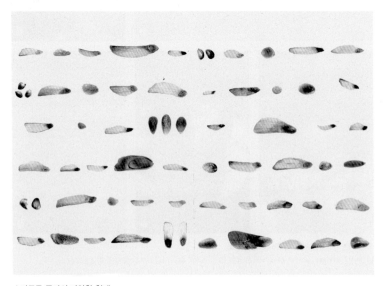

소나무류 종자의 다양한 형태

분포 영역이 가장 넓은 구주적송
❶독일의 구주적송 ❷독일의 구주적송 조림지 ❸스웨덴의 구주적송 조림지 ❹스페인의 구주적송 조림지
❺중국의 구주적송 조림지

소나무의 분포

소나무류는 크고 작은 지리적 변화와 빙하 작용 덕분에 북반구 전역으로 서서히 분포 영역을 넓혀갔으며, 오늘날은 알래스카에서 니카라과,

스칸디나비아 반도에서 북아프리카까지, 시베리아에서 수마트라까지 퍼졌다.

소나무류는 북반구에서 참나무류 다음으로 분포 영역이 넓은 수종이다. 소나무류의 분포 영역은 종에 따라서 다양하다. 구주적송 *P. sylvestris* L.처럼 영국에서 시베리아에 걸쳐 넓게 분포하여 자라는 수종이 있는가 하면, 카나리아소나무 *P. canariensis* C. Smith처럼 오직 좁은 지역에 한정적으로 서식하는 종도 있다. 또한 소나무류의 수직적 분포도 고산의 수목한계선에서 해수면 부근까지 넓다. 한편 110여 종의 소나무류는 북아메리카 대륙에 65종 이상, 유라시아 대륙에 40여 종이 분포하며, 위도상으로는 북위 36도 부근에 40여 종의 소나무가 자라서 가장 많은 종이 서식하는 것으로 보고되었다.

자생 소나무류의 종류와 분포

우리나라에 자생하는 소나무류로는 소나무, 곰솔, 잣나무, 섬잣나무, 눈잣나무 등을 들 수 있다.

곰솔은 서해안의 남양만에서부터 남해안 전역과 동해안의 강원도 강릉까지 온난한 해안가를 따라 자란다. 보통 해안에서 2킬로미터 이내에 자라지만, 남해안의 경우 4킬로미터 이상 떨어진 곳에서도 자란다. 수직적으로는 200미터 이하의 낮은 산이나 해안 평지에 주로 자란다.

잣나무는 주로 평안북도와 함경도 오지와 남부 지방의 고산지대에서 자란다. 수직적 분포는 남부에서는 표고 1,000미터 이상에서 자라며, 중부 이북에서는 표고 300미터 이상에서 자란다.

국내 소나무류의 자생지
❶소나무. 전라남도 남원 ❷곰솔. 충청남도 태안 ❸잣나무. 강원도 금강산 만물상
❹눈잣나무. 강원도 설악산 중청봉 ❺섬잣나무. 경상북도 울릉도

도입 소나무류의 수피
❶ 어린 백송의 수피는 연두색을 띤다. ❷ 리기다소나무의 수피에는 움싹이 많이 돋는다.
❸ 테에다소나무의 수피에는 움싹이 거의 돋지 않는다.

섬잣나무는 울릉도에서 자생하며, 표고 600미터 근처에 가장 많다. 눈잣나무는 설악산·금강산·묘향산에서 자생하는데, 설악산에서는 대청봉과 중청봉 일대에서 자란다.

도입 소나무류의 종류와 특성

이 땅에는 자생 소나무류 외에 여러 종류의 외국 소나무도 자란다. 외국에서 가장 먼저 도입된 소나무는 중국에서 도입된 백송으로, 600여 년 전 중국을 출입하던 사신들이 이 땅에 소개했다. 반면 비교적 최근에 이 땅에 소개된 소나무류는 리기다소나무, 테에다소나무, 스트로브소나무, 왕솔나무, 구주소나무, 방크스소나무, 만주곰솔 *Pinus tabulaeformis* var. *mukdensis* Uyeki 등이 있다.

리기다소나무는 1907년 일본을 통해서 들어왔으며, 왕솔나무는 1925년에 도입되었다. 스트로브소나무와 테에다소나무는 1924년과

우리나라에 도입된 소나무류
❶ 리기다소나무 ❷ 스트로브소나무 ❸ 리기테다소나무 ❹ 테에다소나무

1925년에 미국에서 도입되었다는 기록이 있다.

산림 복구 사업을 펼칠 때 많이 심은 리기다소나무의 잎 수는 테에다소나무처럼 한 속에 셋이지만, 줄기에 움싹(맹아萌芽)이 돋는 특성이 있어 쉽게 구별할 수 있다.

소나무 천연기념물 현황

지정 번호 (지정 일자)	공식 명칭	소재지	수령 (개략 1년)	높이 (m)	흉고둘레 (m)	넓이 (m²)
8(62.12.3.)	서울 재동의 백송	서울시 종로구 재동 35		17	2.36	228
9(62.12.3.)	서울 조계사의 백송	서울시 종로구 수송동 44		14	1.8	125
60(62.12.3.)	송포의 백송	고양시 일산구 송포동 덕이리 산207	600	11.5	2.39	6,843
103(62.12.3.)	속리산의 정이품송	보은군 내속리면 상판리 17-3	600	14.5	4.77	7,700
106(62.12.3.)	예산의 백송	예산군 신암면 용궁리 산73-28	600(?)	14.5	4.77	30
160(64.1.31.)	제주시 곰솔	제주시 아라동 375-1	500~600	28	6	7253
180(66.8.25.)	운문사의 처진 소나무	청도군 운문면 신원리 1768-7	200	14	1.96	193
253(76.6.12.)	이천의 백송	이천시 백사면 신대리 산32	230	16.5	1.92/1.98	950
270(82.11.4.)	부산 수영동의 곰솔	부산 수영구 수영동 229-1	1,000	16	2.86	324
289(82.11.4.)	합천 묘산면의 소나무	합천군 묘산면 화양리 835	400	17.5	5.5	2,338
291(82.11.4.)	무주 설천면의 반송	무주군 설천면 삼공리 산31	350	14	6.55	248
292(82.11.4.)	문경 농암면의 반송	문경시 농암면 화산리 942	400	24	5	376
293(82.11.4.)	상주 화서면의 반송	상주시 화서면 상현리 50-1	400	17	5	314
294(82.11.4.)	예천 감천면의 석송령	예천군 감천면 천향리 804	600	10	4.2	314
295(82.11.4.)	청도 매전면의 처진 소나무	청도군 매전면 동산리 146-1	200	14	1.96	193
349(88.4.30.)	영월의 관음송	영월군 남면 광천리 산67-1	600	30	5	225
351(88.4.30.)	설악동의 소나무	속초시 설악동 20-5	500	16	4	1,381
352(88.4.30.)	속리산 서원리의 소나무	보은군 외속리면 서원리 49-4	600	15	5.03	570
354(88.4.30.)	고창 삼인리의 장사송	고창군 아산면 삼인리 산97	600	23	3.07	495
355(88.4.30.)	전주 삼천동의 곰솔	전주시 완산구 삼천동 14-1	250	14	3.92	4,607.9
356(88.4.30.)	장흥 관산읍의 효자송	장흥군 관산읍 옥당리 160-1	400	12	4.5	664
357(88.4.30.)	선산 독동의 반송	구미시 선산읍 독동리 539	400	13	1.7, 1.6	482
358(88.4.30.)	함양 목현리의 구송	함양군 휴천면 목현리 854	270	15	3.5(근원)	904
359(88.4.30.)	의령 성황리의 소나무	의령군 정곡면 성황리 산 34-1	300	11	4.7	1,140
381(96.12.30.)	백사 도립리의 반룡송	이천시 백사면 도립리 210-1	850	4.25	1.83	5,366
383(96.12.30.)	연풍 입석의 소나무	괴산군 연풍면 적석리 산34-2	500	21.2	3.48	8,715
397(88.12.23.)	장수 장수리의 의암송	장수군 장수읍 장수리 176-7	400	9	3.22	7,463
399(88.12.23.)	영양 답곡리의 만지송	영양군 석보면 답곡리 159	400	12	3.8	7,850

지정번호 (지정일자)	공식 명칭	소재지	수령 (개략 1년)	높이 (m)	흉고둘레 (m)	넓이 (m²)
409(99.4.6.)	울진 행곡리의 처진 소나무	울진군 근남면 행곡리 627	350	14	2.9	588
410(99.4.6.)	거창 당산리의 당송	거창군 위천면 당산리 331	600	12	1	1,976
424(00.10.13.)	지리산의 천년송	남원시 산내면 부운리 산111	500	20	4.3	907
426(00.10.13.)	문경 대하리의 소나무	문경시 산북면 대하리 16	400	6	3.1	664
430(01.9.11.)	해남 성내리의 수성송	해남군 해암읍 성내리 4	400	17	3.38	900
441(04.5.12.)	제주 수산곰솔	북제주군 애월읍 수산리	400	12.5	4.47~5.58	
491(08. 3. 12.)	하동 축지리 문암송	하동군 악양면 대축길 91	600	12	3	

참고 문헌

단행본 및 논문 ─────

강성복, 『금산의 송계』, 금산문화원, 2001.

강희안 지음, 이병훈 옮김, 『양화소록』, 을유문화사, 1973.

고려대학교 편, 「한국수목보호회의 안면도 연구보고서」, 고려대학교출판부, 1999~2000.

공우석, 『한반도 식생사』, 아카넷, 2003.

구경아·박원교·공우석, 「한라산 구상나무의 연륜연대학적 연구―기후변화에 따른 생장변
　　동 분석」, 『한국생태학회지』 24, 2001.

구창덕·김재수·이강희·박재인·안광태, 「송이 균환내 토양수분의 시공간적 변화」, 『한국임
　　학회지』 150, 2003.

국립김해박물관, 「창녕 비봉리 유적―신석기시대 배 출토―현장설명자료(2005. 9. 5)」, 2005.

국립해양문화재연구소, 「달리도선 보전·복원보고서」, 2012.

국립해양문화재연구소, 「조운선 복원보고서」, 2012.

권병탁, 『전통도자기의 생산과 수요』, 영남대학교 출판부, 1992.

김경영, 「한국인의 경관인식에 관한 연구」, 서울대학교 환경대학원 석사논문, 1991.

김달진, 『한국의 한시』, 민음사, 1989.

김동욱, 『18세기 건축사상과 실천―수원성』, 도서출판 발언, 1996.

김동철, 「18·19세기 외도고공계의 성립과 그 조직」, 『한국사연구』 55, 1986.

김부식 지음, 고전연구실 옮김, 『신편 고려사 1―세가 1』, 신서원, 2001.

김선경, 「조선 후기 산림소유권 변천 과정」, 『조선 후기 산림정책사』, 연구신서 제3호, 임업연
　　구원, 2002.

김선풍, 「민속과 문학에 나타난 소나무 상징」, 『소나무와 우리문화』, 전영우 편, 숲과 문화 연
　　구회, 1993.

김영기, 『한국인의 조형의식』, 창지사, 1991.

김윤식, 『아득한 회색, 선연한 초록』, 문학동네, 2003.

김은식, 「남산의 산림생태계와 소나무 보존대책」, 남산 제모습 찾기 학술발표회, 산림청, 1995.

김재근, 「도해선조선식도고(渡海船造船式圖攷) — 이조 후기 선박의 구조」, 『학술원논문집』 제14집, 대한민국학술원, 1975.

김재근, 『한국선박사연구』, 서울대학교 출판부, 1984.

_____, 『우리 배의 역사』, 서울대학교 출판부, 1989.

_____, 『속 한국선박사연구』, 서울대학교 출판부, 1994.

김재수·조재명·김세빈·김현중·정태공·구창덕, 『송이』, 농민신문사, 1999.

김준민, 「한국의 환경 변천과 농경의 기원」, 『한국생태학회지』 3, 1980.

김진수·이석우·황재우·권기운, 「금강소나무 — 유전적으로 별개의 품종으로 인정될 수 있는가? — 동위효소분석 결과에 의한 고찰」, 『한국임학회지』 82, 1993.

김학범·장동수, 『마을 숲』, 열화당, 1994.

김현구, 「조선후기 조선업과 조선술에 관한 연구」, 『국사관논총』 81집, 국사편찬위원회, 1998.

남규호, 「율곡의 호송설과 현대적 호송의 의미」, 『숲과 문화』 통권 2호, 1992.

다산연구회, 『역주 목민심서』, 창작과 비평사, 1997.

류장발, 「강원도와 경상북도 북부 지역 소나무의 우수성은 이입교잡 때문인가」, 『소나무와 우리문화』, 전영우 편, 숲과 문화 연구회, 1993.

마크 쿨란스키 지음, 이창식 옮김, 『소금 : 인류사를 만든 하얀 황금의 역사』, 세종서적, 2003.

무라야마 지존(村山智順) 지음, 최길성 옮김, 『조선의 풍수』, 민음사, 1990.

문명대, 『한국조각사』, 열화당, 1980.

문화재청 편, 「창덕궁, 종묘 원유 조사 보고서」, 문화재청, 2002.

_____, 「마을 숲 문화재 자원조사 연구보고서 — 강원도, 경상북도, 경상남도 지역」, 문화재청, 2003.

_____, 「서오릉산림생태 조사연구 보고서」, 문화재청, 2003.

_____, 「천연기념물 백서」, 문화재청, 2003.

박상진, 「궁궐의 우리나무」, 눌와, 2001.

_____, 「일본 광륭사 목조반가사유상의 재질」, 『산림』 5월호, 산림조합중앙회, 2002.

박석무, 『다산 정약용 유배지에서 만나다』, 한길사, 2003.

박종채, 「보성군 복내면 금송계」, 『보성문화』 9월호, 보성문화원, 2000.

_____, 「조선 후기 금송계 연구」, 중앙대학교 대학원 박사학위 논문, 2000.

_____, 「조선 후기 금송계의 유형」, 『숲과 임업』, 배상원 편, 수문출판사, 2000.

박지원 지음, 전규태 옮김, 『열하일기』, 범우사, 2001.

배재수, 「조선 후기 국용 영선목재의 조달체계와 산림관리」, 『숲과 임업』, 배상원 편, 수문출
    판사, 2000.

_____, 「조선 후기 송정 변천사」, 『조선 후기 산림정책사』, 연구신서 제3호, 임업연구원,
    2002.

북부지방산림관리청 편, 『산림 75년 발자취』, 북부지방산림관리청, 2001.

불교세계 편, 「벽발산 안정사」, 『불교세계』 통권 71호, 1997.

산림청 남부지방산림관리청 편, 「소광리 산림유전자원 보호림의 생태임업적 관리방안 2차
    년도 보고서」, 산림청, 2002.

산림청 편, 「대표적 조림 성공지 사례조사와 국·영문 홍보책자 제작」, 산림청, 2000.

_____, 「정이품송 혼례행사」, 산림청, 2001.

수원시 편, 『화성성역의궤』, 수원시, 1977.

신응수, 「경복궁 복원과 소나무」, 『소나무와 우리문화』, 전영우 편, 숲과 문화 연구회, 1993.

_____, 『천년 궁궐을 짓는다 : 궁궐 도편수 신응수의 삶과 고건축 이야기』, 김영사, 2002.

심종섭, 『가산임산학논문집』, 화성상사, 1988.

쓰즈이 미치오(通井迪夫), 「일본 산림문화 정책의 태동 과정에 대한 논문 발표시 의견 개진」,
    1996.

안대회, 「정약전과 송정사의」, 『문헌과 해석』 제20호, 2002.

안휘준, 『한국회화사』, 일지사, 1980.

연곡국유림관리소, 「대관령 큰 나무 가꾸기」, 동부지방산림관리청, 2001.

영주국유림관리소, 「봉화군 석포면 반야골 국유림 천연갱신 현황」, 2003.

오성, 『조선 후기 상인 연구』, 일조각, 1989.

_____, 『목재상인과 송금정책 : 조선후기 상인 연구』, 일조각, 1989.

울진문화원 편, 『울진군의 설화』, 울진문화원, 1998.

유홍준, 『화인열전 1 : 내 비록 환쟁이라 불릴지라도』, 역사비평사, 2001.

_____, 『완당평전』, 학고재, 2002.

윤용이, 『아름다운 우리 도자기』, 학고재, 1996.

이도원, 『한국 옛 경관속의 생태지혜』, 서울대학교 출판부, 2003.

이동주, 『우리 옛 그림의 아름다움』, 시공사, 1996.

이삼우, 「겸재 정선의 이 고장에서의 발자취」, 『관송』 제4호, 청하중학교, 1995.

이성우, 「식생활사 문헌연구」, 『한국식경대전』, 향문사, 1981.

이승우·이천용, 「남산 숲의 입지환경 변화」, 『숲과 문화』 통권 66호, 2002.

이영노, 『한국의 송백류』, 이화여자대학교 출판부, 1986.

이욱, 「18세기 서울의 목재상과 목재 공급」, 『향토서울』 56, 1996.

이원식, 『한국의 배』, 대원사, 1990.

이인로 지음, 이상보 옮김, 『파한집』, 범우사, 1994.

이정탁, 『한국산림문학연구』, 형설출판사, 1984.

이종석, 『한국의 목공예』, 열화당, 1986.

이창복, 『신고수목학』, 향문사, 1997.

이케야 히로시(池谷浩) 지음, 조병훈 옮김, 「소나무 이야기」, 『숲과 문화』 통권 73호, 2003.

이해정, 「소나무와 관련된 전통 민간요법」, 『소나무와 우리문화』, 전영우 편, 숲과 문화 연구회, 1993.

임경빈 외, 『임목육종학』, 향문사, 1996.

임경빈, 『조림학원론』, 향문사, 1983.

_____, 『조림학본론』, 향문사, 1991.

_____, 『나무백과』 1, 일지사, 2000.

_____, 『산림과학논집』, (재)소호문화재단 산림문화연구원, 2003.

임업시험장 편, 『조선의 임수』, 조선총독부임업시험장, 1938.

임업연구원 편, 『솔잎혹파리연구백서』, 임업연구원, 1985.

_____, 『한국의 전통생활환경보전림』, 임업연구원, 1995.

_____, 『소나무 소나무림』, 임업연구원, 1999.

_____, 『조선 후기 산림정책사』, 연구신서 제3호, 임업연구원, 2002.

임주훈, 「소나무의 서식지 선택 특성에 대하여」, 『소나무와 우리문화』, 전영우 편, 숲과 문화 연구회, 1993.

임주훈, 「산불피해 후 산림생태계 변화」, 『산림』 4월호, 산림조합중앙회, 2001.

전성우·박용하·정회철·Hideo Harasawa·Kiyoshi Takahashi, 「기후변화에 따른 생태계 영향평가 및 대응방안 Ⅱ — 삼림부문의 생기후모형 개발을 중심으로」, 한국환경정책평가연구원, 2001.

전영우, 『궁궐 건축재 소나무』, 상상미디어, 2014.

전호태, 『고구려 고분벽화 연구』, 사계절, 2000.

정낙추, 『태안 지방 소금 생산의 역사』, 태안문화원, 2002.

정옥자, 『우리가 정말 알아야 할 우리 선비』, 현암사, 2002.

정진철 · 하연, 『식물원에서 바라본 나무의 세계』, 원광대학교 자연식물원, 2000.

정찬주, 『길 끝나는 곳에 암자가 있다』, 해들누리, 1999.

조용진, 『동양화 읽는 법』, 집문당, 1989.

존 카터 코벨 지음, 김유경 엮음, 『한국문화의 뿌리를 찾아』, 학고재, 1999.

진주시 편, 『소나무재선충병 방제 현황』, 진주시, 2003.

차재경, 『목재역학』, 선진문화사, 2000.

최영준, 『국토와 민족생활사』, 한길사, 1997.

춘양목발전회 편, 「춘양목 학술 심포지엄」, 춘양목발전회, 2003.

파켄엄 지음, 전영우 옮김, 『세계의 나무』, 넥서스Books, 2003.

퍼시벌 로웰 지음, 조경철 옮김, 『내 기억 속의 조선, 조선 사람들』, 예담, 2001.

한국문화상징사전편찬위원회 편, 『한국문화상징사전』, 동아출판사, 1992.

한국정신문화연구원 편, 『한국민족문화대백과사전』, 한국정신문화연구원, 1991.

한영우, 『정조의 화성행차, 그 8일』, 효형출판, 1998.

허균, 『전통미술의 소재와 상징』, 교보문고, 1994.

_____, 『뜻으로 풀어본 우리의 옛 그림』, 대한교과서, 1997.

허준 지음, 김동일 · 조헌영 옮김, 『동의보감』, 여강출판사, 2003.

현신규 · 구군회 · 안건용, 「동부산 적송림에 있어서의 이입교잡현상 I」, 『임목육종연구소 연구보고』 5, 1967.

홍성천 · 이중효, 「소나무림의 생태와 육성전략」, 산림포럼 소나무 심포지엄, 2003.

황미숙, 「조선후기 목재수요의 증대와 國用材木의 조달」, 서울대 대학원 사회교육과 석사학위논문, 1994.

황수영, 『반가사유상』, 대원사, 1992.

고문헌 ————

김정호, 『대동지지(大東地志)』, 1864, 한국학문헌연구소 편, 『대동지지』, 한국지리지총서, 아세아문화사, 1976.

서유구, 『임원십육지(林園十六志)』(영인본), 1842~1845, 서울대학교 고전총서 제9집, 1969.

이익, 『성호사설(星湖僿說)』, 1740년경.

정약용, 『목민심서(牧民心書)』, 1818.

『고려사』, 1449~1451.

『만기요람(萬機要覽)』, 1880.

『비변사등록(備邊司謄錄)』 5책.

『삼국지』 「위서」 「고구려조」, 220~265.

『세종실록지리지(世宗實錄地理志)』, 1454, 세종대왕기념사업회, 광명인쇄공사, 1972.

『신증동국여지승람(新增東國輿地勝覽)』 전7권, 1531, 민족문화추진회, 고전국역총서, 1967, 민
　　문고, 1989 중판.

『조선왕조실록』, 1392~1803.

『증보문헌비고(增補文獻備考)』, 1903~1908.

신문 ———

경향신문, 「청자 1만여 점 '천년의 신비'를 벗다」, 2003년 10월 11일 자 기사.

동아일보, 「정약전의 사라진 저서 '송정사의' 찾았다」, 2002년 9월 10일 자 기사.

문화일보, 「'고려청자 보물선' 신안 규모 육박」, 2003년 10월 11일 자 기사.

조선일보, 「소나무, 벼랑에 몰리다」, 「뜨거워지는 한반도 ②산림 '천지개벽'」,
　　2004년 1월 6일 자 기사.

기타 ———

국립해양유물전시관, http://www.seamuse.go.kr/

산림청 홈페이지, http://www.koreaplants.go.kr:9000/

임산물유통정보시스템: http://www.forestinfo.or.kr/

한라산국립공원 부설 한라산연구소, http://www.jejunature.com/information/
　　institution_frm.asp?gubun=1

외국 도서 ———

FAO, *Global Forest Products Facts and Figures 2016*, 2016.

Lee, John, "Pine Policies and Pine Associations: The Two Courses of Institutionalized

Forestry in Late Chosŏn Korea, 1598-1876", *AKSE 2017 Agenda*, Harvard University. 2017.

Lee, John S., "Postwar Pines: The Military and the Expansion of State Forests in Post-Imjin Korea, 1598 – 1684", *The Journal of Asian Studies* 2018, 2018.

Mirov, N. T., *The Genus Pinus*, The Ronald Press Company, 1967.

Totman, Conrad, *The Green Archipelago. Forestry in Pre-Industrial Japan*, Ohio Univ. Press, 1989.

中國科學院 編, 『中國植物誌』第7卷, 中國科學院, 1978.

小原二郎, 「上代彫刻の材料史的考察」, 『佛敎藝術』 13號, 1951

三宅正久, 『朝鮮半島の 林野 荒廢の 原因』, 農林出版株式會社, 1976.

植木秀幹, 「朝鮮産 赤松, 樹相及 是 改良に 關する 造林上 處理 二就」, 『水原高農學術報告』第3號, 1928.

林南壽, 『廣隆寺史の 研究』, 中央公論美術出版, 2003.

사진 자료를 도와주신 분들 ────

21쪽 ⓒ전희영 / 28쪽 위 ⓒ하연 / 59쪽 2번 ⓒ주재환 / 73쪽, 269쪽, 399쪽 1~4번 배상원 / 85쪽, 88쪽, 191쪽 ⓒ권태균 / 86쪽 1번 ⓒ이태원 / 110쪽 ⓒ강성복 / 134쪽 ⓒ최수연 / 153쪽 3번 ⓒ퍼시벌 로웰 / 234쪽 2번 ⓒ신응수 / 278쪽 1번·2번 ⓒ권순구 / 286쪽 1번 ⓒ공달영 / 286쪽 3번 ⓒ우관수 / 297쪽 작은 사진, 386쪽 4번 ⓒ김용환 / 301쪽, 375쪽 2번 ⓒ류근옥 / 321쪽 ⓒ구창덕 / 337쪽, 338쪽 3번, 341쪽 1번·2번, 399쪽 5번 ⓒ임주훈 / 396쪽 4번 ⓒ공우석 / 398쪽 ⓒ미국 농무부 임업시험장 / 401쪽 4번 ⓒ홍용표 / 401쪽 5번 ⓒ홍성천